国家社科基金项目"基于多模态语料库的潜在抑郁风险识别与预警研究"（20BYY071）阶段性成果。

羞耻与社会性发展

羞耻及其调节对青少年社会性影响的机制研究

王柳生 等 ◎ 著

图书在版编目（CIP）数据

羞耻与社会性发展 ：羞耻及其调节对青少年社会性影响的机制研究 / 王柳生等著. -- 厦门 ：厦门大学出版社，2024.12. -- ISBN 978-7-5615-9666-1

Ⅰ. D669.5

中国国家版本馆 CIP 数据核字第 20246GK522 号

责任编辑　刘　璐
美术编辑　张雨秋
技术编辑　朱　楷

出版发行　厦门大学出版社
社　　址　厦门市软件园二期望海路 39 号
邮政编码　361008
总　　机　0592-2181111　0592-2181406(传真)
营销中心　0592-2184458　0592-2181365
网　　址　http://www.xmupress.com
邮　　箱　xmup@xmupress.com
印　　刷　厦门市竞成印刷有限公司

开本　720 mm×1 020 mm　1/16
印张　18.25
插页　2
字数　310 千字
版次　2024 年 12 月第 1 版
印次　2024 年 12 月第 1 次印刷
定价　89.00 元

本书如有印装质量问题请直接寄承印厂调换

厦门大学出版社
微信二维码

厦门大学出版社
微博二维码

前　言

礼义廉耻是立人之本。羞耻情绪研究逐渐由关注羞耻功能的破坏性转向关注其建设性，突破了不良负性情绪的研究视角。本书通过调查、行为实验等，系统考察羞耻调节的基本特征与调节效果、羞耻加工对青少年社会性发展的影响机制，凸显羞耻功能的修复性与保护性。本书兼顾羞耻情绪的破坏性和建设性，初步建构羞耻罗盘扩展模型，为青少年良好的社会性发展、正确的荣辱观教育提供科学依据，积极主动回应加快建构中国自主知识体系的时代命题。

本书提出了以下基本观点：

第一，自我羞耻与转移性羞耻的调节后效及其影响存在不同。自我责备策略对自我羞耻调节的效应比对转移性羞耻调节更大，调节后效更能减弱外显亲社会行为，将自我评价为更具攻击性，但两者的调节后效均无法影响亲社会行为的内隐倾向性。自我羞耻与转移性羞耻对亲社会行为的影响效应一致。两类羞耻的调节后效及其影响的差异源于羞耻源、体验源、可控性、亲社会行为的补偿性动机、文化特性等因素。

第二，羞耻情绪加工对亲社会行为、攻击自我与攻击他人、人际趋近等存在强度效应、类型效应。中、高强度羞耻增强青少年的捐赠型亲社会行为意愿、促进人际趋近意愿，中强度羞耻增强攻击自我与攻击他人，高强度羞耻只增强自我攻击。内源性与外源性羞耻均增强攻击自我的行为倾向，存在攻击自我、攻击他人的语义加工偏向，内源性羞耻增强攻击他人的行为倾向，外源性羞耻能够促进人际趋近。羞耻的强度效应、类型效应均主要源于羞耻的修复动机与保护动机、补偿功能。

第三，羞耻情绪调节策略的采用随性别、年级、学业水平而变化。重新关注计划、积极重新关注、积极重新评价、转换视角、接受、自我责备、反复回想策略的使用随年级发展呈现倒 U 形,策略使用波峰主要位于初高中阶段过渡时期。

第四,羞耻对社会性发展的影响具有破坏性与建设性功能。羞耻破坏性功能指作为负性情绪的羞耻,导致个体做出不利于自己或他人良好发展的行为:一旦进行人际互动,容易攻击他人或回避,甚至攻击自我或退缩。羞耻的建设性功能指羞耻促使个体做出有利于自身或他人的行为,功能上发挥积极作用:在与他人互动中,体验者易于做出亲社会行为和趋近,呈现出安全型等高质量的依恋,对自己也出现高自我接纳。由于羞耻的保护动机,体验羞耻的个体为了保护自我,采用攻击等消极行为维护自我;又由于羞耻的修复性动机,体验羞耻的个体为了实现自我验证,采用亲社会行为等积极行为来保证良好的自我形象。

本书构建了兼顾破坏性与建设性功能的羞耻罗盘扩展模型,揭示了羞耻影响青少年社会性发展的类型效应与强度效应的主要机制,提出自我羞耻与转移性羞耻调节后效及其影响的实证化思想观点。概念细化与分解推进了羞耻情绪影响社会性发展的机制研究,转移性羞耻系列实验研究彰显了原创研究的文化元素,羞耻建设性功能观点促进了对羞耻情感育人价值探讨的重视和挖掘。

本书第一章至第八章、第十二章由王柳生撰写,第九章由李赛琦、潘浩、王柳生撰写,第十章由王丹、王柳生撰写,第十一章由严苏楠、王柳生撰写。全书统稿由王柳生负责。首先我要特别感谢我的两位恩师,感谢我的博士生指导教师桑标教授的细心指导和帮助,感谢我的博士后合作导师尹建军教授的鼎力支持与帮助。在研究工作开展的过程中,还得到了华东师范大学庞维国教授、陈国鹏教授、刘俊升教授、邓赐平教授,上海师范大学李丹教授、李燕教授,中山大学库逸轩教授等多位学者的专业指点,在此一并致以最诚挚的谢意!

当然,本书难免有纰漏与不当之处,恳请同行专家及广大读者批评指正。

王柳生
2024 年 6 月

目 录

第一章　羞耻的理论研究 / 001 /
　第一节　羞耻的概念与内涵 / 002 /
　第二节　羞耻的理论解释 / 011 /
　第三节　羞耻与社会性的关系 / 014 /
　第四节　羞耻的文化特性 / 023 /
　第五节　羞耻的研究方法 / 029 /

第二章　情绪调节的研究 / 033 /
　第一节　情绪调节过程模型 / 033 /
　第二节　情绪的调节策略 / 036 /

第三章　羞耻的调节与加工研究 / 041 /
　第一节　罗盘模型与自我重塑理论 / 041 /
　第二节　羞耻调节的实证研究 / 044 /
　第三节　羞耻调节的研究方法 / 045 /

第四章　研究问题与框架 / 049 /
　第一节　研究问题 / 049 /
　第二节　研究框架 / 056 /

第五章　青少年羞耻调节的策略与特征 / 059 /
　第一节　研究方法 / 060 /
　第二节　研究结果 / 068 /
　第三节　讨论 / 086 /

第六章　青少年羞耻的调节效果 / 096 /
第一节　青少年自我羞耻的调节效果 / 097 /
第二节　青少年转移性羞耻的调节效果 / 107 /
第三节　自我羞耻与转移性羞耻的调节效果比较 / 114 /
第四节　总讨论 / 118 /

第七章　青少年羞耻调节影响亲社会行为的实验研究 / 121 /
第一节　青少年自我羞耻调节影响外显亲社会行为的研究 / 122 /
第二节　青少年转移性羞耻调节影响外显亲社会行为的研究 / 128 /
第三节　自我羞耻与转移性羞耻调节影响外显亲社会行为的比较 / 137 /
第四节　青少年自我羞耻调节影响内隐亲社会行为的研究 / 139 /
第五节　青少年转移性羞耻调节影响内隐亲社会行为的研究 / 144 /
第六节　总讨论 / 149 /

第八章　青少年羞耻调节影响攻击性的实验研究 / 152 /
第一节　青少年自我羞耻调节影响外显攻击性的研究 / 153 /
第二节　青少年转移性羞耻调节影响外显攻击性的研究 / 158 /
第三节　自我羞耻与转移性羞耻调节影响外显攻击性的比较 / 163 /
第四节　青少年自我羞耻调节影响内隐攻击性的研究 / 166 /
第五节　青少年转移性羞耻调节影响内隐攻击性的研究 / 171 /
第六节　总讨论 / 176 /

第九章　羞耻类型与强度影响亲社会行为的实验研究 / 179 /
第一节　羞耻类型影响亲社会行为的研究 / 179 /
第二节　羞耻强度影响亲社会行为的研究 / 184 /

第十章　羞耻类型与强度影响攻击自我与攻击他人的实验研究 / 188 /
第一节　羞耻类型影响攻击自我与攻击他人的行为倾向研究 / 190 /
第二节　羞耻类型影响攻击自我与攻击他人的语义加工研究 / 194 /
第三节　羞耻强度影响攻击自我与攻击他人的研究 / 202 /

第十一章　羞耻类型与强度影响人际趋近的实验研究　/ 209 /
　　第一节　羞耻类型影响人际趋近的研究　/ 210 /
　　第二节　羞耻类型影响趋近知觉的研究　/ 217 /
　　第三节　羞耻强度影响人际趋近的研究　/ 222 /

第十二章　羞耻罗盘扩展模型的初步建构　/ 229 /
　　第一节　青少年羞耻的调节　/ 229 /
　　第二节　羞耻对社会性的影响　/ 236 /
　　第三节　罗盘扩展模型的初步建构　/ 238 /
　　第四节　研究价值与创新　/ 242 /

参考文献　/ 247 /

附　录　/ 272 /
　　附录1　青少年羞耻事件及调节策略的开放问卷　/ 272 /
　　附录2　青少年羞耻事件故事情境(部分)　/ 274 /
　　附录3　认知情绪调节策略问卷(部分)　/ 276 /
　　附录4　虚拟故事情境的素描图片(部分)　/ 277 /
　　附录5　亲社会行为量表(部分)　/ 278 /
　　附录6　攻击性量表(部分)　/ 279 /
　　附录7　实验10 情绪实验材料　/ 280 /
　　附录8　实验10 实验词汇　/ 281 /
　　附录9　实验10.3 不同情绪强度实验材料　/ 282 /
　　附录10　实验11.1 不同羞耻故事情境材料　/ 283 /
　　附录11　实验11.2 图片趋近知觉评定材料　/ 284 /
　　附录12　实验11.3 不同羞耻类型故事　/ 285 /

第一章 羞耻的理论研究

传统的情绪研究,主要研究基本情绪的加工机制和发展规律。随着情绪研究的深入,研究者逐渐关注个体的自我意识情绪的发生、发展。其中,羞耻情绪也逐渐得到关注。不过,一直以来,很多研究者只看到羞耻情绪"黑暗"、丑陋、破坏性的一面,只关注着羞耻情绪给个体心理与行为带来的不良影响与后果,极少研究者看到羞耻情绪的另一面。

较早时期,Taylor 所提出的"羞耻是个体自我保护的情感"观点(Taylor,1985),提示羞耻情绪具有积极意义。随着自我意识情绪研究的深入,一些研究者逐渐转向关注羞耻情绪对于个体发展的积极作用,并且尝试开展一些实证研究。其中,de Hooge 等实验研究认为,内源性羞耻(endogenous shame)能够激发个体自我实现的亲社会行为,羞耻能够作为承诺机制发挥良好的人际功能性作用(de Hooge,Breugelmans,Zeelenberg,2008)。羞耻情绪对于违规违法行为具有抑制功能,羞耻情绪确实存在两面性,通过两条作用路径影响监狱释放人员的再犯行为(Tangney,Stuewig,Martinez,2014)。一方面,羞耻情绪可以负向预测再犯行为,即羞耻情绪引起对"亲社会和反社会"个体的行为"避免/退缩",减少再犯行为的发生,此为直接路径;另一方面,责备外化(即因自己的过错而责备别人)部分中介羞耻情绪与再犯行为的发生,即羞耻情绪通过责备外化,引起行为避免/躲藏,从而间接地抑制再犯行为发生,此为间接路径。因此,羞耻情绪可以增强防御性和亲社会性动机,功能上也有建设性。

简而言之,自我意识情绪之一的羞耻情绪具有两面性,过度羞耻情绪与心理病理症状和身心临床疾病的发展、维系有关,而羞耻情绪的缺乏也容易导致个体品质失范和行为失检;得到合理调节的适度羞耻感可以增强青少年道德自我觉知的能力,帮助其形成良好的道德自律和行为习惯。同时,羞耻也是一种社会控制情绪(斯托曼,2006),有助于整个社会良好风气的形成。

随着情绪研究由基本情绪转向自我意识情绪,羞耻情绪研究逐渐开展。当代羞耻情绪研究最早关注其本质内涵。Lewis 的 *Shame and Guilt in Neurosis*(1971)开启了对羞耻情绪的当代科学研究,随之出现了一批代表性著作,如 Weiner 的 *An Attribution Theory of Motivation and Emotion*(《动机和情绪的归因理论》,1982),Taylor 的 *Pride,Shame and Guilt*(《骄傲、羞耻和内疚》,1985),Tangney 等合著的 *The Test of Self-Conscious Affect*(《自我意识情感测试》,1989),Lewis 的 *Shame:The Exposed of Self*(《羞耻感:暴露的自己》,1992),Nathanson 的 *Shame and Pride:Affect,Sex and the Birth of the Self*(《羞耻与骄傲》,1992)。这些著作及后续研究推动了包括羞耻在内的自我意识情绪研究的深入开展。

近几年,有关特殊群体的羞耻情绪的研究越来越多,体现了对羞耻情绪应用价值的重视。国内研究中有对癫痫患者(杨洪超等,2010)、神经症患者(吴江,施琪嘉,2007)、社交焦虑者(钱铭怡等,2001)、边缘性人格障碍者(陈浩等,2011)的羞耻研究,国外对于特殊群体的羞耻研究更为广泛,关注的特殊人群包括女性哺乳体验(Thomson,Ebisch-Burton,Flacking,2015)、进食障碍者(Matos et al.,2015;Rørtveit,Åström,Severinsson,2010)、强迫症患者(Hennig-Fast et al.,2015)、抑郁症患者(Pulcu et al.,2014)、在役军人(Bryan et al.,2013)、精神分裂症患者亲属(Wasserman,de Mamani,Suro,2012)、受虐待者(Gold,Sullivan,Lewis,2011)等。相比而言,对一般群体,尤其是发展中的儿童和青少年的羞耻情绪及其调节的研究显得不足。

第一节 羞耻的概念与内涵

羞耻,汉语表述中与之相关的词语有羞耻心、羞耻感、羞愧、耻辱等,按严格的汉语语义学而言,各个词语的含义有一定差异。本书不对其进行辨析,统一采用羞耻或者羞耻情绪来表述。而英语语言表述中,也有不同的词汇,如 shame,embarrassment,humiliation。英文词语 shame,*Dictionary of the English Language*(《英语语言学词典》)将其定义为当名誉扫地时的难过感受(范文翼,杨丽珠,2015)。*Chambers Dictionary*(《钱伯斯词典》)中将其解释为"在自己或者他人看来自己有缺点、过错或者形象不得体时产生的不舒服的、丢脸的感受,以及其他任何与自己相关的相似感受"。亚里士多德将其简单定义为"一种害怕丢脸蒙羞的感情"。对于英文词汇 embarrassment,根据 *Oxford Dictionary of Word Histories*(《牛津词语历史字典》)的语义考证演化,该词经历了从"妨碍或阻碍"到"遭遇经济危机等困境时的难堪"的语义演变。根据《英语语言学词典》,该词指"困惑与纠结"。根据 *Oxford English Dictionary*(《牛津英语词典》),该词指"思维和外在举止上的困惑",也可以指"由羞怯或者腼腆而引发的不舒服的体验或外在举止"(Crozier,2014)。英文词汇 humiliation,根据 *Longman Dictionary of Contemporary English*(《朗文当代英语词典》),指一种让人羞愧、失去他人尊重的感觉。根据 *Oxford Advanced Learner's English-Chinese Dictionary*(《牛津高阶英汉双解词典》),该词指被他人羞辱,丧失尊严的感受。因此,本研究中的"羞耻情绪"更接近英语语言表述中的 shame 一词。

早期人类学研究者 Fessler(1999,2007)从进化视角提出羞耻的双重逻辑模型,从种系发展和社会文化两个方面去理解羞耻情绪,把羞耻分为两种类型:简单的原型羞耻和复杂的社会化羞耻。前者指在等级社会中,由于意识到自身在社会结构中的低等社会地位所诱发的令人厌恶的情绪;后者指个体意识到违反社会规范和期待而诱发的痛苦情绪。从该模型可以推断出,不同文化中的羞耻具有不同的含义。事实上确实如此,比如,印度侧重指前者(用 laiya),北美地区的国家主要指后者(用 shame),而印度尼西亚的文化里包含两者的含义(用 malu)(Budden,2009)。国内外心理学、社会学以及西方学者对羞耻的学术定义,由于各自的学科特点和实际研究的关注点的不同,已经形成了各种表述。

一、羞耻的国内学术定义

根据国内《心理学大辞典》,羞耻是个体意识到自身或所属团体违反社会规范和道德行为时产生的自我谴责的情感体验(林崇德,杨治良,黄希庭,2003)。

(1)直接关注体验方面的定义。羞耻是一种指向自我的痛苦、难堪、耻辱的体验(钱铭怡,刘兴华,朱荣春,2001)。羞耻指感到自己羞愧可耻的情感体验,是一种痛苦的、消极的、持续的自我意识情感(亓圣华,2006)。

(2)明确评价与认知意义的定义。羞耻感是个体违背道德或感到个人无能时,基于是非观、善恶观、荣辱观而产生的一种自觉的指向自我的痛苦体验(燕良轼,王小凤,2006)。或者,羞耻是因个人不良行为违背道德标准而产生的一种不光彩、无地自容的情感体验,很多情况下与他人或群体有关,可能促使自己逃避当时的尴尬处境,或激励自己遵循规范与道德标准,或发展为激励一个人积极向上的动力(樊召锋,2007)。简单地说,羞耻(或称为羞耻感、羞耻心)是当个体以不光彩的方式做事,说到不幸的事或者表现出有缺陷的特征时,如果自己或者他人见证了此行为并消极地评价,从而产生的消极情感体验(汪凤炎,郑红,2010)。换个说法,即个体由自己言行的过失而产生的、表现为对自己违背内心的善恶、荣辱标准而产生的不光彩、不体面的心理,或者因他人的谴责而产生的自我责备心理(汪凤炎,2006)。羞耻指不符合习俗、规范和道德要求的认知、行为、动机、语言、态度等,是一种社会事实(杨英,2014)。

(3)添加外在行为指标的定义。当一个人做了不光彩的事情,表现出不光彩的、有缺陷的特征时,因自己或者别人在场,并被消极地评价而产生的不良感觉,即为羞耻(徐琴美,翟春艳,2004),通常伴有渺小、无价值、试图低头、遮脸或遮眼等隐藏或逃避的消极行为,或者通过对此否认与批评他人行为来转移该不良感觉。

(4)有研究者给羞耻作了详细的中式定义(汪凤炎,郑红,2010)。广义上,羞耻心是一个人自我觉知到自身修养或者言行表现上的欠缺,或者认可他人对自身素养或者言行表现上存在的欠缺的谴责或者批评,从而主动或者被动地产生的一种指向自我的不光彩、不体面或者自我责备的心理(素养欠缺型羞耻,狭义的羞耻)(汪凤炎,郑红,陈浩彬,2012);或者是受到他人的侮辱(受辱型羞耻),以及个体仅仅因为重要他人所做的事情而感到不光彩、不体面(转移性羞耻)。其中狭义的羞耻包括道德相关型羞耻、道德无关型羞耻。(5)侧重于特质性情绪的定义。以特质性羞耻感作为研究对象,即一个人在自身发生不良行为、违背了某种社会道德标准时,产生的一种沮丧的、无地自容的负性情感的倾向性(张帆,2013)。

二、羞耻的国际学术定义

(1)强调个体体验的定义。羞耻是一种对整体自我(entire self)进行痛苦审查和负面评价的剧烈的痛苦体验,是一种至少会暂时地贬低自我的全面性的、使人衰弱的情绪。该自我审查与评价会改变自我知觉,伴随着畏缩感、渺小感、无力感、无价值感、当众曝光等不良感受(Lewis,1971)。羞耻是由与自我相关的令人厌恶事件引发的一种基于沮丧、消极或者无助的情绪(Ferguson,Stegge,1995)。羞耻指一个人在失败时或者做了违反道德的事情,并将这一过失解释为自己全面的、一贯不能胜任时所感受到的负性情绪(希奥塔,卡拉特,2021)。

(2)强调认知与评价的定义。从认知归因角度,羞耻指个体认为是自身能力不足导致不良后果发生时,所体验到的指向整体自我的消极感受(Weiner,1982)。羞耻是一整套复杂认知活动的结果,是个体运用内化了的标准、规则、目标(SRGs)对总体自我(global self)进行评价后产生的负面情绪(Lewis,1992,2008)。个体至少在认知方面形成这些(Lewis,2003):①标准、规则、目标;②参照这些标准的自己的行为;③个体;羞耻情绪才能发生。而作为自我意识情绪的羞耻的定义也不同程度地涉及以上这些方面。羞耻与两类行为事件相关,一类行为是与特定的生理事件相关的行为,一类是与自我思考相关的行为(Lewis,2003)。

(3)添加外在行为表现的定义。羞耻是一种以核心自我(core self)为评价对象,具有痛苦、破坏性的自我意识情绪,会令人感到渺小、无价值、被暴露、无力感,即使没有实际的他人在场见证,也会出现防御性假想自我,容易出现逃避、躲藏等动机性行为(Tangney et al.,2011)。

三、羞耻与内疚的关系

基本情绪必须体验该状态的自我,而自我意识情绪必须产生该状态的自我,体验该状态的自我。自我意识情绪也包括很多,从诱发事件、认知归因、旁观者在场、神经生理基础及生理反应、情绪体验与表达、行为倾向与应对方式等维度,很多研究进行自我意识情绪之间的比较。比如,国际上和国内研究羞耻与内疚(谢波,钱铭怡,2000;樊召锋,俞国良,2008;杨玲,樊召锋,2008;高学德,周爱保,宿光平,2008;高学德,周爱保,2009;Passanisi et al,2015)、尴尬(Lewis,2008;范文翼,杨丽珠,2015)、自豪(Roth et al.,2014)等自我意识情绪的差异与联系。

这些对自我意识情绪的比较研究发现羞耻与内疚的关系最为突出。内疚通常指由于个体的错误行为伤害到他人,或者违反了通常的规则而产生的惭愧、不安、自我责备等内心体验;而羞耻指个体不良行为违背了某种社会标准时而产生的一种不光彩、无地自容的内心体验。总体上,虽然两者均是负性情绪,且都涉及自我评价,但由于羞耻涉及的是核心自我,个体的感受会更加痛苦。

羞耻与内疚的比较研究中,形成了四个主要假设:公开/私人化假设,自我/行为假设,伤害自己/伤害他人假设,个人无能/违背道德假设(Tangney, Stuewig, Mashek, 2007)。①公开/私人化假设。Tangney(1995)认为,内疚更多与自我良心受到冲击后的个性化体验相关,产生于没有他人在场的情境里,而羞耻的个体关注自我如何呈现在他人面前,更多产生于公开化的情境里。②自我/行为假设。该分析维度最早是由 Lewis(1971)提出,后来经基于评价的自我意识情绪理论加以细化(Tracy, Robins, 2004)。该假设认为羞耻与内疚的差异不在于所经历事件的性质,而在于个人从不同角度和关注点解释该事件:羞耻直接针对自我,而内疚直接针对事件本身或个体的行为。③伤害自己/伤害他人假设。羞耻更多是觉得自己受到伤害,而内疚是个体觉得自己伤害到别人。④个人无能/违背道德假设。Tangney 在 1995 年提出,内疚是由于触及了道德规范而产生的,而羞耻只是个体没有实现自己或公认的标准未达成目标而产生的(Tangney, 1995)。从该假设看,道德并不是羞耻的必然核心因素。

对于这些假设,有些研究形成一致的支持,也有存在不一致的情况。比如,针对这些假设,国内开展的一项研究发现:①"公开/私人化"方面,"有他人在场"是羞耻感的易化因素,但他人是否在场与内疚感无关。②"违背道德"方面,羞耻感和内疚感没有差异,不过"个人无能"侧重于羞耻感。③"伤害自我"与"伤害他人"方面,前者引起羞耻感,后者引起内疚感。特别是"伤害自我/伤害他人"假设得到完全验证(钱铭怡,戚健俐,2002)。

四、羞耻的内涵分析

上述所提及的国内外学术界对于羞耻的定义,存在各种表述,有些相互交叉、重叠,或者各有侧重。从羞耻的体验主体和诱发主体、参照标准、体验性等维度,对羞耻情绪的内涵进行梳理,以期得到本研究的羞耻定义。

(1)羞耻的体验主体,即体验羞耻情绪的人。几乎所有的羞耻定义,都指"自我""个体""指向自我"的一种感受,因此,本质上这是一种个体的感受和体验。也有研究者研究"群体羞耻",比如,群体羞耻指"群体成员因为群体中其他成员的行为与群体的价值观和准则不一致而体验到的情绪"(程茜,2012),群体羞耻的特征之一是"群体层面的负面情绪"。该情绪可以是由群体内他人引发的,但大多数群体成员都能体验到,强调的是群体成员之间对该情绪的共享性。本研究不对群体羞耻进行研究。最近还有一种视角理解羞耻,强调"群体认同"(group identification)的异质诱发的羞耻(hetero-reduced shame)(Salice,Montes Sanchez,2016),个体因把做出羞耻行为的主体视为与自己同属一个群体而产生的羞耻。比如,女儿做出了不当行为,因为父母把女儿看作家庭的一员,所以父母为此感到羞耻;同样的,某人前面的一位行人(陌生人)无缘无故地向旁边的乞丐吐口水,某人却为此感到羞耻,因为他把陌生人归属为自己所在的非乞丐群体的成员。

(2)羞耻的诱发主体。诱发主体具有双重性,存在两个指向:自我(或者个体)诱发的,群体(或者团体)及其成员(即他人)诱发的。有的定义确认为自己的行为所引发的,有的定义认为,除了自己的行为可以引发羞耻情绪外,群体内他人的行为也可以引发个体自己的羞耻情绪。后者有时被理解为群体羞耻,或者从个体羞耻角度看,该定义主要出现在东方文化中,西方学者的羞耻定义里并不包含此方面。此外,也可能是重要他人所做之事让自己感到羞耻,该羞耻情绪被称为"转移性羞耻"(transferred shame)(Tang et al.,2008)。就这一点而言,在不同文化语境下谈及的羞耻,可能是不一样的。羞耻的文化差异性在羞耻的诱发主体上形成了不同的羞耻内涵。

(3)羞耻的情绪体验。所有的定义都认可了羞耻情绪所带来的不舒服、不良的消极情绪体验,都认为羞耻是一种剧烈的、痛苦的感受,通常伴随着畏缩、渺小感、无能感、无价值感,导致行为上表现为退缩、躲避、避免。因此,通常谈到的羞耻,更多指个体自己已经意识到的、知道的、感受到的一种体验、一种个体的主观感受。不过,也有研究者探索了内隐羞耻、外显羞耻之间的关系,并且发现大学生的内隐羞耻感、外显羞耻感相互独立(张帆,2013)。

(4)羞耻的诱发源。对于羞耻的内容结构的分类,正是基于羞耻的诱发源进行的,一般区分为身体羞耻、个性羞耻、行为羞耻、能力羞耻和家庭羞耻等。身体羞耻主要是由一些个人无法控制的因素或具有先天性的生物性因素的生理特征引起的,典型的如身高、体重、肤色等影响颜值的因素,以及生理性疾病,如艾滋病、慢性疾病,还有身份因素,比如刑满释放人员。个性羞耻主要指个人的性格、气质方面,或者由习惯等引起的羞耻,具有相对稳定性,如在一个崇尚社会交际的圈子里,有的人在公开场合行为与言语上表现得不活泼、过于安静,或者呆板、缺乏灵活性、缺乏幽默感等,这类由此诱发的羞耻即个性羞耻。行为羞耻主要指在某些情况下个体的行为表现、品行所引起的羞耻,主要受后天环境因素影响。能力羞耻指由个体在某一方面的才能、知识等相关因素的欠缺引起的羞耻,这也是相对稳定的,和后天因素有关。家庭羞耻主要指由与家庭相关的因素引起的个体羞耻,如因家庭的出身、家庭某成员等因素引起的个体羞耻,该羞耻具有浓郁的文化色彩。

(5)羞耻的评价主体和评价客体。评价主体方面,表面上是两种情况:来自他人的评价、来自自我的评价。前者指诱发羞耻的事件发生时,有他人在场见证,或者他人作出了某些有关自己表情、行为、言语的负面评价,甚至仅仅只是暗示性的行为与言语,如嘲笑、指桑骂槐式的评论、冷落、孤立等。后者主要指对自己的言行、表现等方面作出了负面的评价,将自己作为评价的客体和对象加以评判。羞耻的评价客体方面,自我既是评价的主体,也是评价的客体与对象。由此,羞耻分为内源性羞耻和外源性羞耻,前者指与自我消极评价有关的羞耻,后者指如何看待来自他人消极评价的羞耻(高学德,2013)。

(6)羞耻的评价依据。羞耻情绪的产生的关键是个体以自我为客体和对象,进行了自我审查和评价,且最终形成了负面的评价结果。评价需要评价标准、参考体系,一般粗略分为两个方面三个标准。两个方面指与道德相关、与道德无关,三个标准指外在社会风俗与规范、外在社会道德规范、个体自我价值观和期望。

(7)羞耻的后续影响。个体羞耻情绪的后续影响体现在行为、情绪状态上,具体表现为行为上的畏缩、退避、消极回避,情感上的自卑、自我责备、愤怒、沮丧等自我弱化和自我否定,以及相应的一些面部表情和非言语表情。这种情绪与言行上的表现,在具体的语境下,可能是负性的效果,也可能是正性的效果,兼有破坏性与建构性的作用。

此外,文献中经常有"羞耻感"的说法。基于策略和评估的分类方式,羞耻情绪可以分为状态羞耻情绪和特质羞耻情绪。状态羞耻情绪侧重于即时性的情绪状态,即个体当时被诱发的羞耻情绪,强调个体对羞耻情绪的体验性。所以,在特定情境中采用诱发法研究的更多是状态羞耻情绪。特质羞耻情绪侧重将羞耻情绪视为一种反应倾向或者情绪特质(Robins,Noftle,Tracy,2007),即 Lewis(1971)所指的羞耻易感性(shame-proneness),也是通常所说的羞耻感。所以,采用量表、问卷测量的更多是特质羞耻情绪。

根据以上对羞耻情绪的内涵分析,结合国内外的羞耻定义,同时考虑到本研究对于羞耻文化特性的关注,重视羞耻的诱发主体双重性(个体自我、与自我相关的他人)、羞耻后续影响的两面性(破坏性、建构性),本研究界定"羞耻情绪"如下:羞耻是个体意识到因自己、所属群体、重要他人的生物或社会属性、言行等违反了社会规则、内在价值观与期望,从而产生无能、自卑、沮丧等情绪体验的一种自我意识情绪。从类型上可以大致分为两类,由个体自己及其言行诱发的为自我羞耻情绪,由与个体相关的重要他人诱发的为转移性羞耻情绪。

五、转移性羞耻

随着羞耻情绪的研究深入,近年提出了"转移性羞耻"(Tang et al.,2008)。根据少量涉及转移性羞耻的研究,转移性羞耻(transferred shame)指与自己关系密切,或者重要他人的行为、或做了某种令人羞耻的事情而让自己感到羞耻的情绪。为了与转移性羞耻相区分,本研究各个实验里,将文献中传统的羞耻称为自我羞耻。由于对人际关系的相对重视,转移性羞耻在东方文化国家中可能更为常见,比如,中国、日本、韩国(Stipek, 1998; Yang, Rosenblatt, 2001)。本书中所涉及的转移性羞耻特指其行为主体为母亲。

自我羞耻与转移性羞耻既有联系,也有区别。这两类羞耻的情绪体验主体都是"自己",但是,诱发羞耻的事件当事人(或者行为当事人)却是不同的。自我羞耻的情绪诱发事件当事人是"自己",诱发事件的主体与情绪体验的主体相同,都是"自我"。而转移性羞耻的情绪体验主体是"自己",但是情绪诱发事件的主体则是重要他人,体验主体与诱发事件的主体不是同一个人。

六、羞耻的发展研究

以年龄为分界线,羞耻研究涉及几个主要发展阶段。很早开始,Lewis就开始关注早期儿童羞耻的发生发展。采用非言语编码系统对33~37个月的儿童研究发现,儿童在任务失败时开始可以体验到羞耻(Lewis, Alessandri, Sullivan, 1992)。基于Lewis的情境实验,杨丽珠等开展了系列研究。其中,采用串珠实验、分配小球实验的横断研究发现,29~36个月是婴儿羞耻发生的关键期,随着年龄增长,羞耻的发生率逐步提高,34个月时大部分婴儿都产生了羞耻;进一步对9名婴儿的追踪纵向研究也支持上述结论,同时发现婴儿羞耻的发生时间没有显著的性别差异(梁丹,2012;杨丽珠,姜月,淘沙,2014)。中国大学生羞耻性自传体回忆的自我报告也反映出,羞耻事件更多发生在童年和青春期,更多涉及学校和老师的评价(张智丰等,2009)。

关于幼儿的羞耻情绪发生:3~6岁幼儿羞耻感体验受暗示性较强,羞耻感理解力发展加速时期是3~5岁;总体上,幼儿羞耻感理解力的发展没有性别差异,但是女生理解羞耻感的行为趋势比男生更早,女生在3~4岁,男生在4~5岁(竭婧,2008)。杨丽珠等(2014)采用自编"幼儿羞耻发展教师评定问卷"的调查发现:幼儿的3~4岁是羞耻发展的快速期,4~5岁是幼儿羞耻发展的稳步阶段,而且幼儿羞耻发展不存在性别差异;3岁时,违规羞耻水平低于失败羞耻,4岁以后,羞耻各维度发展水平趋于一致。

关于小学儿童羞耻情绪的发展:有研究以300名1~6年级小学儿童为对象,专门探索羞耻情绪理解能力的发展特点(张琛琛,2010;丁芳,范李敏,张琛琛,2013)。研究发现,小学儿童羞耻情绪理解能力总体上随年龄增长而提高,小学2~3年级是羞耻情绪理解能力快速发展阶段。羞耻情绪理解能力的高低因羞耻情境而不同,由高到低依次为公德情境、当众出丑情境、欺骗情境、学习情境。男生的羞耻情绪理解能力只有在公德情境中才显著高于女生。

对青少年阶段的研究,主要采用问卷测量研究,形成的关于羞耻发展的转折点、发展顶峰、性别差异、其他因素等形成不同的结论。①发展时间方面,通过故事情境法的自我报告测量,羞耻发展的转折期在四年级到六年级之间(11~13岁),而到十年级时(大约17岁),青少年的羞耻的发展达到最高(王爽,2009)。采用自编羞耻感倾向问卷,测量四年级到九年级儿童和青少年发现,初中生羞耻感高于小学生,八年级是羞耻感发展的转折点(李翰飞,2013)。采用量表对七至十二年级学生测量发现,高中生比初中生具有更强烈的行为羞耻体验,七年级学生的羞耻感体验程度最低,七到八年级可能是羞耻感发展变化的转折期(刘长敏,2009)。采用中文版自我意识情绪问卷青少年版(TOSCA-A)测量七至十二年级学生,结果显示,七年级学生的羞耻评分高于其他年级(倪鑫庭,2012)。纵向研究上,Tangney(1992)对五年级儿童追踪了8年时间,发现青少年早期具有羞耻倾向的个体后来经历更多药物滥用、被拘留、关押以及自杀等破坏性行为。②性别方面,四年级到九年级的女生羞耻感倾向高于男生(李翰飞,2013)。采用中文版自我意识情绪问卷青少年版(TOSCA-A)测量显示,七至十二年级的女生的羞耻得分高于男生(倪鑫庭,2012)。十、十一年级女生比男生体验到的学业羞愧情绪更多、更深刻(薛杨,

2013)。③其他因素。十、十一年级成绩较好的学生与成绩较差的学生比中等学生会体验到更多的羞愧情绪(薛杨,2013)。一般学业自我的评分与羞耻感呈现负相关(刘长敏,2009)。对四年级到九年级儿童和青少年的测量发现,完整家庭的青少年羞耻感强于不完整家庭的,父母受教育水平低的青少年羞耻感强于父母受教育水平高的,父母职业为农民、工人的青少年具有较高的羞耻感倾向(李翰飞,2013)。采用中文版自我意识情绪问卷青少年版测量七至十二年级学生发现,心理幸福感是羞耻、自大、自豪与自我接纳之间的部分中介变量(倪鑫庭,2012)。初中生的羞耻与努力归因呈负相关,与能力归因呈正相关,与内、外部学习动机显著相关,而且,能力是羞耻与外部学习动机的关系中的完全中介变量(赵思思,2012)。中学生的羞耻与自责正相关,与归因方式负相关,自责在归因方式与羞耻之间起中介效应(樊召锋,俞国良,2008)。通过调查、访谈、作品分析,发现高中生的羞耻观具有反叛传统、释放自我、逾规脱序、能力至上等特点(杨英,2014)。

第二节　羞耻的理论解释

随着基本情绪研究的不断深入,自我意识情绪研究迅速增多。根据 Haidt(2003)的归纳整理,国际上自 20 世纪 90 年代开始,羞耻等自我意识情绪研究逐渐成为新的热点,而国内自 2000 年后逐渐关注羞耻情绪。依托心理分析理论、功能主义,以及当前主流的认知主义心理学,国内外形成了若干代表性的理论解释。

一、羞耻的心理分析理论

关注羞耻源的心理分析理论(Nathanson,1992；Schore,1996),可以追溯到进化论。根据达尔文的观点,羞耻依赖于对他人观点的敏感性,无论该观点是好是坏。人对脸的关注引起脸部发红,而脸红是由于我们如何呈现给他人而引起的,即"他人会怎样看待自己的想法,引发了自己的脸红"(达尔文,2009)。关于他人对自己外表,尤其是脸部外表的看法的产物,就是达尔文所认为的羞耻的诱导物。因此,达尔文的核心观点是,羞耻来源于他人如何看待

(评价)我们。Tomkins(1963)进一步深化了达尔文的观点,认为自我意识情绪之间的差异在于意识觉察水平、诱发情绪的刺激物。Tomkins 的原型说(prototypical)认为,羞耻是对特定情境和事件诱发的自主性反应(automatic),强调了羞耻定义中的自主诱导物,而不是思考与反思。"羞耻是先天的辅助性情绪,是一种对连续性兴趣与快乐的特定抑制物,羞耻的天然的触发器是对兴趣、快乐的不完整的削弱"(Tomkins,1963)。简言之,羞耻的原型是自主触发器,可以阻止快乐和兴奋,类似于对欲望的封锁(Lewis,2003)。Nathanson(1987)也认为羞耻来源于人际背景,当与他人交往时得不到预期的期望,尤其是认识到别人超越了自我时,就会产生羞耻情绪。Schore(1996)认为羞耻情绪来源于童年早期照料者对儿童的态度,当照料者误解儿童的意思或者是拒绝儿童的要求时,儿童就会产生羞耻情绪。

二、羞耻的机能主义理论

着眼于有机体—环境关系的机能主义理论(Barrett,1995),侧重于从进化的视角和社会适应的观点来解释羞耻情绪,认为羞耻情绪是心理进化的产物。该理论基于达尔文关于人类生物性方面进化论的思想,理解人类社会的发展。Barrett 认为个体通过学习、遵从社会规则、顺从他人、维护自身尊严,从而实现社会适应。关于羞耻,Barrett 提出羞耻情绪有行为调节、内部调节和社会调节三大功能,机能主义强调羞耻体验和自我发展之间的相互关系。随着个体的成长,社会标准、社会规则会不断地被个体习得和内化,个体的自我意识和自我评价能力不断提高,不断发展出应对新问题的技能,控制羞耻情绪的能力不断提高,从而促进了个体的社会适应。

三、羞耻的认知归因理论

强调对羞耻体验的认知评价与归因的认知归因理论(Lewis,2008;Muris,Meesters,2013)是基于对自我意识情绪的讨论。Lewis(1992,2008)曾提出一个自我意识情绪的结构模型——认知归因理论(cognitive-attributional theory),并用该理论解释羞耻、内疚、自豪、自大等自我意识情绪的产生。该结构模型体现了三个认知特征:标准、规则、目标,评价,以及自我归因。羞耻可以放置于细化的三个认知过程中进行理解:个体的 SRGs 是否已经形成和建立;

基于这些准则,对自己的行为的成功与失败进行评价;进行自我的归因,根据责任(内部、外部)、自我关注(整体、特定)来展开。具体到羞耻情绪,个体由于自我意识的发展,在个人成长的社会化过程中逐渐建立了内化了的个体、群体、社会的准则。依据这些准则,当某事件发生之后,个体会评价自身是否违反个体内外准则,并且分析出事件的失败是由于自己的原因,归因为自己的内部、稳定、自身不可控、对自我的整体性关注;由此在情感上痛苦、不舒服,行为上躲避、消失,甚至想死亡,这种痛苦的情感会阻断正在进行的行为,产生思维紊乱,甚至导致无法言语。总之,正是由于对自我的失败的关注、对该失败的评价,才导致羞耻产生,而不是 Tomkins 所谓的某种天然的自主诱发器(Lewis,2003)。

四、羞耻的社会学视角

与心理学研究关注羞耻、自我与社会之间的一般联系不同,社会学视角更加重视羞耻与现代社会的特定关联。社会学视角理解的羞耻观侧重于社会运行对个体产生的影响。有研究者对齐美尔、戈夫曼、埃利亚斯等代表性研究者的观点进行了比较和综述(王佳鹏,2017)。齐美尔认为,社会管理系统的科层化、理智化、货币化消除了个体责任,从而导致个体的无耻化。从整个社会运行看,个体追求自我的独立性和完整性,而羞耻正是来源于个体的自我独立性与社会性压力之间的紧张。简言之,理性化导致个体的无耻化。戈夫曼则将齐美尔所述的紧张性理解为多重的社会自我之间的暧昧性和社会系统在社会组织原则上的矛盾性。在现代社会中,为了实现社会互动的运作一致和社会结构的平稳运行,不惜消除个体性,撕裂自我。羞耻正是自我撕裂时的感受。埃利亚斯的研究潜在地揭示了从所有人对所有人的战争到战场转移至内心后的自我心灵中的冲突,从对他人的恐惧到自我内在恐惧(羞耻)的这一心理生成过程。

关于羞耻的发生发展的心理分析理论、机能主义理论、认知归因理论、社会学视角,从不同角度进行了分析。这些理论奠定了羞耻情绪研究的科学的理论基础和解释依据,而其中的认知归因理论也越来越受到研究者的广泛认可和采用。

第三节 羞耻与社会性的关系

一、羞耻与攻击性关系的研究

羞耻功能具有两面性,羞耻的破坏性功能一直得到关注。一些研究结果表明,羞耻与归因方式(施承孙,钱铭怡,1998;樊召锋,俞国良,2008)、身心健康(钟杰,李波,钱铭怡,2003)、生活焦虑(李波,钱铭怡,马长燕,2005)、行为问题(王雨吟,张健,易春丽,2008)、抑郁(汪启荣,钱铭怡,2010)、青少年违法(Gold, Sullivan, Lewis, 2011)、攻击性和敌意(Heaven, Ciarrochi, Leeson, 2009; Elison, Garofalo, Velotti, 2014; Velotti, Elison, Garofalo, 2014)都存在联系,在生活压力与偏执关系中具有调节作用(Johnson et al., 2014)。Tangney等人通过对五年级儿童的8年纵向研究也发现,早期具有羞耻倾向的个体在后期出现更多药物滥用、被拘留、关押以及自杀等破坏性行为(Tangney, 1992)。

(一)相关理论解释

1.进化适应功能观

羞耻与攻击性的关系,较多学者基于进化的适应功能视角进行阐释。Fonagy(2004)直接陈述道:"暴力行为极少是盲目的愤怒。相反,这是一种绝望的尝试,企图保护脆弱的自我免遭羞耻的袭击,而大多情况下愤怒由此被羞耻无辜地引发了。"暴力可能是个体减少自身不适的唯一方式(Bateman, Fonagy, 2004)。羞耻通过即将到来的社会排斥来警示即将出现的生命的潜在威胁;反过来,暴力也可以理解为一种针对此威胁的防御方式。这种进化适应性功能视角的羞耻与攻击性关系也适用于夫妇家暴、家庭凶杀、性犯罪、猥亵伤害、青少年和监禁人口等群体(Velotti, Elison, Garofalo, 2014)。比如,Websdale(2010)发现所调查的211个家庭杀人案件中,暴力大部分确实是由羞耻引发的。

Elison等(2014)提出了所谓的"社会疼痛与威胁"模型。根据该模型,羞耻被视为社会疼痛,因此羞耻与攻击性的关系类似于生理疼痛与攻击性之间的关系;羞耻也是一种对威胁的适应,类似于身体痛苦对一般威胁的防御。该模型的基本路径中,路径起点是当个人声望、等级、关系价值受到威胁时产生羞耻,路径终点是愤怒或攻击。愤怒和攻击可能被视为基于进化适应的应对/心理防御/情感调节。该路径可以理解为,从贬值到情绪痛苦(即羞耻),再到身体痛苦,最后到愤怒和攻击事件。该路径的成立有赖于以下两个前提:首先,社会排斥引起身体疼痛(Eisenberger,2011)。Eisenberger 等(2003)的 fMRI(功能磁共振成像)研究显示前扣带回(ACC)活动对社会排斥和身体疼痛的反应具有相似的模式。第二,身体疼痛可能足以引起愤怒与攻击(Berkowitz,2012)。Berkowitz 的认知新联结模型检验了身体疼痛与愤怒与攻击之间的最终联系,该模式强调自动、无意识、愤怒相关脚本的重要性。

威胁防御机制是为了应对社会痛苦而部署的。身体疼痛的威胁防御机制通常会迅速而自动地进行部署,甚至在有意识的评估之前,有时也是一种恐慌反应。因此,身体痛苦可能会导致适应不良的防御性攻击(例如,推动一个你所爱的人偶然踩踏到别人的脚趾)。即使一个羞耻的人没有自动反应,社会痛苦(如身体的痛苦)也会扰乱行为监管所需的认知资源。从多个角度来看,羞耻和愤怒/攻击可能与用于控制威胁的替代策略(行动倾向或行动准备)(Frijda,2010)在生物学上相关。在这种情况下,受控的是相关关系威胁(例如,等级或接受程度的下降)。

根据 Elison 等人(2014)的总结,优势和魅力是影响羞耻和愤怒之间的联系的两个因素(Gilbert,1997)。等级是基于一个成员的身体力量通过伤害的威胁或实际的攻击而获得的。等级之间或资源冲突时,高等级成员威胁或攻击级别较低的成员,外在表现为站得更挺拔,吹嘘得更厉害,或拔高背部的头发等外在形式。而低级成员通过退缩,显示出自己的顺从。另外,魅力涉及他人的评价。他人的评估是通过负面评论或看法、不赞成、蔑视或嘲笑来传达的。当然,作为进化适应,羞耻具有相应的神经和内分泌基质表现,如羞耻涉及眶额叶皮层(Weisfeld,Dillon,2012),社会威胁也会增加人体的血栓形成和免疫系统活动(Dickerson,Gruenewald,Kemeny,2009)。

2.挫折—侵犯理论

虽然挫折—侵犯理论的产生和发展一直受到精神分析理论、学习理论的双重影响,与过度解读本能、生物学理论不同,挫折—侵犯理论更多地关注侵犯的外部条件。该理论最早由 Dollard 和米勒等人在 1939 年提出,20 世纪 60 年代之后该理论逐步得到修正和发展。挫折—侵犯理论的基本观点(金盛华,2010)是:(1)侵犯是由挫折引起的,挫折是原因,侵犯是后果。侵犯行为的发生,总是以挫折为先决条件。(2)个体体验到的挫折感越大,所导致的侵犯越强。(3)侵犯可以直接实施在引发挫折感的对象上,也存在替代性侵犯,包括侵犯对象的替代和侵犯类型的替代。(4)修正理论进一步提出,当环境中出现能够引发侵犯的适当线索时,侵犯才可能出现,即侵犯线索和武器效应会影响挫折引发侵犯的过程。(5)在修正理论中,Berkowitz认为挫折引发的不良情绪才是导致攻击行为的先决条件。(6)挫折是引起人类侵犯行为的一个条件,但不是唯一条件,挫折可能会加强个人对暴力相关事件的侵犯反应。

一些实验和理论支持挫折－侵犯理论,一些研究也批评和修正该理论。然而,挫折－侵犯理论将研究关注点由本能等因素转向了侵犯的外部条件。Anderson等人(2000)综合各种侵犯理论提出了一般情绪攻击的理论模型,该模型包括输入变量、当前的内部状态、评估过程、评估后的行为结果,认为侵犯行为是生理、心理、社会、物理因素相互作用的结果。羞耻的典型特征之一就是渺小感、无力感、无价值感(Lewis,1971;Tangney et al.,2011),是一种基于沮丧的、消极的或者无助的情绪(Ferguson,Stegge,1995),与挫折的现象学表现相似。通常,当想要什么却得不到时,个体就会遭受挫折。个体的无能、沮丧、无助等体验也是一种挫折的感受。

3.羞耻－愤怒理论

羞耻与愤怒之间的路径比较复杂,Lewis并没有对其作比较系统的阐述,但是在各类研究中有讨论分析,直到Sinha(2017)对此进行了总结。简单而言,当个体感受到令自己痛苦的羞耻时,会伴有异常激烈而敌对的愤怒情绪,该体验可能会导致攻击性等各种防御性行为。羞耻既可能产生退缩,也可能导致愤怒和敌意(Harper,Arias,2004)。本质上,暴力行为是失去监管的羞耻的某种形式,由此,Lewis(1971)把羞耻诱发的愤怒称之为"受辱之怒"(humiliated fury)。羞耻－愤怒理论认为,他人的批评、被拒感是一种痛苦的羞耻感,尤其是对那些有过该经历的人而言。羞耻的经历发展为低微、无能的内在自我,以为留给他人的是负面印象。早期的羞耻经历会增加自我责备和一般心理问题的潜在风险。面对拒绝和羞辱时,个体内心不断地寻求超越被排斥的痛苦的替罪羊来谴责。

放置于社会学视角下,早在1994年,Scheff(2012)将羞耻－愤怒理论发展为羞耻－愤怒螺旋理论(shame-angry spirals),把羞耻与愤怒的关系称为"感情圈套"(feeling trap),用于解释羞耻与愤怒之间相互作用、循环发展的关系。羞耻－愤怒螺旋理论指个体觉察自身羞耻,或他人觉察到自身羞耻,将会诱发自己更强的羞耻情绪，即"羞耻－害怕/愤怒－羞耻"的循环，创伤后应激障碍、社交恐惧症等某些临床心理疾病正反映出该循环的影响（戴赟，王觅，钱铭怡，2012）。当个体羞耻不可承受时，最终导致社会上极端的暴力和战争的发生（Scheff，2014）。上述理论可以通俗地描述为：随着时间推移，情绪会放大，聚集力量；个体之所以感到羞耻，是因为已经处于羞耻中；之所以愤怒，是因为他感到羞耻；之所以感到羞耻，是因为他愤怒。如此循环往复，随着时间，聚集越来越多的力量，直到引发愤怒、抑郁或者自我伤害。

但是羞耻－愤怒理论在性别之间可能存在差异（Vanderheiden，Mayer，2017）。Scheff 和 Retzinger（1991）报告的性侵犯与羞耻关系的研究发现，女性体验的是羞耻－羞耻反馈环路，而男性经历的才是羞耻－愤怒反馈环路。羞耻－羞耻环路指个体体验到羞耻后，导致羞耻感增强，容易出现退缩或者抑郁，影响身心健康。而羞耻－愤怒环路指个体对自己的羞耻感到愤怒，又因沉浸在愤怒情绪中而感到羞耻。该环路中，由一种情绪产生另一种情绪，以便增强前一种情绪，并且经常做出反社会行为，最终达到情绪顶峰。因此，Scheff等认为，关于自己性方面的羞耻经常会导致女性对性的兴趣缺乏、退缩、被动、迟缓，而对性的羞耻促使男性更加大胆、愤怒、具有攻击性。

（二）羞耻与攻击性关系的实证研究

羞耻与攻击性关系的研究从多个方面开展。

一些采用量表测量的实证研究，检验了羞耻与攻击性之间的正性关系，比如，羞耻与攻击行为有显著的正性联系（Stuewig，Tangney，2007；Stuewig et al.，2015），羞耻感与敌意有密切联系（Velotti et al.，2016）。一项涉及765名在校学生的追踪研究（Heaven，Ciarrochi，Leeson，2009）显示：羞耻和敌意呈现出一年间的高稳定性；九年级学生的高羞耻可以较好地预测其十年级时敌意的增加，而敌意却不能反过来预测羞耻的增加。该研究认为羞耻体验可以增加青少年的敌意。羞耻与攻击性的关系也在幼儿被试中得到研究，对177名3~7岁的幼儿调查发现（Bennett，Sullivan，Lewis，2005），评估任务中的体罚会增加幼儿的羞耻感，愤怒是羞耻与行为问题的中介变量。该研究建议，减少羞耻感，或者帮助幼儿更好地处理羞耻，可以有效地减少幼儿愤怒和行为问题。该研究认为，羞耻与愤怒是影响和解释有受虐待史幼儿行为失调的重要因素。

有研究提出社会地位－羞耻模型，深入讨论羞耻与攻击性关系。对5396名15至18岁在校青少年的调查分析（Åslund et al.，2009b）显示，羞耻经历与攻击性行为正向强相关，与社会地位能够共同有效预测攻击性行为，说明个体社会地位可以影响遭遇羞耻经历时采取攻击性行为的风险性。而中等程度的社会地位对羞耻经历和攻击性之间的关系具有保护功能，支持所提出的社会地位－羞耻模型。而且，羞耻经历和低社会地位交互作用影响抑郁（Åslund et al.，2009a）；当经历羞耻时，高、低社会地位个体均存在高抑郁风险，而中等社会地位个体则具有保护性功能。

一项研究显示，创伤后压力与特质羞耻之间具有联系，并且，与经历内疚和压力共同作用的个体相比较，特质羞耻与压力的联系导致出现更多的身体、心理攻击性行为（Schoenleber et al.，2015）。另一项比较59名轻微违法和275名未违法的青少年的调查研究显示，违法者具有高惩罚取向评分，同时更少体验到羞耻、内疚，易于体验到自豪（Schalkwijk et al.，2014）。即使童年期的羞耻经历的记忆与成人后的当前的内化、外化羞耻情感具有密切联系，即使控制当前羞耻情感变量，羞耻经历记忆的核心位置也可以独特有效地预测该个体的抑郁、焦虑和压力（Pinto-Gouveia，Matos，2011）。

人格因素也会影响羞耻与攻击性之间的关系。一项对175名10～13岁荷兰青少年早期进行的测量研究发现，日常经历羞耻事件的青少年显示出更高的"受辱之怒"（humiliated fury），羞耻会触发青少年的愤怒。进一步的性别差异分析发现，当经历羞耻事件后，高自我依恋型男生，而不是女生，比低自我依恋型者表现出更强烈的愤怒（Thomaes et al.，2011），研究者认为，这是因为在西方文化性别的刻板印象里，男性表达愤怒比女性更能被接受和认可。

另外，有的研究认为羞耻与攻击性不一定直接发生关系，可以通过其他因素产生影响。Stuewig等（2010）采用自我报告和外部行为报告，评估了四种不同样本之间的攻击性（大学生，早期青少年，青春期中危险青少年和成年囚犯），路径分析发现所有群体的羞耻感与攻击性没有直接关系，而是通过责备外化为中介变量，因此羞耻与攻击性之间存在显著的间接关系。也有研究显示，羞耻与冒险性行为，如不安全性行为、酒驾等具有正相关的关系（Stuewig，Tangney，2007；Hundt，Holohan，2012）。

近年来，国内也开展了一些实证研究，调查青少年群体的羞耻与攻击性关系。张帆等人通过问卷调查的方法考察了初中生羞耻情绪与攻击性行为之间的关系，结果显示：羞耻情绪与言语攻击、身体攻击、愤怒、敌意均呈正相关，羞耻情绪直接影响初中生的攻击行为；羞耻应对中的自我责备、责备他人及逃避三个维度在羞耻感与攻击性之间起部分中介作用。也就是说，羞耻感会直接影响初中生的攻击性,也可能通过羞耻应对的作用间接影响攻击性(张帆,2013;张帆,张道芬,黄喜珊,2013)。通过量表测量分析也发现,中学生羞耻倾向对攻击行为的影响存在两条路径:一条路径是羞耻倾向直接作用于攻击行为;另一条路径是以敌意、愤怒为中介变量,间接影响攻击行为(杨坤,刘勇,2017)。高学德等人通过对一般大学生和青少年罪犯的对比发现,青少年罪犯的行为导向的反事实思维与羞耻情绪有着更为紧密的联系(高学德,2006;高学德,周爱保,宿光平,2008)。羞耻与攻击性之间的关系也可以发生在家庭内部成员之间,通过量表测量的统计分析发现,羞耻感高且易焦虑的父母的小学儿童期子女的行为问题发生率较高(王雨吟,张健,易春丽,2008)。

二、羞耻与亲社会行为关系的研究

(一)承诺装置理论

立足于整体道德情绪视角对道德行为的影响,Frank(1988)提出承诺装置理论。承诺装置理论主要解释内疚、羞耻等具有道德特点的自我意识情绪是如何促使个体做出亲社会行为的。作为道德情绪,内疚、羞耻等具有承诺性质,是一种承诺装置。当个体因自己的过失、错误产生不愉快的羞耻,或者损害他人利益后引起内疚体验时,为避免羞耻、内疚等带来的痛苦体验,通过审视现实自我与理想自我之间的差距,个体会做出对他人、社会有益的补偿行为,这种补偿行为也是具有亲社会性、利他性的。杜灵燕(2012)的研究验证了该承诺装置理论,羞耻组个体只有在知道捐助对象的情况时才会做出捐款行为,说明羞耻情绪只有在个体知情情况下才能促进其助人行为(杜灵燕,2012)。

(二)羞耻与亲社会行为关系的实证研究

羞耻虽然具有两面性,但是,由于羞耻的痛苦性体验导致其长期被视为负性情绪情感,所以羞耻的建构性功能一直被忽视,相关的实证研究相对匮乏。对于羞耻与亲社会行为之间的关系也存在两种观点。

有些研究并不支持羞耻与亲社会行为之间的联系,认为羞耻感不能预测亲社会行为(Bracht,Regner,2013)。短期的纵向研究结果的方程模型分析发现,早期青少年的羞耻感能够预测其随后亲社会行为的减少(Ross,Hodges,2014)。体验羞耻的学步儿童帮助痛苦成人方面,不如体验内疚的儿童快速和频繁(Drummond et al.，2017)。而商业领域里，电商不会受羞耻感影响，甚至会排挤亲社会行为(Hoffman，Morgan，2015)。但是，羞耻与个人紧密联系，天然地与人的价值观、自我评价相关；因此，羞耻是个人、社会、文化领域下人类整体功能的整合。Byan对羞耻的建构功能进行了综述，指出羞耻对道德与精神(包括人生信仰、宗教信仰)的成长能够发挥积极功能(Byan，2017)。

已有文献显示，羞耻情绪能够促进个体的积极行为(俞国良，赵军燕，2009)，尤其对道德行为具有促进作用(Frank，1988)，或者促进道德行为的发生(Ben-Ze'ev，2000)。在个体社会化过程中，作为道德情绪的羞耻具有激发道德性自律的功能，而作为自我意识情绪和具有社会性的羞耻则能推动人积极向上。羞耻也能够促进个体作出一些亲社会反应，比如道歉、帮助他人(Shepherd，Spears，Manstead，2013；Tangney，Stuewig，Martinez，2014)。3～4岁学前幼儿社会性研究发现，对羞耻的心理弹性可以预测自发的助人行为(Ross，2017)。de Hooge等(2008)通过三个行为实验研究了羞耻情绪对合作行为的影响，研究发现内源性羞耻(endogenous shame)能够激发个体自我实现的亲社会行为，促进人际合作行为，羞耻能够作为承诺机制发挥良好的人际功能作用。深入分析羞耻情绪对行为的影响过程发现，羞耻能对受损的自我发挥修复与保护的作用，可以维持积极自我的强烈需求；当自我面临威胁时，羞耻情绪可以让个体采取亲社会性的行为来修复受损的自我；当面临的威胁过于强大，或者自我修复难以完成时，个体可以采取退缩行为，从而保护自我避免受到更大的伤害(陈英和，白柳，李龙凤，2015)。

羞耻与亲社会行为之间的联系，也可以从儿童的行为中发现。由于羞耻也被认为是一种社会控制性的情绪(斯托曼，2006)，具有适度羞耻的儿童具有更为准确的自我认知，可以及时反馈自己的行为，从而养成许多良好的个人品质。而具有良好羞耻的儿童，由于对社会规则具有清晰的认识，可以促进自身良好行为的发展，为以后成长奠定良好的基础(Tangney，Stuewig，Mashek，2007)。

除了采用量表测量外，一些行为实验也提供了证据支持研究羞耻与亲社会行为的关系。杜灵燕(2012)的子研究一发现，羞耻不能直接促进初高中学生的道德行为；子研究二引入新的自变量"对帮助对象的了解程度"，以初三学生为被试，结果显示，当捐助者知道，捐助对象对自己所经历的羞耻事件知情时，捐助金额显著增加，羞耻组个体做出助人行为。姚薇等(2019)针对性地关注大学生羞耻情绪被诱发后是否影响亲社会行为与行为。研究发现：与阅读产品说明书的基线组比较，羞耻情绪诱发组的亲社会行为评分显著更高，说明状态羞耻情绪能够有效促进大学生的亲社会行为倾向，并且状态自我羞耻与状态转移性羞耻的促进效应一致；而对于亲社会行为（是否帮助他人捡笔、做出该行为的时间），自我羞耻和转移性羞耻的影响效应也是一致的。

除了直接关注促进效应之外，也有研究从羞耻对不道德行为的抑制作用的角度开展研究。以监狱释放人员为被试，研究关注羞耻情绪对于违规违法行为的抑制功能，发现羞耻情绪通过两条作用路径影响了监狱释放人员的再犯行为（Tangney, Stuewig, Mashek, 2014）。直接路径是，羞耻情绪能够负向预测再犯行为，即羞耻情绪引起对亲社会和反社会个体的行为避免/退缩，减少了再犯行为的发生。间接路径是，责备外化部分中介了羞耻情绪与再犯行为的发生，即羞耻情绪通过责备外化（因自己的过错而责备别人），引起行为避免/躲藏，从而间接地抑制了再犯行为发生。另外，10~13岁青少年的羞耻感与反社会行为呈负相关，与旁观者行为呈正相关，该结果表明，他人在场时，个体的羞耻促使青少年遵循道德标准，从而抑制反社会行为（Olthof, 2012）。因此，羞耻情绪促进了防御性和亲社会性动机，功能上既有破坏性作用，也有建设性、建构性潜能。

三、羞耻与趋近的关系研究

国内目前尚未有羞耻与趋近之间的关系研究，相关发现主要基于国外的相关研究，且研究结果并不一致。羞耻作为负性情绪，会引发个体更多的退缩行为（Lewis, 1971）。Tangney(1992)明确提出个体体验到羞耻情绪后，会采取退缩回避的方式应对，以逃离这种情绪带来的不好影响。Haidt(2003)研究也发现，不同羞耻情绪状态下，个体会更多地采用回避的方式。Frank(1988)认为个体在进行选择时所经历的很强的情感体验，如羞耻等，会阻止他们采取背叛策略（不合作）。

相反，Alexander和Knigh(1971)认为拥有积极的自我评价是人类最基本的动机之一，自我评价主要来自个体对他人和社会团体的归属感（Leary, Baumeister, 2000）。因此，羞耻的个体可能需要接近他人以保护自我（de Hooge et al., 2018）。根据这一观点，一些情绪研究者认为，羞耻能使群体成员意识到自己的行为违反规范，并且愿意遵守群体标准，做出符合群体要求的积极行为(Barrett,1995;Gilbert,1997;Fessler,1999)。有研究发现,羞耻会促进趋近行为的产生,会引发更多的社会性的人际趋近,而不是社会性的退缩回避(de Hooge,Breugelmans,Zeelenberg,2008)。

(一)羞耻类型与趋近的关系研究

基于羞耻情绪与后续所发生事件或追求目标之间的关联性,把羞耻类型分为内源性羞耻和外源性羞耻。对内源性羞耻、外源性羞耻与趋近的研究相对薄弱,缺乏足够的实证研究,得出的结论也存在疑点。丁芳等(2013)也提出,内源性羞耻能够促进低羞耻情绪理解能力的小学儿童的合作行为。de Hooge等人(2008)研究发现,在特定的条件下,只有内源性羞耻,而非外源性羞耻才能促进亲自我个体人际合作行为。可见,在内源性羞耻条件下,羞耻这种负性情绪是可以促进更多的亲社会性行为的。但是de Hooge等人(2018)的研究结果表明,内、外源性羞耻对个体的合作及社会性趋近行为的作用不存在差异。对比de Hooge主导的这两项研究可以发现,内源性羞耻和外源性羞耻对于趋近行为的作用存疑,还需深入探讨它们之间的影响。

(二)羞耻强度与趋近的关系研究

基本情绪的效价强度效应研究发现个体对负性情绪刺激强度具有敏感性(Leppänen et al.,2007)。朱丽萍等(2011)通过实验证明了基本情绪中的效价效应,并指出情绪的强度通常指效价强度,而且情绪强度会影响文字加工,尤其是中等和极端消极情绪会削弱人对刺激的行为反应。范才伟(2015)发现:在低强度负性情绪下,初中生更倾向于重新解释情绪事件的意义;在高强度负性情绪下,初中生更倾向于采用消极回避的方式调节情绪。

钱铭怡等(2003)在羞耻易感性差异及应对羞耻的方式的研究中发现,高羞耻易感性的个体更可能使用回避、退缩、隐藏感情等应对方式,低羞耻易感性的个体更可能采取寻求社会支持等积极的应对方法。因此,羞耻感的高低会导向不同的应对方式。由于羞耻是一种十分强烈的感情,体验到羞耻的个体可能会迁怒他人、怨恨他人,羞耻感受越强,越有可能引发消极行为。

最近研究发现,羞耻强度会影响儿童亲社会行为,在高或中强度羞耻下,小学生的亲社会行为会增加(Wang,Pan,Zhang,2020)。羞耻的积极效用可能要在适当的强度下才能体现,过强的羞耻情绪可能反而会削弱趋近倾向。具有适度羞耻的儿童具有更为准确的自我认知,可以及时反馈自己的行为,可以促进个体良好行为的发展(Tangney,Stuewig,Mashek,2007)。在电子商业领域里,电商的行为不受羞耻的影响,高羞耻感电商反而会抑制亲社会行为(Hoffman,Morgan,2015)。

综上研究发现,羞耻对个体行为有很强的导向作用,羞耻对趋近会产生不同影响,可能与羞耻类型和强度有关。因此,羞耻作为一种自我意识的情感,对行为有着导向作用,其中类型和强度是两个重要的影响因素。

第四节　羞耻的文化特性

"人在何处,皆存羞耻"(Shame is shame wherever you go)(Shweder,2003),该表述非常简洁地指出了羞耻情绪与所处地域持有的文化紧紧相连。不同文化下的羞耻具有跨文化特性,也有文化特异性。Vanderheiden 和 Mayer(2017)专门把羞耻放置于文化语境下分析羞耻的本质与价值:一方面,文化视角有助于理解过去、现在的羞耻观是如何在共享意义系统、现实与实践、价值观中产生的;另一方面,文化视角也会限制个体对过去、现在的世界的看法。较早地关注羞耻与文化的一项有影响的研究来自本尼迪克特(2012)。本尼迪克特强调,在所谓的"羞耻文化"里,情绪反应是基于他人的评论。他认为羞耻镶嵌在外部的制约和良好行为的环境,该羞耻观重视行为的外部标准,即所谓的面子文化。在 Leung 和 Cohen(2011)提出的"文化逻辑"概念里,面子文化具有等级性、更加重视群体内的和谐和谦卑等特点。而文化与人的认知方式有关,在面子文化与荣誉文化里,人的认知方式主要是整体性认知加工方式(Smith et al.,2017)。中国文化是一个典型的面子文化,个体的认知加工体现了整体性认知特点。整体性认知基于经验,重视直觉,认知过程中重视目标与背景的关系。面子文化也就是"耻感"文化,更加倚重他人评价,通过取悦他人来保护自己的面子。

一、体验主体的文化差异

东西方文化背景里,对自我概念的理解存在差异,差异集中体现在对自我与他人关系的认识、自我与他人内涵的重叠程度的相关观点上。该问题早在勒温(2003)的自我的生活空间重叠观、James(1890)的自我观就有涉及。后来，Markus 与 Kitayama(2010)共同提出文化自我结构理论。该理论中，研究者认为，东方文化侧重于人与人之间的相互依赖、密切联系，表现为一种"互倚型自我"；西方文化倡导个体的独立，人与人之间的情绪情感保留相对空间，表现为一种"独立型自我"。

这种与文化相关的自我分类典型的表现为"独立型自我"和"依赖型自我"的区分(Markus，Kitayama，2010)。西方文化背景下，自我概念更加体现为"独立型自我"，把自己与他人，包括亲密或者重要他人作了较大的区分，视自己为独立于他人的完整个体，强调个体自我的独立、完整、隐私、权力，这种观点在个体的心理与行为中都得到体现。该自我观强调独立于社会情境的自我认同的文化氛围相一致，不轻易因特定的社会情境而改变自我的观点、想法、行为。而东方文化背景下，自我概念更加强调"互倚型自我"，重视个体自我在整个社会或文化背景中的相互联结，该自我观更加关注自己与他人，包括亲密或者重要他人与自己的关系、互动，对与他人相关的评价、描述等信息敏感。这种个体或自我在关系、情境中得到理解，当作用于关系的行为时也会间接地映射到自我概念中。

文化神经科学对自我概念的文化差异进行了深入研究，提供了一些研究证据(韩世辉，张逸凡，2012)。以自我与亲密他人和重要他人中的母子或母女关系为例，一系列研究揭示出不同文化背景下的个体所持有的自我概念的差异，典型地体现在 MPFC(内侧前额叶)上的神经表征上(Zhu et al.，2007；Zhu，Han，2008；Han，Humphreys，2016)。研究者采用 fMRI 研究方法，要求中国大学生和西方国家大学生被试，完成关于自我、母亲、公众人物的人格特征形容词判断任务(Zhu et al.，2007)。与文化差异联系有关的研究结果显示，在中国被试中，自我判断条件下与母亲判断条件下的 MPFC 的激活没有显著差异，母亲判断条件下比公众人物判断条件下的 MPFC 的激活更强；而西方大学生被试组，自我判断条件下比母亲判断条件下的 MPFC 的激活更强，母亲判断条件下与公众人物判断条件下的 MPFC 的激活没有显著差异。由此可见，中国文化下的成人采用 MPFC 共同表征自我和母亲，至少一定程度上具有重叠；而西方文化下的成人的自我和母亲的表征至少在 MPFC 上是分离的。对于受东西方两重文化熏陶的被试的文化启动效应研究，进一步支持了自我与母亲的文化神经表征的关系(Ng et al.，2010)。以受东西方文化交汇影响的香港华人为被试，当采用类似功夫等 5 类具有中国文化元素的符号图片为启动刺激时，被试在自我与母亲特质的判断任务中都呈现增强的

MPFC活动；当采用James Bond等5类西方文化符号图片为启动刺激时，被试的MPFC活动在母亲判断任务中减弱，在自我判断任务中增强。从上述神经科学研究证据可见，中国文化语境下的自己（"自我"）与母亲更加紧密地联系在一起，而西方文化语境下的自己（"自我"）就是独立的个体，与母亲保持相对独立，视母亲为相对独立的个体。

中国文化下的自我表征与母亲表征存在重叠或交叉，揭示了中国被试加工"母亲"相关属性时必然也紧密涉及对"自我"的激活。那么，其他重要他人、亲密他人，是否如母亲一样在中国文化语境中占据相等地位？有研究以中国大学生为被试，采用fMRI和人格特征形容词判断任务，探索参与自我、父亲、母亲、朋友相关特质判断任务时的表征（Wang et al., 2012）。该研究发现，自我特征和母亲特质判断任务在MPFC和ACC诱发了相当强度的活动；更为重要的是，母亲特质判断任务比父亲、朋友特质判断任务在MPFC和ACC诱发的活动强度更大。研究结果显示，在中国集体主义文化语境下，母亲与其他亲密他人，如父亲、朋友，在MPFC的表征权重并不相当。可见，在中国文化里，母亲在自我概念的结构中的地位具有特殊性，母亲与自我共享了相似的文化神经表征。

但是有研究者反对Markus等的自我结构理论的文化观。Aron等（1991）提出，在个体主义文化下也存在"包含他人的自我"（IOS, inclusion of other in the self）的概念。实验发现，分配给自己和分配给他人的金钱的差异随着与他人的关系亲密程度加深（陌生人—熟人—好友）而逐渐减小（实验1）；两类回忆的差距（对与某名词互动的自己的图像的回忆、对他人与某名词互动的图像的回忆）也随着他人与自己关系的密切程度加深而减少（实验2）；对于可以用来描述自己和配偶的形容词的反应慢于只能用于描述自己个性的形容词（实验3）。实验3这种反应延迟揭示了被试把配偶的品质与自己的品质融合在一起的现状，这两者的重叠不是基于互动的强度，而是基于个体觉得的与他人关系的密切程度。总之，Aron等人认为，重要关系的他人（other）是被包含在自我（self）之中的。Aron等的实验研究发现，这种包含他人的自我的概念，在其采用西方被试时也是适应的（Aron A, Aron E N, Smollan, 1992；Aron, Fraley, 1999）。

二、羞耻情境的文化差异性

非西方文化背景里,羞耻不仅得到珍视,而且被视为对失败恰当的情绪反应。在所谓的集体主义文化里,羞耻具有更加积极、动机性功能意义,能够调节个体在群体里的社会活动,引导个体遵循社会认可的行为规范、情感、价值观行事(Vanderheiden,Mayer,2017)。而情境也是文化集体主义的重要部分(Owe et al.,2013)。

儿童时期的情绪加工与调节就印刻着文化烙印了。文化比较研究发现,同为6岁的尼泊尔儿童与美国儿童,在消极情绪的表达、自我意识情绪相关的人际冲突等方面持有不同的理解和观念(Cole,Bruschi,Tamang,2002),这表明儿童情绪加工与调节能力的发展,与置身于文化背景下的社会化过程有着密切联系。

羞耻主体的内涵方面也存在不同的观点。对于羞耻,不同文化背景中个体持有的羞耻的价值观存在差异,尤其是东西方文化对于羞耻情绪的内涵认识不一致。东方文化具有典型的"知耻"文化特点,适度的"耻"同时具有了一种正面、褒扬的意味。基于羞耻情绪的定义与内涵,羞耻主要是个体对自身或者所属群体属性、行为等产生的一种痛苦体验,主要是对自身的情绪反应,可以理解为一种"自我"情绪体验。同时,已有的大量羞耻情绪的研究,也是重点关注个人对自身作为独立个体存在中的情绪体验。因此,羞耻的主体("自我")会影响到羞耻情绪研究的内容。

作为羞耻的主体"自我",在一般性情境和特定性情境下的羞耻情绪的变化,在不同文化下也是不一致的。对此,Chiao等研究者开展了一系列文化神经科学研究,研究即时的社会文化背景如何影响个体自我的文化图式。为了深入探索文化价值观如何影响社会认知的神经表征,Chiao等人(2009)采用fMRI实验范式,通过问卷测评区分被试的自我在个人——集体主义两个维度,要求被试进行一般性自我判断任务和情境性自我判断任务。实验结果发现,个人主义被试加工一般性自我判断任务时比加工情境性自我判断任务诱发了增强的MPFC,而集体主义被试加工情境性自我判断任务时比加工一般性自我判断任务诱发了增强的MPFC;总体上,一般性自我判断任务和情境性自我判断任务上的MPFC神经活动强度可以正向预测被试跨文化间的自我的个体主义或者集体主义测评评分。

研究者结合 fMRI 实验,进一步采用即时性文化启动实验范式,以个体主义价值文化启动的双文化成人为被试,研究发现,一般性自我判断任务比情境性自我判断诱发 MPFC 和 PCC 增强的激活,而集体主义价值文化启动的双文化被试,其情境性自我判断任务比一般性自我判断任务诱发 MPFC 和 PCC 增强的激活,研究结果体现了文化与自我的一致性效应(Chiao et al.,2010)。可见,东方主流文化的集体主义与西方主流文化的个人主义价值观在自我概念的情境性上的神经表征存在文化差异性。

三、自我羞耻与转移性羞耻的比较研究

少量研究直接对比自我羞耻与转移性羞耻。道德自我评价的研究发现,羞耻感启动条件下,自我羞耻与母亲相关的转移性羞耻之间 IAT 效应差异不显著,转移性羞耻会使个人的道德受侵,产生负面的道德自我评价,这表明个体的道德自我组成成分中同样包含母亲(周树芝,2015)。另一项考察羞耻情绪对亲社会性的影响研究发现,自我羞耻和与母亲相关的转移性羞耻的影响效应也是一致的(姚薇,王柳生,李皓,2019)。

自我概念的文化差异,必然也会影响到羞耻情绪的内涵的文化差异。关于羞耻情绪的文化差异研究相对薄弱,但是少量的相关实证研究结果也还是支持了上述理论分析(Frank,Harvey,Verdun,2000;Zhong et al.,2008)。比如,中美大学生的羞耻情绪也存在差异,揭示出文化对于羞耻情绪的作用(冯晓杭,2009;汪智艳等,2009)

相对早期关注转移性羞耻的研究发现,亚裔美国人比美国白人报告更高的羞耻水平,也报告更高的转移性羞耻水平,两族群的女性都报告更高的羞耻水平(Szeto-Wong,1997)。以 8 名来访的美国大学生和 8 名中国大学生为对象,对半结构化访谈的资料进行编码和统计(汪智艳等,2009),结果表明,在羞耻情绪诱发源方面,学业成就、人际交往、群体、身体和重要他人等 5 种羞耻情境中的羞耻强度没有文化差异。羞耻情绪的诱发主体方面,虽然自我、同辈、父母、老师或领导对大学生的期望所引发的羞耻情绪不存在文化差异,文化差异发生在由群体的期望所诱发的羞耻情绪上,中国大学生会因此羞耻,美国大学生不会。在羞耻体验过程方面,中国大学生比美国大学生报告了更多身体反应和相应的认知加工。在羞耻情绪的后续影响方面,中美大学生均出现回避行为等负性行为倾向,并具有行为促进和约束的正性作用。总之,羞耻情境

的类别和体验强度上,具有跨文化一致性,而羞耻体验的诱发主体(涉及的具体目标源)、羞耻体验的认知加工过程等方面,还是存在中美两国文化的影响。该研究团队进一步扩大样本容量,研究羞耻性自传体记忆的自我文化差异,要求 69 名中国大学生和 65 名美国大学生回忆一件自己亲身经历的羞耻性事件(张智丰等,2009)。采用质性材料的编码统计分析后发现,与美国大学生的结果比较,中国大学生羞耻性自传体记忆的具体程度更高,羞耻记忆中出现更多人际关系的内容,其羞耻事件更多发生在童年和青春期,更多涉及学校和老师的评价。

以作为互倚型自我的中国大学生和作为独立型自我的美国文化内为被试,跨羞耻情境(公众发言失败、考试舞弊行为、散布谣言),跨故事情境角色(自己、母亲、同伴、朋友、同学),研究文化对于羞耻情绪的影响。在三种情境下的自我或者与自己相关的他人的羞耻感水平上,中美大学生存在差异,且除了考试舞弊行为情境外,美国大学生比中国大学生有更高的羞耻感水平。在考试舞弊行为、散布谣言两个情境下,中美大学生具有相似的羞耻强度,而在公众发言失败情境中,中美大学生表现出不同的模式。对于因重要他人而起的羞耻感,中美大学生具有相似的模式,顺序依次是母亲、同伴、朋友、同学,并且两组被试都表现出与朋友的亲密性略高于同伴,可能是美国被试在人际关系上有更清楚的边界,而中国被试在同伴、朋友、同学之间的边界比较模糊。由此,两文化被试之间的羞耻水平存在显著差异,并且个体与故事角色之间关系和羞耻强度关系密切,随着个体与故事角色关系逐渐疏远,个体的羞耻情绪强度随之减弱(Tang et al.,2008)。

不同文化的被试研究也进一步发现(冯晓杭,2009),在事件发生的时间上,中国大学生报告羞耻更多与儿童期、青春期事件有关,而美国大学生的报告以近期事件为主;在体验羞耻对象上,中国大学生更多涉及重要他人如家庭、朋友,而美国大学生更多涉及个人。

也有研究从进化角度理解羞耻的作用(Sznycer et al.,2016),该研究从进化心理学视角提出,羞耻是防范他人轻视的自我防御机制。经过在美国、印度、以色列三个国家的行为调查实验,发现人们内在羞耻情绪与他人的"不可接受"的消极行为之间非常匹配,并且研究结果具有跨文化一致性。研究者从三个视角论述了羞耻情绪功能的进化观:羞耻情绪可以影响个体在远景弊大利小时的决策,可以防范自我的负面信息被他人获悉,还可以使贬值的不利效应最小化。由于不必要的防御激活具有高成本的特征,羞耻系统应该评估贬值性威胁程度,从而有效地校正激活。诱发越多来自他人负面评价的特质或者行为,将会诱发越多的羞耻情绪。研究者提出羞耻中介作用模型,认为羞耻具有适应性功能,在个体人格特质与社会性焦虑之间作为中介变量(Zhong et al.,2008)。同时,羞耻的中介效应只发生在中国大学生样本上,而美国大学生样本上没有呈现该效应,体现了羞耻的文化特异性功能。

第五节 羞耻的研究方法

羞耻的研究方法一般为量表/问卷测评范式、实验研究范式,并且以量表/问卷测评范式为主要常用研究范式。国内一些自我意识情绪研究、羞耻情绪研究的文献综述对相关研究方法有过一些归纳(冯晓杭,张向葵,2007;高学德,2013),主要包括情境情绪测量、情节情绪测量、形容词核定量表、陈述评定的自我报告测量、非言语行为编码。

一、量表测评范式

在量表测评范式的代表性测评工具方面,国外编制了自我意识情绪测量量表(TOSCA)(Tangney et al.,1989),对认知特点、情感反应、行为倾向等现象学描述,设计了十五个情境来测量羞耻、内疚情绪体验。另外还有羞耻内疚状态量表(SSGS)(Marschall,Sanftner,Tangney,1994)、羞耻应对方式量表(CoSS)(Elison,Lennon,Pulos,2006a)、儿童羞耻与内疚简明量表(BSGQ-C)(Novin,Rieffe,2015)、身体羞耻与内疚量表(BF-SGS)(Weingarden et al.,2016)等。国内编制或修订了一些量表,如大学生羞耻量表(钱铭怡等,2000;李阿特,汪凤炎,2013)、中学生羞耻量表(亓圣华等,2008;杨玲,王含涛,周艳艳,2014)、中学生学业羞愧量表(薛杨,2013)、硕士生羞耻心问卷(宋树梅,2013)。其中钱铭怡编制的问卷也适用于包括初中生、高中生在内的青少年(李波,2003;李波,钱铭怡,马长燕,2005)。这些问卷或者创设了类似情境来让被试完成纸笔自我报告。杨玲等(2014)编制的"中学生羞耻情境量表"设计出了20个典型的羞耻情境。王爽(2009)编制了适合小学、初中、高中阶段青少年的"青少年羞耻故事情境",编制故事情境的基本标准是:违反社会规范的行为、自己所暴露出的无能。通过一到两个句子,叙述故事情境,一共形成十五个故事情境。

二、实验研究范式

实验研究范式包括行为科学实验和神经科学实验两个角度,主要有简单任务失败范式、内隐社会认知测量法、回忆/想象范式、脑神经成像技术(Davey et al., 2014;Hennig-Fast et al., 2015;Roth et al., 2014)。

(一) 简单任务失败范式

在简单任务失败范式(easy-task failure paradigm)(Lewis, Alessandri, Sullivan, 1992;Chao, Yang, Chiou, 2012)中,被试参加一个简单的竞争性任务,或者是基于反应,或者是基于操作成绩来评价被试的任务完成情况。任务完成后,被试得知自己的成绩比目前为止最差成绩保持者还差(Chao, Yang, Chiou, 2012),或者得知自己的成绩明显低于所公布的平均成绩,比如,自己得到 9 分,而其他小组成员得到 19、17,或者最基本的 16 分(de Hooge et al., 2008),并且这些评价结果和被试的成绩都在一定范围内公开,小组内其他成员和其他小组的成员对此结果知情。采用这种简单任务失败范式,主要是诱发被试的状态羞耻情绪。

(二) 内隐社会认知测量法

内隐社会认知测量法(GNAT 或者 IAT)中比较典型的测量法有序列启动任务、内隐联结测验(IAT)、The Go/No-Go Association Test(GNAT)、Affective Simon Task(AST)、The Extrinsic Affective Simon Task(EAST)。测量内隐羞耻情绪的实证研究中采用过 IAT(金彩芬,2007)、GNAT(张帆,2013)。采用 IAT 和 GNAT 测量内隐羞耻情绪,实验程序上与一般社会认知测量相似,实验材料方面这两种方法也都相似,包括四类词汇:自我词汇,如我、自己、本人、俺等;非我词汇,如他、他人、别人、人家等;羞耻词汇,如丢脸、难堪、羞辱、惭愧等;非羞耻词汇,如体面、高尚、光荣、成功等。其中在内隐联想测量 IAT 中,通过测量概念词和属性词之间在个体认知图式中自动化联系的强度来测量内隐羞耻情绪。基于反应时指标,如果两类词之间反应时差别越大,表明个体的内隐羞耻情绪越强。GNAT 吸收了信号检测论的思想,实验中包括目标刺激和干扰刺激,考察目标类别(如自我词汇或者非我词汇)和属性维度(如羞耻词汇或者非羞耻词汇)概念之间的联结强度。虽然上述两种实验研究范式具体程序上和计算方式不同,但均测量内隐羞耻情绪。

(三)回忆/想象范式

回忆/想象范式(recall/imagination paradigm),即通过让被试回忆或者想象记忆中的羞耻性事件,启动或者唤醒羞耻(de Hooge, Breugelmans, Zeelenberg, 2008; Chao, Yang, Chiou, 2012)。不同的研究者采用了不同的具体方式来唤醒羞耻情绪,主要反映的是状态性羞耻情绪。

第一,自主选择羞耻回忆事件来唤醒状态性羞耻。研究者在 fMRI 扫描之前(Roth et al., 2014),要求被试自己选择一件发生在最近 3 周到 6 个月之间羞耻的事情,并且能够比较容易地清楚回忆起来。扫描时,给被试一个简单的视觉线索提示,被试开始回忆该事件的具体过程。提示线索呈现 1000 ms,并且与后续的注视点一共持续呈现 11880 ms,接着呈现 3960 ms 的中性图片,之后返回到注视点的基线约 15840 ms,一共进行 12 次试验。通过这种被试自主选择的羞耻回忆事件,确实在神经系统得到反映,能够激发包括杏仁核、脑岛、腹侧纹状体等典型的情绪加工环路,以及双侧内背侧额前叶(DMPFC)的自我卷入脑皮层。

第二,通过写作描写曾经发生过的羞耻事件而唤醒状态性羞耻。一项研究羞耻情绪的免疫系统的生理变化的实验里(Dickerson et al., 2004),实验前被试完成问卷测量得到心境的基线。正式实验时,要求被试用 20 分钟时间根据指导语完成一篇关于自我谴责经历的写作,写作完成后,被试安静等候 10 分钟,完成即时性心境测量,以及其他生理指标的采集。研究结果显示,羞耻情绪的诱发能够在与免疫水平相关的生理指标上得到体现。

第三,除了采用纯粹的自我传记式的回忆想象、文字材料或者写作等方式之外,回忆/想象范式的诱发材料的呈现也可以采用语音方式。一般经过放松—想象—感受三个阶段(周树芝,2015),具体如下:通过耳机播放相关放松的指令,让被试首先进入放松状态,以便准备后续的想象情境;接着播放事先选定的涉及被试的羞耻事件,启动被试的羞耻情绪;接着,进入沉思阶段,要求被试体验当下的情绪状态。

随着研究对象的多样化,研究方法和研究工具得到长足的发展,研究者们编制或修订出了许多测量羞耻的问卷或量表,提高了羞耻情绪研究的便捷性、高效性和标准化程度。从现有采用这些研究方法和材料工具的实证研究看,不同的研究范式匹配与不同性质、类型的羞耻情绪。

量表、回忆/想象范式可以比较好地测量状态性羞耻情绪,目的是唤醒外显性羞耻情绪,也可以比较便利地测量个体羞耻、行为羞耻、能力羞耻、家庭羞耻等各种类型的羞耻情绪。简单任务失败范式比较适合于测量状态性羞耻,由于其借助任务完成的失败而诱发相应的情绪,所以非常适合研究个体的能力羞耻。内隐社会认知测量法通过启动效应来分析羞耻情绪,侧重于研究特质性羞耻情绪,目的是启动内隐性羞耻情绪。而脑电实验、fMRI等神经科学实验则都会运用于探索两类羞耻情绪。

从羞耻情绪研究文献看,国内自2000年后逐渐开始关注羞耻情绪。国内外研究总体上体现如下特点:①研究主题上,现有羞耻情绪研究成果比较集中于羞耻情绪相关变量之间的相关性研究,羞耻情绪的自身调节机制研究相对缺乏。②研究方法上,较多研究采用调查、问卷与量表等测量羞耻,设计行为实验研究羞耻的相对较少。③研究对象上,对成人和特殊群体的羞耻现状关注较多,儿童和青少年羞耻研究相对不足。④羞耻类型上,现有文献较多关注传统的自我羞耻情绪,对与文化因素密切相关的转移性羞耻的探索并没有深入开展。

第二章　情绪调节的研究

情绪调节，指通过一定策略和机制，个体对情绪的发生、体验、表达施加影响，实现情绪的生理反应、主观体验、表情行为等成分发生变化的过程(Gross，1998，2002，2015)。情绪调节包括对负性情绪和正性情绪的增强、维持、减弱等调节，可以表现为有意识情绪调节和自动情绪调节，情绪调节也具有情境依存性，在某情景中是好的，在另一种情景中则可能是差的。

第一节　情绪调节过程模型

情绪调节模型很多，有研究进行了理论综述(刘启刚，周立秋，2011)。根据情绪调节定义的结构观、机能观、过程观，形成了情绪调节的应对模型(Lazarus，Folkman，1984)、三维情绪调节结构模型(Salovey et al.，1995)、情绪调节控制理论模型(Larsen，2000)、六维情绪调节结构模型(Gratz，Roemer，2004)、情绪认知控制模型(Ochsner，Gross，2007)，以及其他过程模型。而情绪调节的过程模型(Gross，2002)由于其前提关注调节与反应关注调节的架构、认知重评与表达抑制的具体策略，以及增强调节与减弱调节的方向性特征等具有良好的操作性，尤其是最新的情绪调节的扩展模型(Gross，2015)，更加强调识别、选择、实施的螺旋动态性，备受学界关注。

早期，Gross(1998)提出情绪加工的同感模型(见图 2-1)。该模型中，情绪加工过程包括情绪刺激的输入(情绪线索)、情绪反应倾向、情绪反应三个阶段，其中情绪反应倾向可以在行为、体验、生理三个方面上呈现。在情绪线索后、情绪反应前有两种调节类型，分别是前提关注调节(如认知重评)、反应关注调节(如表达抑制)。

```
                    Emotional
                    Response Tendencies
                    (情绪反应倾向)
Emotional                                              Emotional
Cues        →     · Behavioral（行为表达）        →   Responses
（情绪线索）         · Experiential（心理体验）         （情绪反应）
                    · Physiological（生理反应）

（前提关注调节，  Antecedent-Focused        Response-Focused      （反应关注调节，
如认知重评）      Emotion Regulation        Emotional Regulation    如表达抑制）
                 (e.g., Reappraisal)        (e.g., Suppression)
```

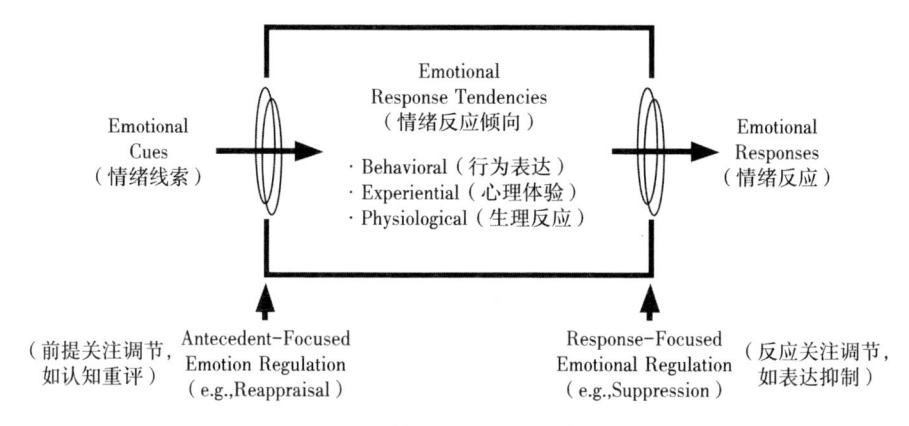

图 2-1　情绪加工的同感模型

资料来源：GROSS J J. Antecedent- and response-focused emotion: divergent consequences for experience, expression, and physiology[J]. Journal of Personality and Social Psychology, 1998, 74(1): 224-237.

在相对粗糙的同感模型的基础上，Gross(2022)更加关注情绪加工的调节环节，建立情绪调节的过程模型（见图 2-2）。经过多年的研究，进一步细化调节过程和内在调节机制，形成情绪调节的扩展过程模型（Gross，2015）。情绪调节的过程模型把情绪调节过程从结构上划分为五个环节：情境选择、情境修正、注意分配、认知改变、反应调整。过程模型特别强调，个体能够在五个环节中的任何时候调节自己的情绪。前四个环节属于前提关注的情绪调节，发生在完全成熟的情绪反应倾向被激活之前；反应调整环节则在成熟情绪反应形成之后。

调节过程涉及环境、注意、评价、反应四个因素，以及五个环节（Gross，Barrett，2011）。情境选择指个体趋近或者避开某些人、事件、场合，以便调整（增强或减弱）可能的情绪而采取行动。情境选择环节里，个体了解情境潜在的特征，并且能够基于情境特征作出预期情绪反应。情境修正指个体对外在物理环境的修正。情境修正有时能够促进情绪调节，有时反而起阻碍作用。情绪表达可以被认为是一种修正方式，可以改变当前的人际互动，所以情绪表达可以成为强有力的外在情绪调节形式，从而改变情境的本质。注意分配指个体是如何在特定情境中对自身的注意力进行分配的。注意分配可以被视为一种内在的情境选择。注意分配具有多种表现形式，如注意的物理性退缩（如扭头回避）、内部重新定向（如分心或集中）、重新定向后的反应（如其他故事）。

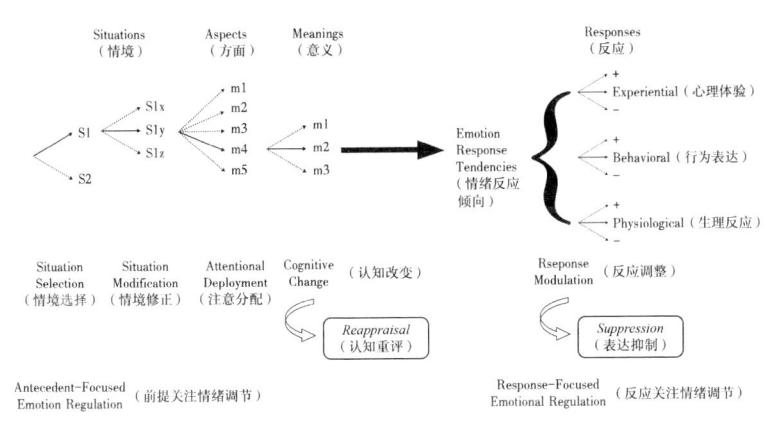

图 2-2 情绪调节的过程模型

资料来源：GROSS J J. Emotion regulation: affective, cognitive, and social consequences [J]. Psychophysiology, 2002, 39(3): 281-291.

认知改变，即改变所持有的情境观，或控制力，改变对情境的评价，从而改变情境的情绪性意义。认知重评是常用的认知改变策略。反应调整处于情绪发生后期，出现于反应产生之后。反应调整直接针对个体的生理性、体验性或行为性反应。

Gross(2015)进一步深化情绪调节的模型，使其更加具有系统性、动态性、生态性，建立情绪调节的扩展加工模型（见图 2-3）。该模型与原有的过程模型具有延续性和发展性，将原有过程模型的五个环节的四个因素对应于扩展加工模型的评估系统中的四个成分。世界对应于环境，指个体内部心理环境和外部物理环境。知觉对应于注意，指个体对内外世界的关注。评估对应于评估，指对所知觉的信息与自己的关联程度进行评估。行动对应于反应，指采用心理方面或者身体方面的行动，来弥补个体标准与实际标准之间的差距。该评估系统的发展性，指的是与原有的过程模型比较，该评估系统的强度动态性。该评估系统的动态性指整个评估系统的评价在四个成分之间循环，直到达到个体内心自定的目标状态。

扩展加工模型除了具有评价系统的动态循环评价特点外，还将原来的过程分解成三个阶段：(1)识别阶段。该阶段在一阶评估系统时，个体的情绪状态得到觉察，同时考虑在当前具体情境下是否需要进行调节。(2)选择阶段。当识别阶段的行动成分激活情绪调节目标后，就进入了情绪调节的选择阶段；该阶段里，有具体的情绪调节策略；根据具体的背景因素，如可用认知与生理资源、情绪冲动的类型与强度等，在评估成分进行评价具体的策略。(3)实施阶段。当选择阶段激活情绪调节策略的表征时,就进入了实施阶段。该阶段的目标是将常用策略转化为适合当前具体情境的调节方式、方法和技巧,即寻求和选择当前情境下情绪调节的最优策略。三阶段论使过程模型更加深入剖析调节的操作过程,而每一个阶段都嵌套了评估系统,评估系统不同程度地发挥作用,具体到不同情境和事件,评估系统的四个成分完整或者部分地、有所侧重地进行循环。

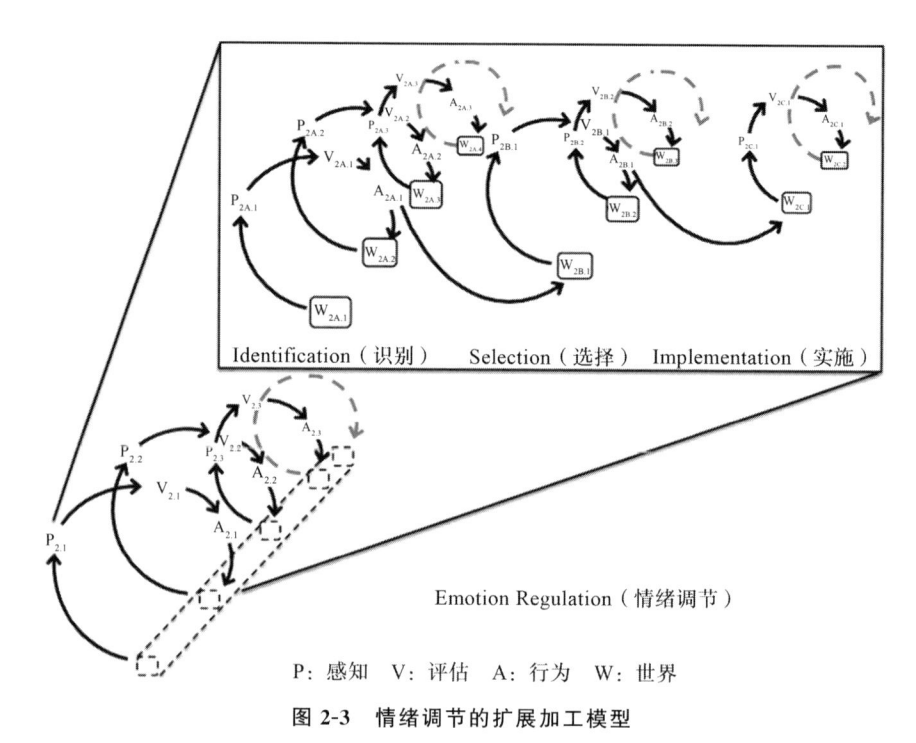

P:感知 V:评估 A:行为 W:世界

图 2-3 情绪调节的扩展加工模型

资料来源:GROSS J J. Emotion regulation:current status and future prospects[J]. Psychological Inquiry,2015,26(1):1-26.

第二节 情绪的调节策略

一、情绪调节策略的分类

希奥塔和卡拉特(2021)从调节策略角度对过程模型进行了分析,认为该过程模型强调了三类调节策略。(1)问题关注策略。该调节策略控制情境,通过选择所处情境或者通过某种方式改变情境来控制情绪。该策略包括过程模型的情境选择、情境修正两个环节。可以直接改变产生压力的情境,这样可以控制环境的某些方面,或者至少预见未来并做好准备,从而可以减少自身的痛苦,促进情绪调节。也可以想象自己对情境具有某种控制,实现减少压力的目的。某研究给被试的前臂放上会产生疼痛感的刺激物,同时要求其按照规则操纵操纵杆。实验组被试被告知如果操纵正确,可以减少疼痛的时间;而控制组却得知自己的操作不影响疼痛结果。实验结果发现,认为自己有控制力的实验组被试感受到更少的疼痛,他们的与痛觉相关的脑区激活程度更弱(Salomons et al.,2004)。可见,聚焦于问题的个体内部环境的控制可以实现情绪的调节。(2)评价关注策略。评价关注策略即重新评价,通过改变个体思考情境的方式,改变自己对特定情境的解释,从而改变情绪。该策略包括过程模型的注意分配、认知改变两个环节。通过控制自己的评价或者对困难情境的解释,可能会减少对负性情绪的感受,甚至某些方面出现正性情绪。重新评价可以表现为多种方式:个体可以忽视情境中诱发负面情绪的因素,转而关注次要因素;或者,即使关注负性事件,却用更加积极的方式加以解释;或者,通过对他人的谅解进行认知重构,减少负面情绪,实现情绪调节。(3)情绪关注策略。情绪已经产生和体验之后,改变当前体验到的情绪。通过改变情绪的体验或者情绪的表达,而不是改变诱发情绪的情境或者评价,最终目的是让情绪随时间而消失。该策略包括过程模型的反应调整环节,其主要方式是表达情绪。

对上述三类调节策略,从情绪调节过程模型可以知道,Gross把它区分为两大类:前提关注调节与反应关注调节。(1)前提关注调节是针对诱发情绪的原因、来源方面进行调节,包括过程模型的情境选择、情境修正、注意分配、认知改变四个环节,这些都涉及个体对外在世界和内在世界的评价过程。(2)反应关注调节指情绪得到成功诱发后,通过增强、减弱情绪强度,或者延长、缩短反应时间等策略调节情绪。由于情绪基本被诱发,在生理反应、主观体验和外显行为(表情)方面得到体现,反应关注调节也是针对这三个方面的相关指标进行调节的。一般通过调节情绪的外显行为、生理反应来调节个体的主观体验,其中药物与酒精、运动与锻炼、生物反馈等侧重于个体的生理唤醒方面,而抑制与宣泄侧重于情绪表达方面。

二、情绪调节具体策略的研究

在情绪调节策略的具体研究中,主要从不同角度研究了调节策略的效果,其中,针对认知重评、表达抑制的调节策略的研究相对较多。马伟娜等(2010)对这两类具体调节策略的情绪反应和神经基础进行过总结和比较。认知重评策略可以减弱个体的内部主观体验和外显行为表达,同时可以减弱生理反应和交感神经系统的激活强度,降低杏仁核和内侧眶额皮层的激活水平。表达抑制策略可以减少外显情绪行为,却会增强生理反应和交感神经系统、内侧眶额皮层(mOFC)的激活强度。两种策略没有绝对的好坏,应对不同强度的情绪时各自都能发挥恰当的效果。

情绪一直被视为"理性"认知加工的"副产品",尤其是负性情绪对人的身心健康具有负面影响。因此,最初情绪调节的对象是负性基本情绪。在对认知重评策略和表达抑制策略的研究中,经历了对负性情绪的调节到对正性情绪的调节。普遍认为,负性生活事件诱发了负性情绪,给个体带来压力,需要个体采取合适策略进行应对(Lazarus, Folkman, 1984; Garnefski, Kraaij, Spinhoven, 2001)。对正性情绪的调节亦受到关注,特别是在东方文化背景下的调节。赛李阳(2016)将认知重评策略细分为重新理解策略和距离感策略,考察对正性情绪的调节。调查和行为实验显示:12~18岁青少年采用重新理解策略减弱社会性积极情绪的能力没有年龄差异,而减弱非社会性积极情绪能力的差异发生在青少年早期和后期;采用距离感策略减弱非社会性和社会性积极情绪的能力随年龄增长而增强。脑电实验结果揭示青少年不能采用认知重评策略增强积极情绪的相关脑电活动。Sang等(2014)研究也发现,青少年使用减弱调节策略可以有效调节日常生活中的正性情绪体验。

也有研究关注认知重评策略的调节机制,研究认知重评策略的使用是否还会受到其他背景因素影响,比如情境的情绪强度。研究设置了四个实验,自变量情绪强度在四个实验里发生变化,要求被试均要采用认知重评调节策略调节情绪(Opitz, Cavanagh, Urry, 2015)。该研究结果显示,被试除了根据指导语采用认知重评策略进行调节之外,当加工高强度的刺激性图片时(高情绪强度的情境),也经常使用未指定的调节策略。研究者认为,个体的情绪调节策略的运用同时受到个人选择与情境背景的双重影响,认知重评策略的调节也随背景情境的情绪强度变化而采用其他调节策略,多种策略共同发挥作用。

除了关注情绪调节策略对情绪的影响之外,研究还探索情绪调节策略是否能够干预行为,从而有效地抑制行为发生。有研究以中性图片、负性图片为实验材料,比较自然观看、表达抑制、认知重评三种调节策略下被试对行为抑制的作用效果。事件相关电位(ERPs)实验发现,行为抑制阶段的 N2、P3 成分揭示,采用认知重评策略时,被试在行为抑制上投入的认知资源最少;而使用自然观看策略时,被试在行为抑制上认知资源耗费最多。该研究者分析认为,情绪调节的重评策略可以促进个体更好地对行为进行抑制(赵绍晨等,2014)。

Gross 的过程模型中,从反应关注调节视角来看,情绪调节策略可分为增强调节(up-regulation)策略和减弱调节(down-regulation)策略(Sang, Deng, Luan, 2014)。增强调节策略使个体的情绪体验增强,扩大情绪的行为反应,常用的策略有不停回想、宣泄表露、继续加强、尽情感受。减弱调节策略使个体的情绪体验减弱,减弱情绪的行为反应常用的策略有转移注意、换位思考、掩饰克制、保持淡定、调整减弱(邓欣媚,2014)。一系列研究开展了增强调节与减弱调节策略的效果、机制等研究(Ochsner, Gross, 2007;Deng, Sang, Luan, 2013)。

此外,情绪调节策略也可以分为积极/适应性调节策略、消极性调节策略(Jermann et al., 2006)。针对一般性负向情绪调节时所使用的认知调节策略,积极调节策略包括转换视角、积极重新关注、积极重评、重新关注、重新计划、接受,消极调节策略包括自我责备、责怪他人、反复回想、灾难化(高隽,钱铭怡,王文余,2011)。原量表使用手册的研究结果以及其他国家样本显示,随着年龄增长,适应性策略使用增多,而消极性策略逐渐减少(Garnefski, Kraaij, Spinhoven, 2002;Jermann et al., 2006)。国内有研究发现,面对一般负性生活事件时,中学生的适应性策略高于大学生,女生的适应性策略高于男生,总体上,大中学生的适应性策略评分高于非适应性策略评分,可见大中学生一般负性情绪调节策略的运用具有年龄、性别差异,体现出阶段性特征(罗伏生等,2010)。还有研究关注不同调节策略的影响(卢家楣,孙俊才,刘伟,2008;Leventon, Bauer, 2016)和不同策略的比较(赵鑫等,2014)。

情绪调节研究也关注到不同年龄段,包括了婴儿(Kopp, Neufeld, 2003;Perry et al., 2016)、儿童和青少年时期(马庆霞,2004;刘海燕,2005;沃建中,刘彩梅,曹凌雁,2005;张文海,2011;桑标,邓欣媚,2014)的情绪调节能力发展横断年龄阶段,以及追踪研究(Sang, Deng, Luan, 2014)、儿童时期总体发展趋势等研究(乔建中,饶虹,2000)。

其中对于青少年阶段,在总结青少年情绪调节策略的使用特点基础上,桑标团队对中国文化背景下的青少年的情绪调节开展了系列研究(桑标,邓欣媚,2015)。Deng 等(2013)从青少年的日常情绪生活出发,通过体验取样法发现,中国青少年更倾向于使用那些减弱其情绪体验的调节策略,比如转移注意力、重新对问题做出思考、压抑情绪带来的影响等,而且能够得到更多的正性情绪体验。Sang 等人(2014)从青少年长期的发展趋势出发,使用追踪研究法,研究发现,在日常情绪生活体验中,发展过程的青少年越来越倾向于使用减弱调节策略应对自己的情绪,包括应对正性情绪体验,而且可以体验到更为积极的情绪。即时情绪刺激调节效应的比较研究发现,成年人对即时负性情绪刺激的在线减弱调节效应显著优于早期青少年(桑标,邓欣媚,2014)。因此,该研究团队认为,中国青少年情绪调节的发展以减弱调节策略的运用为主导,具有较高的适应价值,而对正性情绪体验的调节是具有浓郁中国文化色彩的非享乐主义的调节模式,在策略使用的发展性上,即时减弱调节策略使用效应的递增发展趋势是个体即时情绪调节发展上的主导特征。调查研究也显示,12~18 岁青少年的认知重评策略的使用倾向不存在年龄差异,而表达抑制策略的使用倾向随着年龄的增长逐渐降低,到 15 岁就趋于稳定(赛李阳,2016)。

从现有文献看,情绪调节的理论研究已经较为丰富,实证研究由恐惧等负性基本情绪调节逐渐转向正性基本情绪调节、特殊群体的病理性情绪调节,极大地充实了情绪调节的研究成果,扩展了情绪调节的研究领域。基于当前时代背景,未来研究方向可以由重点关注基本情绪调节,转向逐渐加大对羞耻、内疚等自我意识情绪的调节研究,重视道德情绪调节的研究。

第三章 羞耻的调节与加工研究

第一节 罗盘模型与自我重塑理论

一、罗盘模型

自我产生的本质,是作为自我意识情绪之一的羞耻反应的发展。基于Tomkins(1963)的脚本理论,Nathanson(1992)从情绪的进化和心理分析角度思考羞耻情绪的调节,将羞耻视为情绪的减缓器,提出罗盘模型(compass of shame)。该模型认为,个体对于羞耻情绪会形成四种典型反应模式,分别是退缩、攻击自我、回避、攻击他人,它们分处于罗盘的四个极点(见图3-1)。该模型在成年人样本的调查分析中得到较好的效果(Campbell, 2016; Elison, Pulos, Lennon, 2006b; Schalkwijk et al., 2016)。上述四种反应客观上实现了对羞耻情绪的自我调节。

羞耻情绪的四阶段:事件的诱发、生理反应、羞耻体验及对事件的认知评价,接受或防御的反应选择(Nathanson,1992)。罗盘模型针对后期的调节,四种调节反应具有不同的调节动机、调节行为与认知。有"攻击自我"反应的个体,能够认识、接受自己的羞耻体验,同时内化该羞耻体验。个体企图控制羞耻诱发伴随的难忍、无助、疏离感。这种情感体验是消极的,伴随着自我愤怒、自我厌恶和轻视等情绪,自身扮演失败者角色。其外在的行为倾向主要表现为自我责备、顺从他人,以便获得他人的重新接纳,最终减弱自身的羞耻体验,调节自身的羞耻情绪。有"攻击他人"反应的个体,能够体验到自身的羞耻情绪,却不愿意接受它,反而借助某种方式使他人也体验到负性情绪。这种情感体验也是消极的,伴随着指向他人或外部环境的愤怒等情绪,外在的行为倾

图 3-1　羞耻的罗盘模型

资料来源：NATHANSON D L. Shame and pride: affect, sex, and the birth of the self [M]. New York: W.W.Norton & Company, 1992.

向是将羞耻情绪外化，以便减弱自身羞耻情绪的体验。在暴力、涂鸦、毁坏公物、校园欺凌、嘲笑、当众羞辱、轻视等事件中，都可以追溯到对羞耻的外显反应。在某种程度上，该反应表露出个体的自卑。有"退缩"反应的个体，能够认识并承认自己的羞耻情绪，试图逃离诱发羞耻情绪的情境，伴随着痛苦、恐惧、悲伤和焦虑等消极的情感体验，外在行为倾向是试图限制羞耻情绪的暴露。有"回避"反应的个体，愿意付出任何代价去削弱、否认、限制、封锁自己体验到的羞耻情绪，并且希望通过玩笑、分心等方式忽略、回避所体验到的羞耻情绪。习惯采用回避的个体，由于过于关注诱发羞耻的事件，容易被视为"自恋"。其行为倾向是阻止自己体验羞耻情绪。这四种反应是特定情境下最适合的自我防御策略。四种反应方式具有不同的个体风格，在某些情境下，一些人更多地使用某一种方式，另一些人却更常采用其他反应方式。

罗盘模型的退缩与回避两端之间的差异体现在时间上。退缩是比较快速地远离痛苦的反应方式，回避却是比较缓慢且有意地远离痛苦的反应方式。中等强度的退缩与回避比较正常，过强和过弱的反应均属于不良反应。模型的另一方向的两极——攻击自我与攻击他人集中关注空间的客体，通过减少羞耻带来的伤害，重塑与他人的关系。退缩与攻击自我具有内指向性，倾向于接受羞耻情绪体验；而回避与攻击他人具有外指向性，倾向于否认羞耻情绪体验。羞耻情绪的四种反应，同时伴随着其他情绪体验。攻击自我伴随着自我厌恶，攻击他人伴随着愤怒，退缩伴随着痛苦、恐惧，回避伴随着兴奋、恐惧和欢乐。Nathanson(1987)认为，由于与自我联系最密切的驱动力是性驱力，所以，攻击自我涉及性自虐，攻击他人涉及性施虐，退缩涉及性节制、性无能、性冷淡，回避涉及性的男性气质。

罗盘模型比较系统地勾画出羞耻情绪典型的反应模式，建立了羞耻情绪与个体行为的联系，对羞耻情绪的调节导向具有启示作用。由于早期的罗盘模型根源于情绪的进化与精神分析视角，该模型把羞耻情绪视为纯粹的负性情绪，忽视其具有的积极性功能，其逻辑预设具有片面性。通过分析该模型，可以将该罗盘模型归纳为"四极单面"平面型模型，即四极为退缩、攻击自我、回避、攻击他人，单面指负性视角。实际上，羞耻情绪具有两面性，既有病理性作用，也有适应性功能，破坏性与建设性共存。因此，羞耻情绪调节的罗盘模型值得进一步完善和扩展。

二、自我重塑理论

自我重塑理论（shame resilience theory）用来解释个体是如何从羞耻事件中得到恢复（Van Vliet，2008）。自我重塑理论关注严重羞耻应对后个体如何重塑自我，聚焦于个体的心理治疗视角。根据该理论，个体的羞耻体验集中表现为对自我的压倒性攻击，包括对自我概念、社会关系和权力感受的猛烈攻击。在对自我进行攻击后，要恢复积极的自我概念、良好的社会关系和权力感，可以通过联结、重新聚焦、接纳、理解、抵抗五种途径来实现。联结指的是个体致力于维护良好的社会关系，包括与朋友、家人、社区等之间的关系，逃离孤立、退缩的状态；重新聚焦指的是个体将注意力转移到能增强力量的、帮助实现积极自我概念的积极的目标上来，不再或极少关注引发羞耻情绪的消极的目标或事件；接纳指的是个体不再否认体验到羞耻情绪，而是愿意面对羞耻事件，从羞耻情绪中走出来；理解指的是个体寻找羞耻情绪背后的意义，体会羞耻事件带来的价值和积极意义；抵抗指的是个体采取包括面质、挑战他人对自己负性评价在内的措施来保护自己，使自己不受外界事物的攻击。

Van Vleit（2009）还指出，当个体实现了对自我的重塑，回想之前经历的羞耻事件时，将不再感受到先前体验的羞耻情绪的强度，痛苦的感受也会减弱，个体将其看作过去经历的一部分，增强自信，觉得自己有能力去应对，从而更乐于接纳自我。与罗盘模型不同，自我重塑理论来源于质性研究，最早基于13个来访者的访谈案例分析；立足于心理治疗视角，帮助经历严重羞耻事件的个体重新恢复自我，实现重塑自我。其五种重塑自我的途径具有一定的操作性，但是着眼于长期恢复效果。

第二节　羞耻调节的实证研究

1.关于罗盘模型的研究，主要基于罗盘模型测量量表的结果。退缩与攻击自我的相同之处是接受、羞耻的内化，表现为内化羞耻、低自尊。攻击自我会强化羞耻的破坏性方面，具有自我惩罚性的本质，与心理症状、阳性症状指标、抑郁等呈现强正相关。攻击他人有利于羞耻外化，与强敌意、愤怒相联系。回避有利于否认、弱化羞耻，更少出现心理症状（Elison，Lennon，Pulos，2006a；Elison，Pulos，Lennon，2006b）。

研究者还将该模型应用于特殊群体。采用罗盘模型测量士兵的情绪调节，发现与普通海军士兵比较，患创伤后应激障碍（PTSD）住院治疗的士兵明显更多采用攻击自我、攻击他人、退缩等三种方式（Campbell，2016）。

荷兰语版本的罗盘模型信效度检验中，该模型揭示了调节羞耻情绪的适应性方式，人们因所处具体情境的改变，对羞耻的反应会发生变化；虽然不是按照"全或无"的方式调节羞耻，但是个体仍然具有个人风格特点，偏好某种反应方式（Schalkwijk et al.，2016）。结构模型分析显示，罗盘模型的四种反应调节方式可以构成两因子模型，攻击自我与退缩构成羞耻调节的内化羞耻应对方式，攻击他人与回避构成外化羞耻应对方式。

直接考察一般人群的羞耻情绪调节的研究相对不多，近期研究发现情绪调节过程可以中介对他人创伤记忆与抑郁之间的联系（Matos，Pinto-Gouveia，Costa，2013），情绪调节难度可以中介慢性羞耻与进食障碍的症状（Gupta et al.，2008），Mikolajczak等（2008）研究认为情绪调节应对方式在情绪智力与羞耻情绪体验关系中没有中介作用。

2.调节策略研究。已有研究综述发现，相关型研究结果显示，中学生的羞耻与自我责备呈现正相关关系（樊召锋，俞国良，2008）。高隽等人对成人大学生的羞耻调节进行了一系列研究。采用问卷测量法发现，大学生的自我指向负性认知评估是羞耻体验中主要的负性认知评估类型（高隽等，2012）。基于Garnefski（2001）等的一般情绪的认知情绪调节策略分类，羞耻情绪更为针对性的调节策略，认为羞耻情绪的调节策略可以归纳为四类，包括属于修复性策略的自我改变、重新评价，与属于防御性策略的否认—攻击、回避—退缩（高隽等,2012)。大学生羞耻与一般负性情绪的认知调节策略存在一些差异,在调节羞耻情绪时大学生更多地使用灾难化,更少地使用接受、转换视角、反复回想、积极重评和重新关注计划等策略(高隽,钱铭怡,王文余,2011)。高隽(2016)的研究发现:首先,基于结构性访谈和对开放问卷调查的分析,个体调节羞耻情绪体验的最终目标是恢复、重塑在自己及/或者他人眼中的积极的自我认同,会交替使用不同的策略,采用防御型策略的比例高于修复型策略;进一步地采用被试间设计的情境实验,重新计划策略、转换视角策略能够相对有效地调节羞耻情绪体验,而自责策略、责备他人策略的调节效果相对较弱;但是具体到从研究中涉及的各项调节指标上看,重新计划策略最能促使个体出现富有建设性的弥补行为倾向,转换视角策略能更好降低负性情绪的强度,而责备他人策略最无法降低事件对自我认同的破坏程度。

第三节 羞耻调节的研究方法

一、问卷自评法

问卷自评法是把两类问卷或量表结合起来使用,一般通过问卷分别测量羞耻情绪、情绪调节状况。羞耻测量问卷可以测量总体的羞耻情绪强度,也可以测量不同类型的羞耻情绪强度。情绪调节问卷主要测量情绪调节的具体策略的运用频率与程度。通过该方法,可以了解不同类型羞耻情绪的调节策略的差异,也可以了解羞耻情绪与其他情绪之间所采用的调节策略的差异。比如,采用羞耻体验量表、认知情绪调节量表分别测量被试的羞耻情绪强度、在一般负性事件与羞耻事件中所采用的调节策略,比较被试在一般负性事件和羞耻事件中所采用的调节策略,发现在一般负性情绪事件和羞耻情绪事件中,被试的情绪调节的差异体现在对这些调节策略的运用上:接受、反复回想、重新关注计划、转换视角、灾难化、积极重评等存在(高隽,钱铭怡,王文余,2011)。

采用该方法时,通常采用的代表性羞耻问卷(主要是测量的是特质性羞耻)在第一章第五节"羞耻的研究方法"中陈述过,如国外编制的自我意识情绪测量量表(Tangney et al., 1989)、羞耻内疚状态量表(Marschall, Sanftner,

Tangney，1994)、儿童羞耻与内疚简明量表(Novin，Rieffe，2015)、身体羞耻与内疚量表(Weingarden et al.，2016)等,以及国内编制或修订的大学生羞耻量表(钱铭怡等,2000;李阿特,汪凤炎,2013)、中学生羞耻量表(亓圣华等,2008;杨玲,王含涛,周艳艳,2014)、中学生学业羞愧量表(薛杨,2013)、硕士生羞耻心问卷(宋树梅,2013)。还有一些更具有故事情境性的问卷,如王爽(2009)编制的"青少年羞耻故事情境",相对侧重于测量状态性羞耻。

而情绪调节的问卷,可以采用一般性调节策略问卷,如俞磊编制的"应对方式",包括分析问题采取行动、否认问题回避问题、求助他人宣泄情绪、转换视角自我保护四种应对方式,可以测量易羞耻者的一般应对方式的特征(施承孙,钱铭怡,1998)。也有针对羞耻情绪而设计的情绪调节问卷,如羞耻应对方式量表(Elison et al.，2006)及其中文译版(丁欣放等,2012),包括回避、攻击自己、攻击他人、退缩四种应对方式,也适合中学生用。

Garnefski等(2001)编制的"认知情绪调节问卷",可以测量个体在面对一般性负向事件时所使用的积极和消极认知调节策略,包括自我责备、责怪他人、反复回想、灾难化、转换视角、积极重新关注、积极重评、重新关注计划、接受等九种。在实际的运用中,该问卷可以在一般负性情绪事件和羞耻情绪事件下(高隽,钱铭怡,王文余,2011),分别填写测量出认知情绪调节策略的运用情况。

问卷自评法具有较强的针对性,针对羞耻情绪的结构内容的测量、调节策略的结构内容的测量,可以测量不同类型的羞耻情绪及与之相应的调节策略的使用情况。由于测量时被试并不是真正处于羞耻情绪之中,也不是需要进行情绪调节的时刻,所以所获得的自我报告的结果也只是近似地反映了被试在以往的生活中,一般可能会遇见的情况和做出调节的趋势与倾向。出于问卷的设计情况和研究需要,可以测量出羞耻情绪的认知层面的内容,如自我评价的归因取向,也可以测量出羞耻情绪的行为倾向层面的内容,如被试是否出现修复性、防御性等行为。该方法的最大优点是高效,可以进行团体施测。

二、诱发－调节法

诱发－调节法是采用一定的策略、措施诱发羞耻情绪,然后要求被试进行调节。但是具体的诱发方法、调节策略的测量存在多样性。

虚拟情境诱发法是常用方法,即让被试阅读被认为能诱发羞耻情绪体验的典型的虚拟的情境故事,情境叙述了有关羞耻体验的事情,并且要求被试积极想象自己就是故事情境中的主人公,从而获得羞耻情绪体验,实现羞耻情绪的诱发(钱铭怡,刘嘉,张哲宇,2003;高隽等,2012)。对于青少年学生来说,虚拟故事情境可以是考试舞弊行为、散布谣言、公共场合发言、交友被拒等;对于成年人来说,虚拟故事情境还可以是配偶出轨、求爱被拒等。一般而言,还会要求被试对每一个故事情境进行自我羞耻情绪的感受的主观评分,以此核验被试是否确实获得了羞耻体验。该方法需要设计典型情境,在有些羞耻情绪的跨文化研究中,诱发羞耻的故事情境既要考虑共性的情境的设置,也要考虑文化特异性的情境的设置(Sznycer et al.,2016)。这种虚拟情境诱发中的典型故事情境,一般是研究者提前采用开放式问卷收集、归纳、评估后得到的,具有良好的效度、信度,因此,所采用的虚拟情境具有预设性。

回想诱发法要求被试选择一件发生在最近某段时间内(如3周到6个月),日常生活中令自己感受到羞耻体验的事件,并且此时被试能够比较容易地清楚回忆起来。有神经科学研究结果显示,该类自由回想羞耻性记忆事件、羞耻性自传体记忆等诱发方法,确实可以诱发被试的羞耻情绪(Roth et al.,2014),相应地在一些与免疫水平相关的生化指标上得到体现(Dickerson et al.,2004)。除了文字诱发之外,也可以采用语音方式诱发(周树芝,2015)。

简单任务失败的诱发法即被试参加一项竞争性简单任务加工,在公共场合得到成绩反馈,发现自己的成绩处于团体的下游,并且比自己直接的对手更差(Chao,Yang,Chiou,2012),由此诱发出被试在能力方面的羞耻体验。或者,被试参加的是非竞争性任务操作(Lewis,2003),实验者构建简单、复杂问题的能力测验任务给被试,通过控制任务完成的时间来控制被试任务完成的成功或失败。实验者在被试完成任务之前发布时间结束的提示音,使被试任务操作失败;或者实验者直到被试完成任务之后才发布时间结束的提示音,使被试任务操作成功。该程序操作流畅,被试不易觉察时间被操纵。

后续对于调节的测量则采用通常的问卷自评法,如前述的调节策略的问卷自评法一样。所有这些诱发方法诱发的是状态性羞耻,被试即时性体验到的羞耻情绪。具体来说,各种方法各有特点:虚拟情境诱发法适用于各种类型的羞耻,由于是基于群体/团体范围的预研究资料,所虚拟的情境对个体而言,羞耻情绪强度处于中等水平,优点是研究者操控实验研究相对方便。与虚拟情境诱发法不同,回想诱发法具有较强的个体针对性,有可能诱发出高强度的羞耻情绪,缺点是不易操控,对被试的配合度和要求也高,甚至存在一个可能因素,即成功实现回想诱发的被试,本身变成了实验的混淆变量介入实验中了。简单任务失败法操作简便、流程清晰,但是适用类型单一,仅适用于能力羞耻情绪的诱发。

第四章 研究问题与框架

第一节 研究问题

一、问题提出

对羞耻情绪及其调节、情绪调节的相关研究进展进行梳理后,可以发现若干突出特点,这些特点提示着本研究的开展具有一定的合理性和前沿性。

(1)羞耻情绪诱发主体的内涵差异性可能忽视了文化语境因素的独特特征,需要加强对转移性羞耻情绪的研究。从研究视角来看,已有羞耻研究更多体现的是结构和类型视角。将羞耻概念置于文化语境,基于关系和情境的视角研究羞耻,是当前研究的新趋势(高学德,2013)。现有羞耻情绪研究及其调节,尤其是西方被试研究的结果和结论,主要基于诱发主体的"自我"是具有独立性自我的文化特点。它主要关注羞耻情绪诱发主体为个体"自我",对于与自己相关的重要他人不当行为所诱发的自己的羞耻,即转移性羞耻的研究比较薄弱。但是由于转移性羞耻具有浓厚的文化特征,以及文化中"自我"的内涵差异,对羞耻情绪诱发主体多样性的研究值得深化。因为只有个体认为其与自己关系密切,才会因其不良行为而感到羞耻。当关系亲密性成为个体自我的一部分,就会产生相应的情绪反应。文化神经科学中系列自我概念的文化差异研究(韩世辉,张逸凡,2012),确实支持东西方文化下成长的个体持有不同的自我概念内涵。即使在包含他人的自我概念里,不同类型的他人与自己也存在不同的心理距离(Aron,Fraley,1999)。

此外,一些自我羞耻和转移性羞耻研究对文化特征因素进行了分析。①关于自我的羞耻。亚裔美国人比美国白人报告更高的自我羞耻水平(Szeto-

Wong,1997)。在公众发言失败、散布谣言的情境下,美国大学生比中国大学生有更高的羞耻感水平(Tang et al.,2008)。以中美大学生为对象,采用结构化访谈方法研究的结果认为,在羞耻情境的类别和体验强度上,具有跨文化一致性(汪智艳等,2009)。但也有研究发现,在羞耻体验过程中,中国大学生比美国大学生报告了更多身体反应和相应的认知加工(汪智艳等,2009)。②关于转移性羞耻。亚裔美国人比美国白人报告了更高的转移性羞耻水平(Szeto-Wong,1997)。体验羞耻时,中国大学生更多涉及重要他人如家庭、朋友,而美国大学生更多涉及自身(冯晓杭,2009)。在发言失败、散布谣言的情境下与自己相关的他人(母亲、同伴、朋友、同学)的羞耻感水平方面,美国大学生比中国大学生有更高的羞耻感水平。个体与故事角色之间关系和羞耻强度呈强相关,随着个体与故事角色关系的疏远,个体的羞耻情绪强度随之减弱(Tang et al.,2008)。

然而,另一研究发现,在羞耻情绪的诱发主体方面,自我、同辈、父母、老师或领导对大学生的期望所引发的羞耻情绪不存在文化差异(汪智艳等,2009)。少量直接对比自我羞耻与转移性羞耻的研究也发现,羞耻感启动条件下,自我羞耻的IAT效应和与母亲相关的转移性羞耻的IAT效应不存在显著性差异,表明个体的道德自我组成成分中同样包含母亲(周树芝,2015),自我羞耻和与母亲相关的转移性羞耻对亲社会性的影响效应也是一致的(姚薇,王柳生,李皓,2019)。可见,羞耻情绪存在文化的差异性和一致性,相关的研究结果也存在一致性与差异性。

因此,开展转移性羞耻情绪及其调节研究,能够更加系统、深入地揭示作为自我意识情绪的羞耻情绪加工规律,进一步厘清上述少量关于自我羞耻与转移性羞耻情绪研究结论的争议。为此,本研究关注青少年自我羞耻以及与母亲相关的转移性羞耻情绪调节,并从实验设计上实现自我羞耻情绪与转移性羞耻情绪调节的直接比较。

(2)当前羞耻情绪及其后续影响的研究主要基于负性研究视角,需要兼顾羞耻情绪功能的建设性。以罗盘模型为代表的羞耻情绪模型,视羞耻情绪为负性情绪,认为个体持有剧烈的、痛苦的感受,并且只关注产生的负性反应,关注对个体的行为和心理产生的不良后果。认为其心理上伴随着渺小感、无能感、无价值感,行为上出现退缩、回避,甚至攻击。这种对羞耻情绪的"负性刻板印象"容易导致一种观点,即羞耻情绪对个体的发展与成长有着负面影响、破坏性作用。羞耻情绪的功能上的破坏性作用,即使在东方具有一定程度的"知耻为勇"的文化语境下,也被普遍接受。

但是羞耻是一种社会控制情绪（斯托曼，2006）。Nathanson(1987)也认为，作为自我意识情绪的羞耻反应的发展揭示了自我产生的本质。因违反社会规则、道德习俗而产生的羞耻情绪，恰恰是个体社会化过程的一部分。另外，已有少量的实证研究正在关注羞耻情绪对负性行为的抑制作用、对亲社会行为的促进效应。研究发现内源性羞耻能够激发个体自我实现的亲社会行为，或者，羞耻情绪能够减少刑满释放人员再犯行为的发生（de Hooge, Breugelmans, Zeelenberg, 2008; Tangney, Stuewig, Martinez, 2014）。这些研究从一定程度上可以支持羞耻情绪对行为具有一定的良性效果的观点，说明羞耻情绪具有一定建设性。

因此，立足于羞耻情绪功能两面性视角，重新理解Nathanson(1992)的罗盘模型，可以形成新的认识。Nathanson的罗盘模型可以进一步扩展，兼顾羞耻情绪的破坏性和建设性。该功能的两面性，相当于一个硬币的两面，一面是羞耻情绪的破坏性功能（负面），一面是羞耻情绪的建设性功能（正面），罗盘模型的四极的每个反应之间具有一定的对应关系。具体来说，体现破坏性功能四极的攻击他人、攻击自我、退缩、回避，分别对应于体现建设性功能四极的亲社会性、自我接纳、主动、趋近。其中，原有罗盘模型（"四极单面"的平面型，见图3-1），可以发展为新的扩展模型（"四极双面"的立体型，见图4-1）。

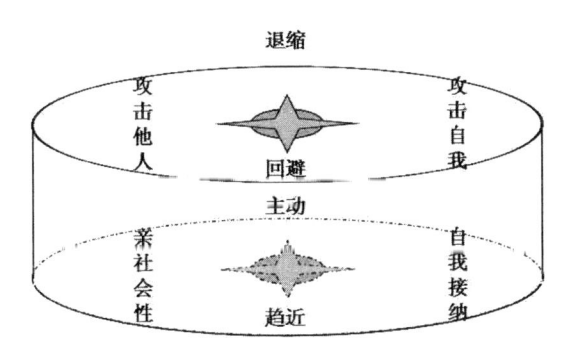

图 4-1 羞耻的罗盘扩展模型（模拟）

囿于时间和条件，本书重点考察羞耻情绪的一极两面（攻击他人、亲社会性），以及趋近这两个方向进行研究，相互印证，探索羞耻情绪的双面功能，以便验证部分的罗盘扩展模型。

此外，根据攻击的对象可以将攻击性分为相对的攻击自我与攻击他人。在精神分析理论中，弗洛伊德所提出的死本能即攻击自我，死本能是一种朝向自己的破坏倾向，并且受到生本能的抑制与阻碍，从而引发攻击他人的行为。

Nathanson(1992)基于临床观察所提出的罗盘模型,认为羞耻会引发个体攻击他人和攻击自我。但是在羞耻与攻击性的绝大多数研究中,对象几乎都将愤怒或者攻击行为默认指向了攻击他人的方向。而对于攻击自我的研究较少,多数出现在精神分析相关理论研究中,只有极少数的研究探究了羞耻与自伤的关系,如相关研究发现羞耻感与自伤水平有正向联系,自伤源于羞耻。所以,本书在研究羞耻对攻击性的影响时有必要将其细分为攻击自我和攻击他人两方面。

(3)出于对羞耻情绪本体研究的重视,以及调节研究(调节效果)的薄弱,需要重视个体自我调节的作用。从前述的文献梳理可以看出:①羞耻情绪研究方面,国际上自20世纪90年代、国内自2000年后逐渐开展羞耻情绪研究,研究视角和主题也包括羞耻情绪的理论内涵分析、研究工具的编制与发展、与其他自我意识情绪之间的差异比较、羞耻情绪功能性,以及最近的特殊群体的羞耻情绪的作用。②情绪调节研究方面,主要是从理论分析到策略调节作用的研究,从负性情绪调节到正性情绪调节的研究,从行为机制到神经机制的探索。以上两个研究领域都缺乏对于羞耻情绪调节的研究。而随着研究的针对性、问题的生态化,两个领域的研究形成交叉聚合到羞耻情绪的调节研究,尤其是基本情绪的调节策略运用到羞耻情绪调节上的调节效果如何,也是值得探究的。羞耻情绪的调节研究是对上述两个研究主题的自然深入。而且羞耻情绪的不良调节最终将导致个体内部与外部出现心理病理症状,如心理疾病、攻击等(Elison, Pulos, Lennon, 2006b; Velotti, Elison, Garofalo, 2014),逐渐形成羞耻情绪调节不良,身心疾病与攻击性相互作用、循环往复的情况。

此外,已有研究关注到羞耻与积极行为、羞耻与消极行为的关系,比如,羞耻可以促进合作行为,羞耻与攻击性存在关联,但是羞耻与行为(如亲社会行为、攻击性、人际趋近)之间的关系是否会受到个体自我调节的影响,现有研究不能提供直接的证据。但是,这对于羞耻情绪的建构性、青少年自我发展与教育具有实际的现实意义。

因此,本研究设计先通过开放式问卷、量表,调查出青少年基本的羞耻情绪调节策略使用情况。然后从中选择体现前提关注调节和反应关注调节的重新计划、自我责备两种策略,采用行为实验范式,考察自我羞耻、转移性羞耻经以上两种策略调节后的调节效果,特别是对后续行为倾向的影响。

(4)以自我报告范式为主导的方法取向可能存在一定的缺陷,需要加以弥补。现有的羞耻情绪研究、羞耻情绪调节的研究所采用的自陈式的问卷测量法,更多地体现了科学心理学发展以后,以自然科学学科研究标准为主要基准的研究思路与特点。这种实证主义色彩浓厚的方法体系有别于中国传统文化领域所持有的羞耻情绪研究和分析思维。在东方文化下的中国传统文化里,虽然都存在基于性恶论的外铄说和基于性善论的内求说,但是总体上更加重视内求说的价值(汪凤炎,郑红,2010),所以在羞耻情绪及其调节的研究上,重视个体自身的内省、反思、修身。可见,不同方法系统的形成有其适宜的研究对象的特点。从研究对象(被试)角度看,崇尚实证范式的西方羞耻研究,与西方被试的特点相契合:独立性文化语境下的西方研究对象能够自由表达个体的真实想法、内在羞耻体验,所以自我报告式可以有效地测量羞耻情绪,保证了良好的测量效度。而具有自我表达相对缄默和含蓄的特点的中国研究对象,要在面对他人的情境下自由表达内在思想,尤其是羞耻体验,会遇到更大的防御心理的阻力,研究者容易获得的是心理体验和实际行为分离的、误差相对较大的结果。

另外,自陈式的问卷测量法,更适于揭示出成年人的特质羞耻情绪。总体上,缺乏状态羞耻情绪的研究。而关注状态性羞耻情绪调节的极少数研究中,主要考察负性认知评估类型的作用;调节策略作用的研究中,羞耻体验研究采用被试间设计,但是,与认知研究不同,羞耻等情绪体验的个体间差异性较大,对此不容忽视。羞耻情绪组与中性组是两组不同的被试,不同的个体具有不同的自我评价标准,在具体的情境中,会持有不同程度的情绪体验,而羞耻情绪的内涵依赖于个体基于内化的标准所进行的自我评价。羞耻等自我意识情绪的研究确实发现,被试间设计可能会掩盖被试内存在的差异和情绪加工特点(Lanteigne et al., 2014)。因此,羞耻情绪体验研究采用被试间设计易产生较大误差。当采用被试内设计研究该情绪调节时,能够在个体内实现相同的自我标准进行自我评价,这对于羞耻情绪而言非常重要。

因此,本研究在被试自我报告范式的前期实验基础上,开展被试内设计的行为实验研究,进一步深化羞耻情绪调节的研究,弥补采用自我报告范式进行羞耻情绪研究可能导致的缺陷。

(5)攻击性的方向性。有关羞耻与攻击性的绝大多数研究,如在上述提到的一些相关或者实验研究中,Hundt 和 Holohan(2012)发现羞耻情绪在亲密伴侣暴力中通过激励人们用攻击的方式来抵御羞耻感发挥着重要作用;Velotti 等(2014)提到的一系列关于羞耻能够预测青少年暴力行为的研究几乎都将攻击行为默认指向了攻击他人的方向。而根据攻击的分类将攻击性分为了相对的攻击自我与攻击他人,如弗洛伊德提出的死本能,死本能是一种朝向自己的破坏倾向,并且受到生本能的抑制与阻碍,从而引发攻击他人的行为,以及考虑到罗盘模型将攻击划分为攻击他人、攻击自我(Nathanson,1992)。因此,本研究中的攻击性细分为攻击自我和攻击他人两方面,进一步深化对攻击性的影响研究。

(6)羞耻与趋近的关系研究相对薄弱。已有研究得出的相关结论主要有两种:一是羞耻会减少趋近。羞耻作为负性情绪,会引发个体更多的退缩行为。个体体验到羞耻情绪后,会采取退缩回避的方式应对,以逃离这种情绪带来的不良影响(Tangney,1991;Lewis,1992;Haidt,2003)。二是羞耻会促进趋近。羞耻会引发更多的社会性的人际合作,即羞耻会促进社会性的趋近,而不是社会性的退缩(Gausel et al.,2012)。de Hooge 等人(2008)研究指出在特定的内源性羞耻条件下,才能促进亲自我个体人际合作行为。丁芳等(2013)也提出,内源性的羞耻能够促进低羞耻情绪理解能力的小学儿童的合作行为。de Hooge 等人(2018)研究结果显示,内源性羞耻和外源性羞耻对社会性趋近的影响不存在差异,且都会促进社会性趋近。已有研究结果存在不一致,可能是各研究对羞耻的内涵理解不同,也就是说不同研究中暗指的羞耻类型并不一致,也可能是羞耻类型的作用。为此,有必要进一步研究内源性羞耻和外源性羞耻的独特作用。本研究因而提出第一个研究问题:不同羞耻类型如何影响趋近?

本研究重视羞耻的诱发主体双重性(自我羞耻、转移性羞耻)、羞耻的后续影响的两面性(破坏性、建构性)、羞耻的调节测量多样性(一般调节、特定策略)、羞耻影响社会性的双面性(保护性、修复性),即重视羞耻情绪的文化特色,不仅关注被试作为独立个体的自我的羞耻情绪,而且关注在中国文化语境下与自我紧密联系的个体的重要亲密他人(如母亲)所诱发的羞耻情绪(转移性羞耻);不仅关注一般性情境中发生的自我羞耻,而且关注特定情境中发生的自我羞耻;不仅关注羞耻情绪可能的破坏性功能,也关注羞耻情绪可能的建设性功能;不仅关注羞耻对亲社会行为、人际趋近的影响,也关注对攻击性自我与攻击他人的影响。总之,本研究重视羞耻情绪的调节的针对性,关注各种羞耻情绪具体的调节特征和效果。

羞耻情绪诱发主体的内涵差异性可能导致忽视文化语境因素的独特特征,需要加强对转移性羞耻情绪的研究;羞耻情绪及其后续影响的研究主要基于负性研究视角,需要兼顾羞耻情绪功能的建设性;羞耻情绪调节效果研究薄弱,需要重视个体自我调节的作用;自我报告范式为主导的方法取向可能存在一定的缺陷,需要加以弥补。由此提出研究问题:(1)青少年羞耻调节策略的基本特征与发展特征是什么?(2)重新计划、自我责备策略对自我羞耻与转移性羞耻的调节效果如何?(3)羞耻如何影响积极行为(亲社会行为与人际趋近)与消极行为(攻击自我与攻击他人)?(4)自我羞耻与转移性羞耻的调节规律的联系与差异如何?

二、研究意义

作为自我意识情绪的羞耻情绪在人际情境中被诱发,驱动着人际行为,与人际事件的解释、个体行为等具有密切联系,得到适度调节的羞耻情绪,对于个体的社会化、自我发展、群体的稳定性具有重要意义。

第一,理论意义。羞耻情绪调节研究可以为将"四极单面"平面型羞耻情绪调节的罗盘模型发展为"四极两面"立体型的罗盘扩展模型奠定基础。转移性羞耻情绪研究及其与自我羞耻情绪的直接比较研究,能够实现羞耻情绪研究的系统化;置身于社会与文化背景下的对转移性羞耻情绪的分析深化了羞耻情绪研究,立足于羞耻功能的破坏性与建设性视角,通过验证"一极两面",可以逐步构建和完善"四极双面"立体型的羞耻情绪调节罗盘扩展模型。扩展版的羞耻情绪调节罗盘模型,重视羞耻情绪的诱发主体双重性(自我羞耻、转移性羞耻)、羞耻的后续影响的两面性(破坏性、建构性)。原有的 Nathanson (1992)罗盘模型基于心理分析和进化心理视角,强调自我羞耻的消极行为反应;罗盘扩展模型突破了原有模型的单一性、负面性的局限,凸显了模型的文化元素与正向积极导向性,可以为原有的"四极单面"的平面型发展为"四极双面"的立体型奠定基础。

第二,现实意义。羞耻情绪调节可以促进青少年自我的良好发展。本研究基于现实需要,重视日常生活情境下羞耻情绪的合理调节。作为自我意识情绪的羞耻与个体自我和社会生活紧密联系,调节研究契合青少年自我发展和成长的需要,可以提供引导青少年自我发展与自律的科学依据。当前多元价值观交互共存,社会与经济正经历转型,社会整体道德水平存在滑坡现象,这些都冲击着学校和家庭的道德观培育,影响着学校、家庭、职业等多领域的社会关系。正确引导青少年的自我发展与自律,已经超越单一个体发展视角,成为值得关注的社会性问题。由于羞耻情绪具有适应性功能和病理性作用的双面性,过低羞耻感容易导致行为失范,过强羞耻感容易诱发心理疾病,适度羞耻感可以增强青少年的道德自我觉知能力,形成良好的道德自律,促进心理健康。研究成果有利于科学引导青少年有效、合理调节自我意识情绪,这在当前转型期具有强烈的现实意义。

第二节 研究框架

本书的研究思路是基于羞耻情绪调节的罗盘模型,围绕羞耻情绪的调节,结合多种研究方法,关注羞耻的诱发主体双重性、羞耻的后续影响的两面性、调节策略的多样性,探索青少年羞耻情绪的基本调节策略、调节效果,以及后续对积极行为(亲社会行为)与消极行为(攻击性行为)的影响,从而构建局部的羞耻情绪调节罗盘扩展模型。实证研究总体思路见图4-2。

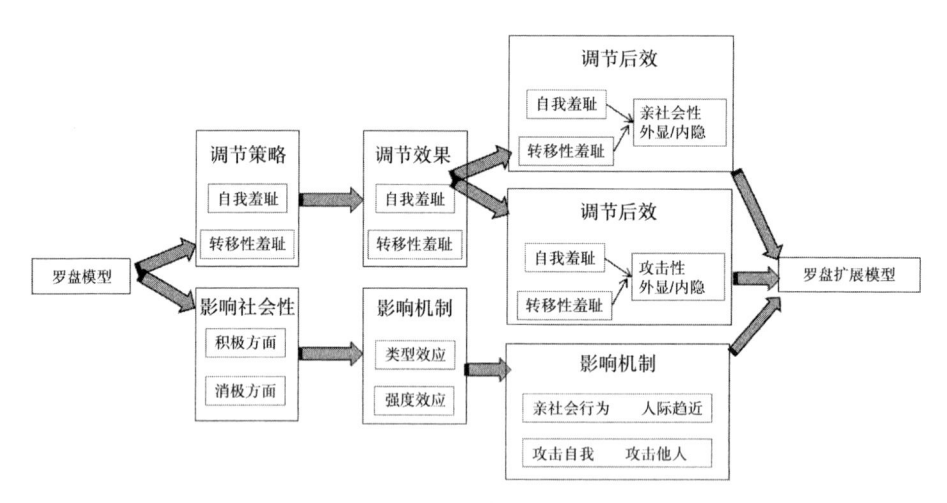

图 4-2 研究的基本思路

结合图4-1、图4-2,实证研究的总体思路是:首先通过问卷测量与分析,从总体上,第五章研究获得青少年自我羞耻情绪与转移性羞耻情绪调节的基本情况。基于第五章研究结果,第六章研究选择分别体现前提关注调节、反应关注调节的两种具体操作策略(重新计划策略、自我责备策略),设计行为实验,探索该特定策略调节下自我羞耻与转移性羞耻情绪的调节效果,进一步重点验证模拟的罗盘扩展模型中的"一极两面"(正面为亲社会性,负面为攻击性)。第七章和第八章分别考察经该特定策略调节自我羞耻和转移性羞耻情绪后,青少年的外显与内隐亲社会行为、外显与内隐攻击性所受到的影响。第九章、第十章、第十一章分别从羞耻的类型和强度两个角度,考察羞耻对亲社会行为、攻击自我与攻击他人、人际趋近的影响。

具体研究思路如下:

第五章研究青少年羞耻情绪的基本调节策略。首先利用羞耻事件和调节策略的开放性问卷,通过质性分析青少年羞耻事件发生的基本特点和基本调节策略的采用情况,同时建立羞耻故事情境材料。然后,采用中文版《认知情绪调节问卷》、自编羞耻事件故事情境对七至十二年级学生(初中和高中阶段学生)进行测量,分析在个性、身体、行为、能力、家庭等羞耻亚类和不同羞耻情境下的青少年自我羞耻、转移性羞耻、调节策略的基本特征,以及羞耻与调节策略的关系,同时比较自我羞耻、转移性羞耻及其调节策略使用上的差异。

第六章研究青少年羞耻情绪的调节效果(实验6)。基于第五章研究中羞耻调节策略的使用情况,以七年级学生为被试,采用虚拟情境诱发法,以重新计划策略、自我责备策略、未调节三种水平下的调节策略为自变量,考察青少年在总体羞耻情境、独特情境下的自我羞耻(实验6.1)、转移性羞耻的调节效果(实验6.2),以及自我羞耻、转移性羞耻在相同情境下的调节效果的差异(实验6.3)。

第七章研究青少年羞耻情绪调节对亲社会行为的影响(实验7)。探索不同类型的羞耻情绪在重新计划策略、自我责备策略、未调节等三种水平下,亲社会性的评分是否存在羞耻差异。考虑到羞耻情绪是一种自我意识情绪,研究方法上采用诱发 调节法,分别测量被试的外显亲社会性、内隐亲社会性。其中对内隐亲社会性,采用IAT研究范式。一共包括自我羞耻情绪调节影响外显亲社会性的研究(实验7.1)、转移性羞耻情绪调节影响外显亲社会性的研究(实验7.2)、自我羞耻与转移性羞耻情绪调节影响外显亲社会性的比较研究(实验7.3)、自我羞耻情绪调节影响内隐亲社会性的研究(实验7.4)、转移性羞耻情绪调节影响内隐亲社会性的研究(实验7.5)。

关于第六章研究和第七章研究中内隐加工任务作如下说明:一方面,对于涉及潜意识层面的、自动化的心理加工,尤其是亲社会行为、攻击性等的测量,内隐加工任务更具有优势,能够比较真实地反映被试心理加工规律。另一方面,外显加工任务与内隐加工任务的设置,可以从逻辑上对结果进行分析和比较,更加系统和深入地揭示羞耻情绪调节的效果和影响。因此,实验6和实验7

里设置亲社会行为、攻击性的内隐联想测验。

第八章研究青少年羞耻情绪调节对攻击性的影响(实验8)。探索不同类型的羞耻情绪在重新计划策略、自我责备策略、未调节等三种水平下，攻击性的评分是否存在羞耻差异。考虑到羞耻情绪是一种自我意识情绪，研究方法上采用诱发-调节法，分别测量被试的外显攻击性、内隐攻击性。其中内隐攻击性采用IAT研究范式。一共包括自我羞耻情绪调节影响外显攻击性的研究(实验8.1)、转移性羞耻情绪调节影响外显攻击性的研究(实验8.2)、自我羞耻与转移性羞耻情绪调节影响外显攻击性的比较研究(实验8.3)、自我羞耻情绪调节影响内隐攻击性的研究(实验8.4)、转移性羞耻情绪调节影响内隐攻击性的研究(实验8.5)。

第九章研究羞耻类型与强度对亲社会行为的影响(实验9)。采用2个行为实验考察羞耻类型与羞耻强度对亲社会行为的影响。第一个行为实验设置中性情绪、中强度与高强度羞耻组，要求被试完成日常助人型与捐赠型亲社会行为的自评。以助人意愿和作出决策时间为指标，考察羞耻强度是否影响亲社会行为。第二个行为实验设置控制条件、羞耻条件，考察内源性羞耻与外源性羞耻对亲社会行为的影响及其一致性。

第十章研究羞耻类型与强度对攻击自我与攻击他人的影响(实验10)。分别采用情绪诱发范式与竞争性反应时游戏范式、词汇真假判断范式相结合的3个行为实验，考察羞耻的类型与强度对攻击自我、攻击他人的影响，分析在对攻击自我与攻击他人的影响上，是否存在类型效应(内源性羞耻与外源性羞耻)、强度效应(高、中强度的羞耻)。

第十一章研究羞耻类型与强度对人际趋近的影响(实验11)。采用"合作完成/独立完成"趋近决策任务范式、图片趋近性判断范式等3个实验，考察羞耻对人际趋近的影响。分析在对人际趋近的影响上，是否存在类型效应(内源性羞耻与外源性羞耻)、强度效应(高、中强度的羞耻)。

第十二章研究羞耻罗盘扩展模型的初步建构。基于前述章节实证研究结果，理论论证羞耻及其调节对个体社会性发展的影响，初步形成立体的"四极双面"型羞耻罗盘扩展模型。

第五章　青少年羞耻调节的策略与特征

青少年羞耻情绪的研究,主要聚焦于青少年自我羞耻情绪的现状。通过研究发现,羞耻情绪存在年龄特征(李翰飞,2013;倪鑫庭,2012;王爽,2009)、性别特征(李翰飞,2013;薛杨,2013)。有研究发现大学生的自我羞耻体验存在性别差异(Passanisi et al., 2015)。还有研究采用具有质性研究特点的方法,分析了高中生羞耻观的特征(杨英,2014)。也有研究关注到自我羞耻情绪调节策略的使用情况。高隽等(2011)采用问卷调查,将自我羞耻情绪与其他一般负性情绪的调节策略进行比较,发现大学生更多地使用灾难化,更少地使用接受、转换视角、反复回想、积极重评和重新关注计划等策略应对羞耻情绪。关于青少年转移性羞耻情绪的调节策略使用情况,及其与自我羞耻情绪调节的异同,现有研究不能直接回答,但是青少年羞耻情绪调节的系统调查与分析,有利于深化青少年羞耻研究,促进青少年自我意识情绪的发展。

第五章的研究目的是探讨青少年在不同情境下各类自我羞耻、转移性羞耻的基本特征、调节策略运用的基本情况,以期获得青少年羞耻情绪调节的基本特征和发展特征。本章包括两个部分,分别采用质性材料分析法、问卷测量法,基于开放问卷、结构问卷的数据,分析青少年羞耻情绪的基本特征和调节特点。

第一节 研究方法

一、被试

开放问卷(质性材料)的被试。采用方便取样法抽取江苏、江西某初中七、八、九年级和某高中十、十一年级共 5 个年级学生 500 名,回收有效问卷 421 份,有效问卷回收率约为 84%,男生 217 人,女生有 204 人,年龄 M=15.16 岁,SD=1.79 岁,具体见表 5-1。

表 5-1 被试的基本情况

		开放问卷		客观问卷	
		数量(人)	比例(%)	数量(人)	比例(%)
性别	男	217	51.50	1147	54.20
	女	204	48.50	970	45.80
合计		421	100.00	2117	100.00
年级	七	122	29.00	391	18.50
	八	120	28.50	342	16.20
	九	49	11.60	375	17.70
	十	78	18.50	390	18.40
	十一	52	12.40	259	12.20
	十二	/	/	360	17.00
合计		421	100.00	2117	100.00

问卷测量的被试。抽取江苏、江西、辽宁等地 10 所初、高中七至十二年级共 6 个年级 2238 名学生参加问卷测量,回收有效问卷 2117 份,有效问卷回收率约为 95%,男生有 1147 人,女生有 970 人,年龄 M=15.42 岁,SD=1.84 岁。

二、材料

(一)《青少年羞耻事件及调节策略的开放问卷》

正式的青少年羞耻情境故事和调节策略问卷测量前,以 421 名初中生、高中生为被试进行团体施测,发放《青少年羞耻事件及调节策略开放问卷》。参考樊召锋(2007)、汪智艳等(2009)、张智丰等(2009)采用开放问卷测量羞耻情绪的研究方法,结合本研究关注的研究问题,设计出青少年羞耻情绪及其调节的开放式问卷(见附录1)。问卷要求青少年自由回忆并描述发生过的、令自己感到羞耻的事件,叙述事件发生时的具体细节、自身的心理感受、所采取的相关调节措施。该开放式问卷包括两个方面七个问题。两个方面指青少年所需回忆的、描述的羞耻事件的主角分别是自己,或者母亲(父亲),即回忆并描述自己曾经经历过的,或者母亲(父亲)曾经经历过的羞耻事件。七个问题分别涉及最令自己感到羞耻的事件的描述、羞耻强度的评定、所采用的调节策略的描述、自己与父母亲关系程度的评定。而且无论羞耻事件的主角是自己还是父母,羞耻情绪的体验主体都是青少年自己,关于羞耻强度、调节策略运用的陈述,都是指青少年自己感受到的羞耻强度、自己采用的相关调节策略。另外,当事件主角是父母亲时,其中有一个问题要求反映自己与父母亲之间关系的密切程度。

青少年自身与父母亲关系密切程度的评定,采用 Aron 等(1992)的包含他人的自我(IOS)测量方式。该测量方式通过视觉图形方式展示,直观形象性强。分别用两个圆圈代表自己与他人,通过两个圆圈之间重叠程度表示关系密切程度,重叠面积越大,两者关系越密切。该测量方式在很多研究中都得到运用,效果良好,易于被试理解与操作。

(二)青少年羞耻情境故事

1.羞耻情境故事类型

(1)羞耻情境故事内容。基于前述对《青少年羞耻事件及调节策略的开放问卷》的编码内容的分析,参考已有研究中涉及的羞耻情境类型,结合实际情况,建立了 15 个青少年自我羞耻的独特羞耻情境、15 个青少年转移性羞耻的独特羞耻情境、15 个青少年共同普通羞耻情境。各类羞耻情境类型具体见表5-2。

表 5-2　各类羞耻的情境事件

羞耻主类	羞耻亚类	情境事件
自我羞耻（独特情境）	个性羞耻	怯于当众发言,异性交往不适,吃饭发出怪声
	行为羞耻	考试舞弊行为,当众被人嘲讽,偷盗他人物品
	身体羞耻	满脸长青春痘,手上留有长疤,性别生理事件
	能力羞耻	学业成绩不佳,表达能力不佳,解题能力不佳
	家庭羞耻	无钱出去旅游,少量零钱捐款,社会地位不佳
转移性羞耻（独特情境）	个性羞耻	惯于负评子女,习惯高谈阔论,生性过于懦弱
	行为羞耻	当众闯红绿灯,当众与人吵架,爱占他人便宜
	身体羞耻	身体体型不雅,步行特征不雅,门牙漏风不雅
	能力羞耻	外出不会骑车,家务能力不佳,家教能力欠缺
	家庭羞耻	父母当众吵架,外出穿着随意,负面评价他人[*]
两类羞耻（相同情境）	个性羞耻	羞于当众助人,容易怨天尤人,高谈阔论习惯
	行为羞耻	随地乱扔垃圾,当众闯红绿灯,当众被批被骂
	身体羞耻	身体体型不雅,身材形象矮小,身体体味难闻
	能力羞耻	探路能力不佳,表达能力不佳,书写能力不佳
	家庭羞耻	家庭关系不和,经济能力不佳,社会地位不佳

[*]"负面评价他人"根据后续的评定结果被删除。

自我羞耻的情境故事,从内容、主题或者场所体现青少年相关特性,如与青少年相关的生理、学习等。转移性羞耻的情境故事,从内容、主题或者场所侧重于体现成人的生活特点。共同普通羞耻情境指一般的生活情境,适用于青少年和成人,实际测量时,故事情境和表述几乎一样,只是故事主角分别替换为"我"或者"妈妈"。

(2)开放问卷的质性材料数据整理程序。参考已有研究中涉及的羞耻情境类型,预先建立编码本。同时,结合具体的开放问卷内容,对原有的分类进行适当的补充。完成编码后,结合实际情况,对已完成的编码的分类进行适当的删除、合并或者修改名称。编码过程中,主要对情境类型的频数进行计分。对两个有关羞耻事件描述、调节策略描述的开放式问题的被试回答,首先由一位心理学副教授分别进行三轮独立编码:全部题目一次性编码、事件描述单独编码、调节策略单独编码。再由一位心理学研究生进行独立复核。对于存在争议的部分,双方进行进一步细致分析、讨论,同时邀请第三方参与讨论,最后进行决策。

羞耻情绪的情境编码。参考国内已有中学生、大学生羞耻情绪研究的测量,从两个方面进行区分,首先是从自我意识情绪视角的羞耻情绪的类型,从诱发事件的性质看,包括:①个性羞耻,指因个人的习惯、待人的方式、人格的类型特点等方面引发的羞耻。②行为羞耻,指因已经做过的事情、说过的话语而引起的羞耻。③身体羞耻,指因自己身体或身体的某一部分,特别是身体的生理缺陷而引发的羞耻。④能力羞耻,指因为自己的个人能力,如在某一方面能力不足而引起的羞耻。⑤家庭羞耻,因家庭(或家庭成员、家庭关系、家庭经济水平、社会地位)的因素而让自己感到的羞耻。

从诱发事件的主体看,包括:①自我羞耻,指经历诱发事件的主角为自己,如青少年自身经历事件。②转移性羞耻,指经历诱发事件的主角为青少年的母亲,虽然事件主角不是青少年自身,却诱发青少年的羞耻情绪体验,情绪的体验主体是青少年自身。

对于羞耻事件的描述,主要基于羞耻事件发生的情境进行分类,对频数进行计分;对于调节策略的陈述,主要基于被试具体采用的测量方式和做法;考虑到本书开展研究的目的,参考钱铭怡研究团队(高隽,钱铭怡,王文余,2011;高隽 等,2012),以及《认知情绪调节问卷》的调节策略分类,对被试开放问卷的陈述部分进行编码,形成九类羞耻事件情绪调节策略:自我责备、责怪他人、反复回想、灾难化、转换视角(理性分析)、积极重新关注、积极重评、重新关注计划、接受。羞耻强度、人际关系程度,均按 1~7 点计分,分数越高,表示羞耻强度越大,或者关系越密切。

2.羞耻情境故事内容及效度

(1)青少年羞耻情境故事内容。基于编码得到的羞耻情境故事类型,结合开放问卷内青少年的语言描述、其他相关的羞耻情境故事制作的研究,自编出具有详细内容的羞耻情境故事(见附录2)。采用7级(1~7点)计分。这些故事均包括事实陈述、自我感受与体验。

(2)青少年羞耻情境故事的信度与效度。①重测信度。对七、八、十年级共151名学生相隔4周后进行重测,青少年羞耻情境故事的总的重测信度的系数为0.816,其中自我羞耻独特情境的重测系数为0.743,自我羞耻相同情境的重测系数为0.680,转移性羞耻独特情境的重测系数为0.756,转移性羞耻相同情境的重测系数为0.726,所有的重测信度系数均非常显著,$ps<0.001$。②内部一致性系数。青少年羞耻情境故事的总的内部一致性系数(克龙巴赫 α 系数,Cronbach's α coefficient)为0.949,其中自我羞耻独特情境的 α 系数为

0.816,自我羞耻相同情境的 α 系数为 0.861,转移性羞耻独特情境的 α 系数为 0.861,转移性羞耻相同情境的 α 系数为 0.893。③专家分析法(内容效度)。参考已有羞耻情绪的情境类型和语言表述之后,两位心理学研究者,以及两位小学、中学语文高级教师分别从内容选择、语言表达方面共同评判羞耻情境故事,然后进行修改。④单项与总和相关分析法。各类情境评分与总分之间的相关分析,得到相关系数在 0.819~0.842,各类情境之间的相关系数在 0.533~0.831,相关系数均显著,$ps<0.001$。⑤效标效度系数。对其中 172 名青少年同时进行亓圣华(2006)编制的《中学生羞耻感问卷》的测量,分析本羞耻情境故事的羞耻评分与《中学生羞耻感问卷》中的羞耻感评分之间的相关系数。由于羞耻感的测量更多是特质羞耻,各类羞耻情境故事及总分与效标的相关系数为 0.213~0.331,相关系数均显著,$ps<0.05$,或 $ps<0.001$。⑥羞耻与内疚差异比较。25 名在读研究生参加了该项评定。要求对描写的情境,被试觉得,"故事中的我可以体验到的羞耻感和内疚感分别是什么程度"。对每一个故事情境的羞耻和内疚评分进行配对样本 t 检验,检验结果显示(见表 5-3、表 5-4),所有的故事情境的羞耻评分均显著高于内疚评分,$ps<0.01$。⑦羞耻故事情境的分类。25 名在读研究生参加了该项评定,要求判定各个羞耻故事情境属于个性、行为、身体、能力、还是家庭因素引起的,最终百分比最高的选项为该故事情境的类型归属。除了转移性羞耻中的"负面评价他人"由原设计中的"家庭羞耻"调整到"个性羞耻",其他故事情境都符合原来故事设计的类型(见表 5-5)。以上信效度分析结果表明,青少年羞耻故事情境具有较好的信效度。

表 5-3 自我羞耻的故事情境的评定

情境	羞耻		内疚		t
	M	SD	M	SD	
怯于当众发言	3.96	1.49	2.08	1.58	5.33***
异性交往不适	4.36	1.29	2.32	1.95	5.77***
吃饭发出怪声	5.08	1.61	2.44	1.96	6.17***
考试舞弊行为	5.48	1.23	3.08	2.02	4.56***
当众被人嘲讽	5.80	0.87	3.08	2.41	5.42***
偷盗他人物品	6.48	0.87	4.12	2.52	4.41***
满脸长青春痘	4.76	1.51	2.56	2.31	5.56***
手上留有疤痕	4.44	1.36	2.60	2.06	5.06***

续表

情境	羞耻		内疚		t
	M	SD	M	SD	
女性生理事件	5.88	1.62	2.48	2.06	6.21***
男性生理事件	5.84	1.18	2.80	2.20	5.39***
学业成绩不佳	5.12	1.24	2.96	2.32	5.06***
表达能力不佳	5.28	1.17	3.04	2.30	4.96***
解题能力不佳	5.32	1.25	3.12	2.42	5.14***
无钱出去旅游	4.08	1.26	2.20	1.63	5.19***
少量零钱捐款	3.96	1.31	2.04	1.51	5.02***
社会地位不佳	3.88	1.39	2.04	1.34	4.48***
羞于当众助人	4.64	1.08	2.88	2.11	4.99***
容易怨天尤人	4.60	1.15	3.00	1.68	4.28***
高谈阔论习惯	4.88	1.09	2.56	2.06	5.70***
随地乱扔垃圾	5.20	1.19	3.20	2.36	4.47***
当众闯红绿灯	5.24	1.05	3.08	2.23	5.42***
当众被人咒骂	5.60	1.50	2.60	2.06	5.48***
身体体型不雅	5.36	1.73	2.44	1.98	5.30***
身材形象矮小	5.08	1.58	2.48	2.14	5.27***
身体体味难闻	5.60	1.63	2.76	2.26	4.85***
探路能力不佳	4.32	1.14	2.48	2.04	4.88***
表达能力不佳	4.56	1.42	2.52	2.02	5.30***
书写能力不佳	4.72	1.34	2.48	2.10	6.63***
家庭关系不和	5.08	1.22	3.20	1.83	5.33***
经济能力不佳	4.44	1.42	2.44	1.98	5.77***
社会地位不佳	4.28	1.17	2.52	1.81	3.89**

注：* $p<0.05$，** $p<0.01$，*** $p<0.001$。本章下同。

表 5-4 转移性羞耻的故事情境的评定

情境	羞耻		内疚		t
	M	SD	M	SD	
惯于负评子女	4.96	1.57	2.24	1.59	5.82***
习惯高谈阔论	5.08	1.29	1.92	1.22	8.28***
生性过于懦弱	3.80	1.22	2.28	1.65	4.01**

续表

情境	羞耻		内疚		t
	M	SD	M	SD	
当众闯红绿灯	4.64	1.19	2.48	1.98	4.58***
当众与人吵架	5.68	1.60	2.16	1.52	7.93***
爱占他人便宜	4.48	1.26	2.16	1.55	6.38***
身体体型不雅	5.04	2.03	2.00	1.50	5.87***
步行特征不雅	4.92	2.00	2.04	1.49	5.14***
门牙漏风不雅	3.68	1.60	1.76	1.20	5.08***
外出不会骑车	3.24	1.39	1.72	1.21	3.52**
家务能力不佳	4.16	1.37	2.28	1.74	3.80**
家教能力欠缺	4.48	1.29	2.08	1.63	7.47***
父母当众吵架	5.36	1.66	2.48	1.50	6.13***
外出穿着随意	4.88	1.20	2.20	1.68	6.28***
羞于当众助人	4.52	0.87	2.32	1.75	6.18***
容易怨天尤人	4.32	1.03	2.04	1.62	7.15***
高谈阔论习惯	4.60	1.29	2.44	2.02	4.69***
随地乱扔垃圾	5.16	1.18	2.84	2.29	6.01***
当众闯红绿灯	5.16	1.07	2.88	2.20	5.61***
当众被人咒骂	5.16	1.82	2.72	2.07	4.38***
身体体型不雅	4.88	2.09	2.24	1.85	4.85***
身材形象矮小	4.64	1.75	2.32	2.06	5.12***
身体体味难闻	5.16	1.80	2.48	2.06	5.17***
探路能力不佳	3.68	1.38	2.16	1.60	3.06**
表达能力不佳	3.96	1.46	2.08	1.66	4.46***
书写能力不佳	4.04	1.70	2.40	1.96	4.56***
家庭关系不和	5.08	1.68	2.68	1.75	5.00***
经济能力不佳	4.00	1.29	2.48	1.98	3.29**
社会地位不佳	4.24	1.59	2.28	1.74	3.72**

表 5-5 故事情境的分类性评定

羞耻类型	自我羞耻的情境	最高百分比(%)	转移性羞耻情境	最高百分比(%)	自我羞耻的情境	最高百分比(%)	转移性羞耻的情境	最高百分比(%)
个性羞耻	怯于当众发言	84	责于负评子女	60	羞于当众助人	52	羞于当众助人	40
	异性交往不适	84	习惯高谈阔论	48	容易怨天尤人	76	容易怨天尤人	76
	吃饭发出怪声	60	生性过于懦弱	72	高谈阔论习惯	52	高谈阔论习惯	64
行为羞耻	考试舞弊行为	92	当众闯红绿灯	84	随地乱扔垃圾	88	随地乱扔垃圾	88
	当众被人嘲讽	92	与他人吵架	52	当众被人咒骂	88	当众被人咒骂	88
	偷盗他人物品	88	霸占他人便宜	88	身体体型不雅	84	身体体型不雅	84
生理羞耻	满脸长青春痘	92	身体特征不雅	76	身材形象矮小	92	身材形象矮小	84
	手上留有有疤	92	走路漏风不雅	88	身体体味难闻	92	身体体味难闻	84
	女性生理事件	84	门牙漏风不雅	/	/	/	/	/
	男性生理事件	92	/	/	/	/	/	/
能力羞耻	学业成绩不佳	92	外出不会骑车	76	探路能力不佳	84	探路能力不佳	80
	表达能力不佳	92	家务能力不佳	88	表达能力不佳	92	表达能力不佳	76
	解题能力不佳	96	家教能力欠缺	68	书写能力不佳	88	书写能力不佳	84
	无钱出去旅游	92	父母当众吵架	84	家庭关系不和	68	家庭关系不和	80
家庭羞耻	少量零钱捐款	80	外出穿着随意	40	经济能力不佳	60	经济能力不佳	68
	社会地位不佳	92	/	/	社会地位不佳	76	社会地位不佳	76

(三)调节策略问卷

本书采用国内中文修订版《认知情绪调节问卷》(CERQ-C)(朱熊兆 et al.,2007)(见附录3),该问卷已经经过全国大样本的施测检验,适合中学生使用,信效度良好(王瑜萍等,2012)。

《认知情绪调节问卷》(CERQ-C)中文版本,共36个项目,包括9个分量表:自我责备、责怪他人、反复回想、灾难化、转换视角(理性分析)、积极重新关注、积极重评、重新关注计划、接受,每个分量表4个项目。量表得分越高,被试就越有可能在面临负性事件时使用该特定的认知策略。参考国内该问卷的使用方法(高隽,钱铭怡,王文余,2011),本书使用该问卷进行测量时,通过指导语明确被试在经历羞耻事件时的通常反应和想法。9种策略还可以根据策略使用后的效果方向区分为两类,积极重新关注、积极重新评价、重新关注计划、接受、转换视角为适应性调节策略,自我责备、反复回想、责备他人、灾难化为消极性调节策略。

第二节 研究结果

一、基于质性材料的结果分析

自我羞耻方面,涉及的具体情境频率较高的依次是"当众被批被骂""学业成绩不佳""当众被人嘲讽""舞弊撒谎行为",而且这几个情境下的羞耻强度均在4.08~4.88。转移性羞耻方面,涉及的具体情境频率较高的依次是"负面评价子女""家庭关系不和""当众闯红绿灯""当众被批被骂",这几个情境下的羞耻强度也在4.13~5.09。具体见表5-6。

从自我调节策略的频率看,自我羞耻方面,使用频率较高的策略依次是"重新关注计划""积极重新关注""自我责备""接受""积极重新评价"。转移性羞耻方面,使用频率较高的策略依次是"重新关注计划""接受""积极重新关注""责备他人"。无论是自我羞耻的调节,还是转移性羞耻的调节,最常用的调节策略是"重新关注计划",且从使用频率来看,该策略使用相比其他策略较为突出。见表5-7。

表 5-6 开放问卷中自我羞耻与转移性羞耻具体情境的频率和强度

自我羞耻				转移性羞耻			
具体情境	频数	百分比(%)	强度	具体情境	频数	百分比(%)	强度
当众被批被骂	67	16.14	4.88	负面评价子女	33	13.98	5.00
学业成绩不佳	61	14.70	4.70	家庭关系不和	33	13.98	5.09
当众被人嘲讽	59	14.22	4.08	当众闯红绿灯	31	13.14	4.16
舞弊撒谎行为	49	11.81	4.49	当众被批被骂	24	10.17	4.13
家内家外偷盗	34	8.19	4.82	基本能力欠缺	14	5.93	3.64
无意影响他人	22	5.30	4.59	亲子关系不佳	14	5.93	4.00
学业态度不端	21	5.06	4.52	当众大声喧哗	12	5.08	3.83
爱好表现不佳	16	3.86	4.13	随地乱扔垃圾	10	4.24	4.10
生理身体特点	11	2.65	4.27	个人礼仪不当	8	3.39	3.13
羞于被人关注	10	2.41	4.30	常爱占小便宜	8	3.39	4.25
家庭亲缘关系	6	1.45	4.33	酒后不当言行	8	3.39	3.86
误解他人好意	6	1.45	4.50	教养能力缺失	7	2.97	3.43
恃强欺负弱小	6	1.45	5.00	不良嗜好习惯	7	2.97	5.33
当众不敬长辈	6	1.45	5.33	个性缺乏亲和	4	1.69	5.50
恋爱相关事件	5	1.20	4.40	家庭地位欠佳	3	1.27	3.33
违反交通规则	4	0.96	5.75	不懂假装懂行	3	1.27	4.67
当众被人忽视	4	0.96	3.75	爱好表现不佳	2	0.85	4.00
社会公德不良	4	0.96	5.50	生理身体特点	2	0.85	3.50
随地乱扔垃圾	3	0.72	3.33	家庭经济不佳	2	0.85	3.50
亲子关系不佳	3	0.72	4.33	无意影响他人	2	0.85	2.00
基本能力欠缺	2	0.48	4.50	当众不敬长辈	2	0.85	6.50
家庭经济不佳	2	0.48	5.50	个人爱好惹烦	2	0.85	4.50
家庭生活不便	2	0.48	5.00	当众随意吐痰	1	0.42	7.00
当众结账无钱	2	0.48	4.00	当众被人嘲讽	1	0.42	4.00
好心反被误解	2	0.48	3.50	公众场合抽烟	1	0.42	5.00
索要父母财物	2	0.48	4.00	社会公德不良	1	0.42	4.00
负面评价子女	1	0.24	5.00	窥探子女隐私	1	0.42	7.00
当众大声喧哗	1	0.24	7.00				
个性缺乏亲和	1	0.24	6.00				

续表

	自我羞耻			转移性羞耻		
做事磨蹭低效	1	0.24	1.00			
常爱占小便宜	1	0.24	6.00			
不懂假装懂行	1	0.24	7.00			
合计	415	100.00	4.57	合计	236	100.00	4.35

表 5-7 自我羞耻与转移性羞耻的调节策略基本情况

调节策略	自我羞耻		转移性羞耻	
	频数	百分比(%)	频数	百分比(%)
重新关注计划	134	0.33	93	0.41
积极重新关注	70	0.17	37	0.16
积极重新评价	40	0.10	9	0.04
接受	48	0.12	38	0.17
转换视角	28	0.07	10	0.04
自我责备	54	0.13	13	0.06
责备他人	17	0.04	22	0.10
反复回想	15	0.04	4	0.02
灾难化	1	0.00	0	0.00
合计	407	100.00	226	100.00

自我羞耻强度与转移性羞耻强度的相关分析显示,相关系数显著,$r=0.41, p<0.001$,说明两者关系密切,青少年的自我羞耻强度越高,转移性羞耻强度也会越高。

二、基于问卷测量的结果分析

(一)不同情境下羞耻的基本情况

对自我羞耻的 15 个独特故事情境的评分见表 5-8。其中,中等以上($M \geq 4$)羞耻强度的故事情境依次为偷盗他人物品、表达能力不佳、性别生理事件、学业成绩不佳、当众被人嘲讽、考试舞弊行为、吃饭发出怪声、解题能力不佳、满脸长青春痘,分别涉及行为、能力、生理、个性方面的羞耻。

表 5-8　自我羞耻的独特故事情境的羞耻强度评分

羞耻亚类	故事情境	M	SD
个性羞耻	怯于当众发言	3.23	1.79
	异性交往不适	3.29	1.83
	吃饭发出怪声	4.63	1.80
行为羞耻	考试舞弊行为	4.80	1.78
	当众被人嘲讽	4.88	1.66
	偷盗他人物品	6.12	1.51
身体羞耻	满脸长青春痘	4.04	1.95
	手上留有长疤	3.87	1.95
	性别生理事件	5.06	1.89
能力羞耻	学业成绩不佳	4.99	1.67
	表达能力不佳	5.14	1.64
	解题能力不佳	4.45	1.84
家庭羞耻	无钱出去旅游	2.53	1.64
	少量零钱捐款	2.65	1.72
	社会地位不佳	2.47	1.67

对转移性羞耻的 14 个独特故事情境的评分见表 5-9。其中，中等以上（M≥4）羞耻强度的故事情境依次为当众与人吵架、当众闯红绿灯、父母当众吵架、惯于负评子女、习惯高谈阔论、爱占他人便宜，涉及行为、家庭、个性方面的羞耻。

表 5-9　转移性羞耻的独特故事情境的羞耻强度评分

羞耻亚类	故事情境	M	SD
个性羞耻	惯于负评子女	4.51	1.74
	习惯高谈阔论	4.22	1.73
	生性过于懦弱	3.22	2.00
行为羞耻	当众闯红绿灯	4.70	1.72
	当众与人吵架	5.08	1.58
	爱占他人便宜	4.04	1.90

续表

羞耻亚类	故事情境	M	SD
身体羞耻	身体体型不雅	2.89	1.88
	步行特征不雅	3.14	1.94
	门牙漏风不雅	2.55	1.72
能力羞耻	外出不会骑车	2.11	1.54
	家务能力不佳	2.86	1.70
	家教能力欠缺	3.99	2.01
家庭羞耻	父母当众吵架	4.62	1.78
	外出穿着随意	3.96	1.86

(二) 自我羞耻与转移性羞耻的比较

为了比较自我羞耻与转移性羞耻,对 15 个相同故事情境的羞耻强度评分进行配对样本 t 检验,检验结果显示(见表 5-10),每一个故事情境和总分,青少年的自我羞耻的强度显著高于转移性羞耻,$ps < 0.001$,除了社会地位不佳的故事情境外,其他所有的故事情境的效应量均处于中等效应量水平,总分的效应量达到大效应量水平。

表 5-10 自我羞耻和转移性羞耻相同故事情境的羞耻强度评分

羞耻亚类	故事情境	自我羞耻		转移性羞耻		t	Cohen's d
		M	SD	M	SD		
个性羞耻	羞于当众助人	5.10	1.62	4.34	1.72	18.98***	0.422
	容易怨天尤人	4.86	1.77	4.06	1.80	15.86***	0.355
	高谈阔论习惯	5.00	1.74	4.37	1.77	15.31***	0.339
行为羞耻	随地乱扔垃圾	5.60	1.48	5.07	1.55	15.07***	0.335
	当众闯红绿灯	5.22	1.78	4.92	1.68	7.54***	0.166
	当众被批被骂	4.99	1.76	3.71	1.88	28.43***	0.634
身体羞耻	身体体型不雅	4.20	2.04	2.97	1.90	24.00***	0.531
	身材形象矮小	3.56	2.01	2.64	1.79	18.99***	0.424
	身体体味难闻	4.99	1.73	3.57	1.80	32.43***	0.721
能力羞耻	探路能力不佳	3.84	1.76	2.99	1.73	19.65***	0.437
	表达能力不佳	4.22	1.73	3.07	1.68	26.83***	0.598
	书写能力不佳	4.03	1.89	3.17	1.84	16.95***	0.397

续表

羞耻亚类	故事情境	自我羞耻 M	自我羞耻 SD	转移性羞耻 M	转移性羞耻 SD	t	Cohen's d
家庭羞耻	家庭关系不和	4.71	1.87	4.27	1.83	8.96***	0.201
	经济能力不佳	3.26	1.87	2.80	1.75	10.21***	0.232
	社会地位不佳	3.05	1.87	2.91	1.83	3.52***	0.079
总分		67.32	15.78	54.57	16.87	33.43***	0.851

(三)羞耻强度在性别、年级、学业水平方面的比较

1. 独特情境下自我羞耻

以性别、年级、学业水平为自变量,自我羞耻强度总评分为因变量进行多因素方差分析。检验结果显示,性别主效应显著,$F(1,1894)=80.41$,$p<0.001$,$\eta_p^2=0.041$,女生的羞耻强度显著高于男生,$M_{男}=59.27$,$SD_{男}=13.72$,$M_{女}=65.47$,$SD_{女}=13.42$。年级主效应显著,$F(5,1894)=5.45$,$p<0.001$,$\eta_p^2=0.014$,不同年级的羞耻强度不同;多重比较显示,十二年级($M=58.14$,$SD=12.76$)学生的羞耻强度显著低于七年级($M=64.21$,$SD=15.02$)、八年级($M=63.32$,$SD=14.66$)、九年级($M=63.40$,$SD=13.87$)、十年级($M=62.74$,$SD=12.92$)学生,$ps<0.001$;十一年级($M=60.08$,$SD=13.16$)学生的羞耻强度显著低于七年级($p<0.001$)、八年级($p<0.01$)、九年级($p<0.01$)、十年级($p<0.05$)学生。学业水平主效应显著,$F(2,1894)=3.73$,$p<0.05$,$\eta_p^2=0.004$;多重比较显示,低水平学生的羞耻强度显著低于高水平($p<0.001$)、中水平学生($p<0.01$),$M_{高}=63.25$,$SD_{高}=13.19$,$M_{中}=62.41$,$SD_{中}=14.12$,$M_{低}=60.33$,$SD_{低}=14.51$。性别与年级的交互作用显著,$F(5,1894)=2.47$,$p<0.05$,$\eta_p^2=0.006$;简单效应分析结果显示,从七年级到十一年级,女生的羞耻强度均显著高于男生,$ps<0.001$,检验的效应量达到中等以上水平,但是到十二年级,羞耻强度的性别差异不显著,见表5-11。

2. 独特情境下转移性羞耻

以性别、年级、学业水平为自变量,转移性羞耻强度总评分为因变量进行多因素方差分析。检验结果显示,年级主效应显著,$F(5,1855)=13.75$,$p<0.001$,$\eta_p^2=0.036$,不同年级的羞耻强度不同,见表5-12;多重比较显示,十二年级学生的羞耻强度显著低于七、八、九、十年级学生,$ps<0.001$;十一年级学生的羞耻强度显著低于七、八、九年级($ps<0.001$)学生和十年级($p<0.01$)学

生。十年级学生的羞耻强度显著低于七年级学生，$p<0.05$。性别、学业水平的主效应均不显著，$ps>0.05$。

表 5-11 独特情境下不同年级与性别的自我羞耻强度的评分

年级	性别	M	SD	F	η^2
七	男	59.93	13.91	28.88***	0.077
	女	68.14	14.95		
八	男	59.16	13.54	27.73***	0.082
	女	67.53	14.59		
九	男	60.91	14.97	12.13***	0.034
	女	66.11	12.05		
十	男	60.51	12.75	14.26***	0.037
	女	65.63	12.61		
十一	男	56.42	13.35	18.73***	0.074
	女	63.78	11.92		
十二	男	57.79	13.50	0.36	
	女	58.81	11.25		

表 5-12 独特情境下不同年级与性别的转移性羞耻强度的评分

年级	性别	M	SD
七	男	58.32	16.18
	女	60.29	16.47
	总计	59.29	16.33
八	男	56.07	16.14
	女	59.80	16.77
	总计	57.98	16.54
九	男	58.84	14.06
	女	58.02	15.36
	总计	58.45	14.69
十	男	56.62	16.14
	女	56.51	15.35
	总计	56.57	15.79

续表

年级	性别	M	SD
十一	男	52.66	15.54
	女	52.85	14.66
	总计	52.75	15.07
十二	男	51.24	14.86
	女	49.32	13.99
	总计	50.59	14.58

3.相同情境下自我羞耻与转移性羞耻

以性别、年级、学业水平为自变量,自我羞耻和转移性羞耻强度总评分为因变量进行多因素重复测量方差分析。检验结果显示,羞耻主类主效应显著,$F(1,1487)=1035.66, p<0.001, \eta_p^2=0.411$,自我羞耻强度显著高于转移性羞耻,$M_{自我}=67.36, SD_{自我}=15.84, M_{转移}=54.71, SD_{转移}=16.84$。性别主效应显著,$F(1,1487)=11.03, p=0.001, \eta_p^2=0.007$,女生的羞耻强度显著高于男生,$M_{男}=59.30, SE_{男}=0.53, M_{女}=61.87, SE_{女}=0.57$。年级主效应也显著,$F(5,1487)=10.51, p<0.001, \eta_p^2=0.034$,多重比较显示,十二年级学生的羞耻强度显著低于七、八、九、十年级学生,$ps<0.001$;十一年级学生的羞耻强度显著低于七、八、九年级($ps<0.001$)学生和十年级($p<0.01$)学生。学业水平主效应边缘显著,$F(2,1487)=2.95, p=0.053, \eta_p^2=0.004$;多重比较显示,低水平学生的羞耻强度显著低于高、中水平学生,$ps<0.05, M_{高}=61.87, SE_{高}=0.63, M_{中}=60.00, SE_{中}=0.65, M_{低}=59.88, SE_{低}=0.73$。

羞耻主类与性别交互作用显著,$F(1,1487)=33.39, p<0.001, \eta_p^2=0.022$。羞耻主类与年级交互作用显著,$F(5,1487)=11.04, p<0.001, \eta_p^2=0.036$。羞耻主类与学业水平交互作用显著,$F(2,1487)=8.05, p<0.001, \eta_p^2=0.011$。性别与年级交互作用显著,$F(5,1487)=3.20, p<0.01, \eta_p^2=0.011$。

羞耻主类、性别、年级三者交互作用显著,$F(2,1487)=2.28, p<0.05, \eta_p^2=0.008$。简单简单效应分析显示,同一性别同一年级条件下,自我羞耻的强度显著高于转移性羞耻,$ps<0.001$。见表5-13。

表 5-13　相同情境下不同性别与年级的自我羞耻与转移性羞耻强度评分

性别	年级	自我羞耻 M	自我羞耻 SD	转移性羞耻 M	转移性羞耻 SD	F	η^2
男	七	64.05	16.43	56.63	16.87	33.68***	0.022
男	八	63.63	15.56	56.30	16.91	30.52***	0.020
男	九	65.89	15.44	58.18	14.26	39.50***	0.025
男	十	65.21	14.54	54.92	16.55	84.26***	0.052
男	十一	62.65	16.91	49.72	17.19	76.24***	0.047
男	十二	65.98	16.67	48.20	15.82	231.94***	0.132
女	七	72.43	17.80	60.06	17.57	107.27***	0.066
女	八	72.08	15.18	58.75	17.77	112.85***	0.069
女	九	72.31	13.47	57.64	14.97	140.31***	0.084
女	十	71.39	12.72	55.04	17.21	163.46***	0.097
女	十一	67.70	14.71	49.70	15.08	165.63***	0.098
女	十二	60.60	14.70	44.65	14.31	109.56***	0.067

羞耻、性别、学业水平三者交互作用显著，$F(2,1487)=3.83$，$p<0.05$，$\eta_p^2=0.005$。简单简单效应分析显示，同一年级同一学业水平条件下，自我羞耻的强度显著高于转移性羞耻，$ps<0.05$，见表 5-14。

表 5-14　相同情境下不同年级与学业水平的自我羞耻与转移性羞耻强度评分

年级	学业水平	自我羞耻 M	自我羞耻 SD	转移性羞耻 M	转移性羞耻 SD	F	η^2
七	高	70.32	16.11	59.26	15.40	66.38***	0.042
七	中	69.86	17.18	57.82	16.96	69.95***	0.044
七	低	62.57	20.26	58.02	21.30	5.62*	0.004
八	高	71.05	13.09	57.34	15.96	101.17***	0.063
八	中	66.56	17.65	58.78	20.32	20.68***	0.014
八	低	64.61	17.57	56.73	16.40	19.17***	0.013
九	高	70.82	13.93	57.58	13.18	102.51***	0.064
九	中	68.40	15.78	57.63	15.80	37.99***	0.025
九	低	67.00	15.16	58.70	15.74	25.48***	0.017

续表

年级	学业水平	自我羞耻 M	自我羞耻 SD	转移性羞耻 M	转移性羞耻 SD	F	η^2
十	高	70.09	14.31	55.10	15.48	93.54***	0.059
	中	66.93	13.24	54.10	16.66	88.50***	0.056
	低	67.00	14.82	55.92	18.30	52.80***	0.034
十一	高	68.81	15.09	50.42	17.64	93.34***	0.058
	中	62.86	14.53	48.13	14.49	65.00***	0.041
	低	64.42	17.60	50.57	16.26	61.96***	0.040
十二	高	64.49	15.43	47.01	15.69	104.34***	0.065
	中	63.38	18.60	46.11	16.27	100.39***	0.063
	低	64.53	14.76	47.74	14.48	112.07***	0.069

(四) 亲子关系与转移性羞耻的关系

根据青少年对自己与母亲之间关系的亲密程度评分,按照亲子关系的密切程度由强到弱依次分为密切、一般、不密切。以亲子关系为自变量,转移性羞耻强度为因变量进行单因素方差分析,结果显示(见表5-15),不同亲子关系的青少年转移性羞耻强度存在显著差异,$F(2,1853)=18.74$,$p<0.001$,$\eta_p^2=0.020$。多重比较显示,亲子关系不密切的青少年转移性羞耻强度显著高于亲子关系一般、密切的青少年,一般亲子关系的青少年转移性羞耻强度显著高于亲子关系密切的青少年。

表5-15 不同亲子关系的转移性羞耻强度评分

亲子关系	M	SD	F	η^2
不密切	62.14	17.34	18.74***	0.020
一般	58.41	15.47		
密切	55.17	15.46		

(五) 调节策略使用的基本情况

调节策略问卷的评分显示,青少年经历羞耻事件时,9种策略均不同程度地得到使用。单因素重复策略方差分析结果显示,$F(8,1649)=183.38$,$p<0.001$,$\eta^2=0.471$。进一步事后检验显示,除了重新关注计划与接受之间、自我责备与积极重新关注之间不存在显著差异外,其他调节策略之间均存在显

著差异，$ps<0.001$。由此可见，采用的应对方式由多到少依次是重新关注计划、接受、积极重新评价、反复回想、积极重新关注、自我责备、转换视角、责备他人、灾难化。把9种调节策略整理成适应性策略和消极性策略，考虑到新的两大类策略的具体策略数量不同，加总后各自分别除以具体策略数得到新的评分，然后进行配对样本 t 检验，检验结果显示，适应性策略的使用显著高于消极性策略，$t(1656)=26.54$，$p<0.001$，Cohen's d$=0.663$。见表5-16。

表5-16 调节策略使用的基本情况

调节策略	M	SD	F 或 t
重新关注计划	14.17	3.20	183.38***
接受	14.16	2.89	
积极重新评价	13.66	3.35	
反复回想	13.25	3.20	
积极重新关注	12.78	3.13	
自我责备	12.77	2.40	
转换视角	11.83	3.23	
责备他人	11.01	2.94	
灾难化	10.61	3.64	
适应性策略	13.33	2.15	26.54***
消极性策略	11.90	1.96	

(六)调节策略在性别、年级、学业水平方面的比较

1.重新关注计划策略的性别、年级、学业水平的比较

以性别、年级、学业水平为自变量，重新关注计划策略评分为因变量进行多因素方差分析。检验结果显示，性别主效应显著，$F(1,1855)=21.81$，$p<0.001$，$\eta_p^2=0.012$，女生使用该策略显著多于男生，$M_{女}=14.53$，$SD_{女}=3.11$，$M_{男}=13.73$，$SD_{男}=3.23$。年级主效应也显著，$F(5,1855)=3.54$，$p<0.01$，$\eta_p^2=0.009$；多重比较显示，七年级学生使用该策略显著低于九、十、十一年级学生，$ps<0.01$，十二年级学生使用该策略显著低于十一年级学生（$p<0.05$），$M_{七}=13.72$，$SD_{七}=3.29$，$M_{八}=14.03$，$SD_{八}=3.45$，$M_{九}=14.28$，$SD_{九}=3.27$，$M_{十}=14.32$，$SD_{十}=3.12$，$M_{十一}=14.51$，$SD_{十一}=3.10$，$M_{十二}=13.88$，$SD_{十二}=2.81$。学业水平主效应显著，$F(2,1855)=9.63$，$p<0.001$，$\eta_p^2=0.010$；多重比

较显示,高学业水平学生使用该策略显著高于中等、低学业水平学生,$M_{高}=14.52,SD_{高}=3.15,M_{中}=13.97,SD_{中}=3.05,M_{低}=13.67,SD_{低}=3.35$。

2.接受策略的性别、年级、学业水平的比较

以性别、年级、学业水平为自变量,接受策略评分为因变量进行多因素方差分析。检验结果显示,性别主效应显著,$F(1,1838)=7.44,p<0.01,\eta_p^2=0.004$,女生使用该策略显著高于男生,$M_{女}=14.32,SD_{女}=2.91,M_{男}=13.86,SD_{男}=2.96$。年级主效应也显著,$F(5,1838)=8.31,p<0.001,\eta_p^2=0.022$;多重比较显示,十、十一年级学生使用该策略显著高于七、八、九、十二年级学生,$ps<0.01,M_{七}=13.77,SD_{七}=3.02,M_{八}=13.67,SD_{八}=3.28,M_{九}=14.13,SD_{九}=3.06,M_{十}=14.58,SD_{十}=2.65,M_{十一}=14.66,SD_{十一}=2.63,M_{十二}=13.80,SD_{十二}=2.75$。学业水平主效应显著,$F(2,1838)=6.55,p<0.001,\eta_p^2=0.007$;多重比较显示,高学业水平学生使用该策略显著高于低学业水平学生,$M_{高}=14.32,SD_{高}=2.99,M_{中}=14.06,SD_{中}=2.94,M_{低}=13.77,SD_{低}=2.85$。

3.积极重新评价策略的性别、年级、学业水平的比较

以性别、年级、学业水平为自变量,积极重新评价策略评分为因变量进行多因素方差分析。检验结果显示,性别主效应显著,$F(1,1847)=18.81,p<0.001,\eta_p^2=0.010$,女生使用该策略显著高于男生,$M_{女}=14.00,SD_{女}=3.38,M_{男}=13.22,SD_{男}=3.19$。年级主效应也显著,$F(5,1847)=3.52,p<0.01,\eta_p^2=0.009$;多重比较显示,九、十一年级学生使用该策略显著高于七、十、十二年级学生,$ps<0.05,M_{七}=13.36,SD_{七}=3.47,M_{八}=13.58,SD_{八}=3.61,M_{九}=14.04,SD_{九}=3.37,M_{十}=13.49,SD_{十}=3.06,M_{十一}=14.04,SD_{十一}=3.02,M_{十二}=13.13,SD_{十二}=3.05$。学业水平主效应显著,$F(2,1847)=12.46,p<0.001,\eta_p^2=0.013$;多重比较显示,高学业水平学生使用该策略显著高于中、低学业水平学生,$M_{高}=14.13,SD_{高}=3.39,M_{中}=13.32,SD_{中}=3.15,M_{低}=13.58,SD_{低}=3.30$。

4.积极重新关注策略的性别、年级、学业水平的比较

以性别、年级、学业水平为自变量,积极重新关注策略评分为因变量进行多因素方差分析。检验结果显示,性别主效应显著,$F(1,1848)=9.44,p<0.01,\eta_p^2=0.005$,女生使用该策略显著高于男生,$M_{女}=13.00,SD_{女}=3.10,M_{男}=12.53,SD_{男}=3.12$。年级主效应也显著,$F(5,1848)=5.55,p<0.001,\eta_p^2=0.015$;多重比较显示,七、十二年级学生使用该策略显著低高于九、十、十

一年级学生，$ps<0.05$，十年级学生使用该策略显著高于八、九、十二年级，$ps<0.05$，$M_七=12.41$，$SD_七=3.33$，$M_八=12.55$，$SD_八=3.08$，$M_九=12.97$，$SD_九=3.21$，$M_十=13.24$，$SD_十=3.18$，$M_{十一}=12.98$，$SD_{十一}=2.87$，$M_{十二}=12.34$，$SD_{十二}=2.79$。学业水平主效应显著，$F(2,1848)=3.31$，$p<0.05$，$\eta_p^2=0.004$；多重比较显示，高学业水平学生使用该策略显著高于中等学业水平学生，$M_高=12.91$，$SD_高=3.10$，$M_中=12.54$，$SD_中=3.01$，$M_低=12.74$，$SD_低=3.25$。

5.转换视角策略的性别、年级、学业水平的比较

以性别、年级、学业水平为自变量，转换视角策略评分为因变量进行多因素方差分析。检验结果显示，性别主效应不显著，$F(1,1849)=0.46$，$p>0.05$，$M_女=11.96$，$SD_女=3.23$，$M_男=11.86$，$SD_男=3.11$。年级主效应显著，$F(5,1849)=3.03$，$p=0.01$，$\eta_p^2=0.008$；多重比较显示，七年级学生使用该策略显著低于九、十、十一年级学生，$ps<0.05$，八年级学生使用该策略显著低于九年级学生，$p<0.05$，九年级学生使用该策略显著高于七、八、十、十二年级，$p<0.05$，$M_七=11.41$，$SD_七=3.44$，$M_八=11.89$，$SD_八=3.25$，$M_九=12.41$，$SD_九=3.23$，$M_十=11.94$，$SD_十=3.19$，$M_{十一}=12.02$，$SD_{十一}=2.92$，$M_{十二}=11.84$，$SD_{十二}=2.70$。学业水平主效应不显著，$F(2,1849)=1.314$，$p>0.05$，$M_高=11.99$，$SD_高=3.27$，$M_中=11.73$，$SD_中=3.15$，$M_低=12.00$，$SD_低=3.02$。

6.反复回想策略的性别、年级、学业水平的比较

以性别、年级、学业水平为自变量，反复回想策略评分为因变量进行多因素方差分析。检验结果显示，性别主效应显著，$F(1,1879)=6.08$，$p<0.05$，$\eta_p^2=0.003$，女生使用该策略显著高于男生，$M_女=13.38$，$SD_女=3.18$，$M_男=13.00$，$SD_男=3.21$。年级主效应也显著，$F(5,1879)=7.88$，$p<0.001$，$\eta_p^2=0.021$；多重比较显示，七年级学生使用该策略显著低于八、九、十、十一年级学生，$ps<0.01$，十年级学生使用该策略显著高于八、九、十二年级，$ps<0.05$，九年级学生使用该策略显著高于十二年级，$p<0.05$，$M_七=12.60$，$SD_七=3.28$，$M_八=13.14$，$SD_八=3.32$，$M_九=13.35$，$SD_九=3.24$，$M_十=13.81$，$SD_十=3.25$，$M_{十一}=13.60$，$SD_{十一}=2.90$，$M_{十二}=12.64$，$SD_{十二}=2.90$。学业水平主效应不显著，$F(2,1879)=1.248$，$p>0.05$，$M_高=13.32$，$SD_高=3.18$，$M_中=13.07$，$SD_中=3.20$，$M_低=13.08$，$SD_低=3.22$。

7.自我责备策略的性别、年级、学业水平的比较

以性别、年级、学业水平为自变量，自我责备策略评分为因变量进行多因

素方差分析。检验结果显示,性别主效应显著,$F(1,1860)=15.65$,$p<0.001$,$\eta_p^2=0.008$,女生使用该策略显著高于男生,$M_\text{女}=12.94$,$SD_\text{女}=2.37$,$M_\text{男}=12.47$,$SD_\text{男}=2.49$。年级主效应也显著,$F(5,1860)=6.47$,$p<0.001$,$\eta_p^2=0.017$;多重比较显示,七年级学生使用该策略显著低于九、十、十一、十二年级学生,$ps<0.05$,八年级学生使用该策略显著低于九、十、十一年级学生,$ps<0.05$,十年级学生使用该策略显著高于十二年级,$p<0.05$,$M_\text{七}=12.19$,$SD_\text{七}=2.61$,$M_\text{八}=12.46$,$SD_\text{八}=2.36$,$M_\text{九}=12.95$,$SD_\text{九}=2.70$,$M_\text{十}=13.05$,$SD_\text{十}=2.24$,$M_\text{十一}=12.88$,$SD_\text{十一}=2.46$,$M_\text{十二}=12.66$,$SD_\text{十二}=2.12$。学业水平主效应不显著,$F(2,1860)=1.083$,$p>0.05$,$M_\text{高}=12.75$,$SD_\text{高}=2.53$,$M_\text{中}=12.74$,$SD_\text{中}=2.33$,$M_\text{低}=12.56$,$SD_\text{低}=2.44$。

8.责备他人策略的性别、年级、学业水平的比较

以性别、年级、学业水平为自变量,责备他人策略评分为因变量进行多因素方差分析。检验结果显示,性别主效应显著,$F(1,1872)=21.82$,$p<0.001$,$\eta_p^2=0.012$,女生使用该策略显著低于男生,$M_\text{女}=10.79$,$SD_\text{女}=3.00$,$M_\text{男}=11.46$,$SD_\text{男}=2.85$。年级主效应也显著,$F(5,1872)=4.01$,$p=0.001$,$\eta_p^2=0.011$;多重比较显示,七年级学生使用该策略显著低于九、十、十一、十二年级学生,$ps<0.05$,八年级学生使用该策略显著低于九年级学生,$p<0.01$,$M_\text{七}=10.67$,$SD_\text{七}=3.25$,$M_\text{八}=10.88$,$SD_\text{八}=3.13$,$M_\text{九}=11.59$,$SD_\text{九}=2.98$,$M_\text{十}=11.22$,$SD_\text{十}=2.93$,$M_\text{十一}=11.33$,$SD_\text{十一}=2.62$,$M_\text{十二}=11.28$,$SD_\text{十二}=2.40$。学业水平主效应不显著,$F(2,1872)=0.469$,$p>0.05$,$M_\text{高}=11.04$,$SD_\text{高}=3.01$,$M_\text{中}=11.18$,$SD_\text{中}=2.95$,$M_\text{低}=11.26$,$SD_\text{低}=2.82$。

9.灾难化策略的性别、年级、学业水平的比较

以性别、年级、学业水平为自变量,灾难化策略评分为因变量进行多因素方差分析。检验结果显示,学业水平主效应显著,$F(2,1734)=6.35$,$p<0.01$,$\eta_p^2=0.007$;多重比较显示,高学业水平学生使用该策略显著低于中、低学业水平学生,$p<0.05$,$M_\text{高}=10.26$,$SD_\text{高}=3.71$,$M_\text{中}=10.76$,$SD_\text{中}=3.43$,$M_\text{低}=11.14$,$SD_\text{低}=3.57$。性别主效应不显著,$F(1,1734)=1.27$,$p>0.05$,$M_\text{女}=10.54$,$SD_\text{女}=3.73$,$M_\text{男}=10.79$,$SD_\text{男}=3.48$。年级主效应不显著,$F(5,1734)=0.45$,$p>0.05$,$M_\text{七}=10.68$,$SD_\text{七}=3.81$,$M_\text{八}=10.61$,$SD_\text{八}=3.68$,$M_\text{九}=10.77$,$SD_\text{九}=3.89$,$M_\text{十}=10.59$,$SD_\text{十}=3.67$,$M_\text{十一}=10.92$,$SD_\text{十一}=3.22$,$M_\text{十二}=10.54$,$SD_\text{十二}=3.11$。

10. 调节策略类型的性别、年级、学业水平的比较

将9种具体的调节策略分为适应性策略和消极性策略,因为两大类策略的具体策略数量不同,各自加总后分别除以具体策略数得到新的评分,将该评分作为因变量进行分析。以策略类型、性别、年级、学业水平为自变量,适应性策略、消极性策略评分为因变量进行重复测量方差分析。检验结果显示,调节策略类型的主效应显著,$F(1,1545)=576.16$,$p<0.001$,$\eta_p^2=0.272$,适应性策略评分显著高于消极性策略。性别主效应显著,$F(1,1545)=8.53$,$p<0.01$,$\eta_p^2=0.005$,女性的评分显著高于男性。年级主效应显著,$F(5,1545)=8.01$,$p<0.001$,$\eta_p^2=0.025$;多重比较显示,七年级学生的策略评分显著低于八、九、十、十一年级学生,$ps<0.05$。八、十二年级学生的策略评分显著低于九、十、十一年级学生,$ps<0.01$。学业水平主效应显著,$F(2,1545)=2.79$,$p>0.05$。

策略类型与性别的交互作用显著,$F(1,1545)=13.69$,$p<0.001$,$\eta_p^2=0.009$。策略类型与学业水平的交互作用显著,$F(2,1545)=17.70$,$p<0.001$,$\eta_p^2=0.022$。策略类型、年级、学业水平的交互作用显著,$F(10,1545)=2.14$,$p<0.05$,$\eta_p^2=0.014$。

策略类型、性别、年级、学业水平的交互作用显著,$F(10,1545)=2.10$,$p<0.05$,$\eta_p^2=0.013$。简单效应分析显示,同一性别、同一年级、同一学业水平下,适应性调节策略的评分均显著高于消极性调节策略的评分,$ps<0.001$,见表5-17。

表5-17 不同性别、年级、学业水平下两类调节策略的比较

性别	年级	学业水平	适应性策略		消极性策略		F
			M	SD	M	SD	
男	七	高	13.00	1.96	11.07	1.98	283.20***
		中	12.08	2.22	11.40	2.04	89.47***
		低	11.93	1.88	11.50	1.44	52.39***
	八	高	13.13	2.23	11.89	1.88	184.24***
		中	12.58	2.07	11.92	1.99	84.46***
		低	12.15	2.53	11.21	2.23	102.95***

续表

性别	年级	学业水平	适应性策略		消极性策略		F
			M	SD	M	SD	
男	九	高	13.81	2.12	12.49	1.85	247.87***
		中	13.42	2.57	12.17	2.02	113.23***
		低	13.08	2.89	12.16	2.61	120.23***
	十	高	14.20	1.96	12.01	1.74	307.49***
		中	13.08	1.71	12.10	1.76	165.66***
		低	12.95	2.31	12.13	2.04	148.08***
	十一	高	13.72	2.19	12.44	1.95	96.45***
		中	13.44	1.81	12.28	1.43	102.65***
		低	13.36	2.26	12.06	1.72	133.23***
	十二	高	12.93	1.88	11.66	1.82	199.66***
		中	12.99	1.80	12.03	1.80	115.95***
		低	13.08	2.02	11.82	1.85	236.14***
女	七	高	13.66	2.56	11.40	2.28	318.34***
		中	13.35	2.56	11.87	2.41	178.24***
		低	12.44	2.27	12.05	2.14	61.41***
	八	高	14.10	2.13	11.25	1.67	435.72***
		中	13.57	2.21	11.96	1.95	171.29***
		低	13.13	2.06	12.57	2.04	98.76***
	九	高	14.25	1.81	12.15	1.96	390.00***
		中	13.33	2.29	11.67	2.23	170.46***
		低	13.48	1.82	11.91	1.83	142.49***
	十	高	13.96	2.47	12.54	2.13	152.96***
		中	13.32	1.52	11.68	1.61	251.93***
		低	13.97	2.12	12.59	2.12	146.74***
	十一	高	13.91	1.67	12.16	1.84	177.88***
		中	13.41	1.46	12.16	1.32	88.40***
		低	14.30	2.37	12.07	1.89	174.17***
	十二	高	13.19	1.46	11.24	1.35	230.30***
		中	13.31	1.25	12.34	1.61	117.20***
		低	12.82	2.34	11.79	1.82	38.89***

对上述 8 种调节策略的年级差异进行总结(见图 5-1),可以发现,重新关注计划、积极重新关注、积极重新评价、转换视角、接受、自我责备、反复回想策略的采用呈现倒 U 形,责备他人策略呈现阶梯形,策略评分波峰基本落在初中高中学段过渡时期,其中,积极重新评价策略呈现双峰分布形态,峰值分别位于九年级和十一年级。

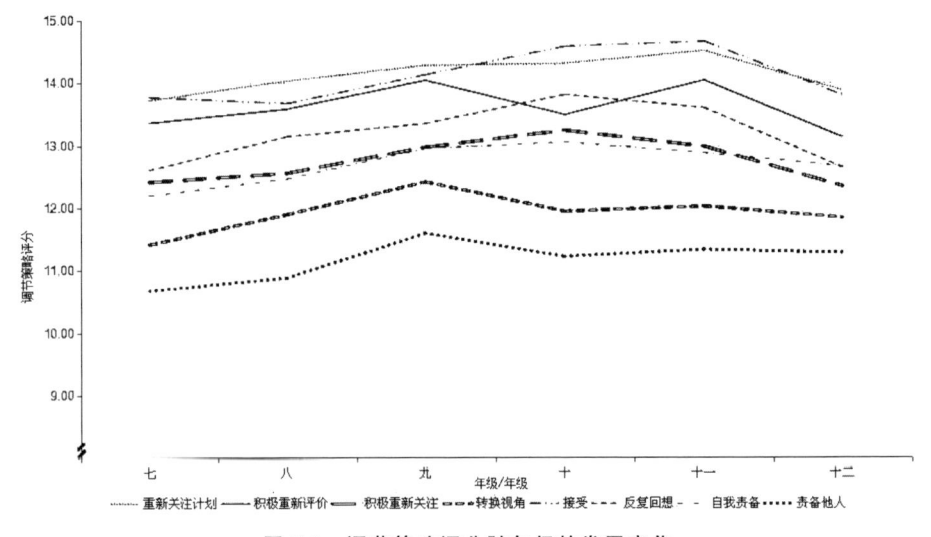

图 5-1 调节策略评分随年级的发展变化

(三) 羞耻类型与调节策略的关系

根据经策略数均衡后的适应性策略和消极性策略的评分,把青少年区分为两组,适应性策略评分大于消极性策略评分为适应性策略倾向组(以下简称适应策略组),反之为消极性策略倾向组(以下简称消极策略组)。

以调节策略倾向组为自变量,各个羞耻类型的羞耻强度为因变量进行独立样本 t 检验。检验结果显示,自我羞耻中,适应策略组的行为羞耻强度显著高于消极策略组,$t(1581)=-4.80$,$p<0.001$,Cohen's $d=0.270$。自我羞耻中,消极策略组的身体羞耻强度、家庭羞耻强度均显著高于适应策略组,身体羞耻,$t(1567)=3.74$,$p<0.001$,Cohen's $d=0.213$;家庭羞耻,$t(1583)=3.61$,$p<0.001$,Cohen's $d=0.206$。转移性羞耻中,消极策略组的身体羞耻强度、能力羞耻强度均显著高于适应策略组,身体羞耻,$t(1563)=3.08$,$p<0.01$,Cohen's $d=0.178$;能力羞耻,$t(1555)=2.36$,$p<0.05$,Cohen's $d=0.134$。见表 5-18。

表 5-18　不同调节策略倾向组的羞耻强度评分的比较

羞耻主类	羞耻亚类	调节策略倾向	M	SD	t
自我羞耻	总分	消极性策略倾向组	63.39	14.66	1.26
		适应性策略倾向组	62.38	13.12	
	1 个性羞耻	消极性策略倾向组	11.48	3.91	1.48
		适应性策略倾向组	11.16	3.78	
	2 行为羞耻	消极性策略倾向组	15.26	3.95	−4.80***
		适应性策略倾向组	16.27	3.52	
	3 身体羞耻	消极性策略倾向组	13.80	4.67	3.74***
		适应性策略倾向组	12.84	4.35	
	4 能力羞耻	消极性策略倾向组	14.76	4.24	−0.40
		适应性策略倾向组	14.86	3.88	
	5 家庭羞耻	消极性策略倾向组	8.21	4.41	3.61***
		适应性策略倾向组	7.33	4.14	
转移性羞耻	总分	消极性策略倾向组	57.33	16.14	1.54
		适应性策略倾向组	55.89	15.46	
	1 个性羞耻	消极性策略倾向组	12.22	4.00	1.21
		适应性策略倾向组	11.93	4.03	
	2 行为羞耻	消极性策略倾向组	13.59	4.16	−1.87
		适应性策略倾向组	14.02	3.83	
	3 身体羞耻	消极性策略倾向组	9.07	4.78	3.08**
		适应性策略倾向组	8.24	1.56	
	4 能力羞耻	消极性策略倾向组	9.24	4.14	2.36*
		适应性策略倾向组	8.71	3.76	
	5 家庭羞耻	消极性策略倾向组	8.85	3.07	1.50
		适应性策略倾向组	8.59	2.93	

第三节 讨论

一、羞耻情绪的分析

(一) 自我羞耻的分析

青少年的自我羞耻情境发生频率方面,开放问卷的质性材料分析发现,自我羞耻发生频率较高的具体情境主要有当众被批被骂、学业成绩不佳、当众被人嘲讽、舞弊撒谎行为。青少年的自我羞耻强度方面,问卷测量结果显示,总体上,自我羞耻强度的具体情境在中等强度以上,降序依次为偷盗他人物品、表达能力不佳、性别生理事件、学业成绩不佳、当众老师嘲讽、考试舞弊行为、吃饭发出怪声、解题能力不佳、满脸长青春痘,其中前三项的评分在"很强"以上。

从结果来看,无论自我羞耻情境的频率,还是自我羞耻情境的强度,均具有明显的青少年生活特性,围绕着青少年的学习和日常生活。而且高频羞耻情境下的羞耻强度处于中等水平,这与相关研究结果一致,羞耻事件发生时间很多在青春期阶段,与青少年的校园生活和同学老师相联系,主要发生在出丑、欺骗、学习等情境(张智丰等,2009;丁芳,范李敏,张琛琛,2013)。从频率上看,高频情境主要与行为羞耻、能力羞耻方面相关,涉及青少年的学业表现、人际交往,这与中美大学生访谈结果中发现的学业成就、人际交往为高频羞耻诱发情境一致(汪智艳等,2009)。从强度上看,自我羞耻主要发生在行为羞耻、能力羞耻、生理羞耻、个性羞耻方面,而行为羞耻、能力羞耻方面的情境,也主要是与学校、同学、老师等事件、人物相关的,具有浓郁的青少年学生生活特色。在校园、教室、食堂、同学交往、师生交往等环境里,由于自己的学业表现、行为表现、生理表现等被他人嘲讽,或者达不到自我内心的标准、被视为异类等,青少年容易产生无能、无价值感、自卑、沮丧等自我弱化、自我否定的情感,这些伴随的情绪正是羞耻的表现,反映出自我羞耻情绪的内涵。

独特情境下,青少年自我羞耻情绪具有年级、性别、学业水平差异。年级特征方面,自我羞耻强度随着年级升高而降低,最高点在七年级,十一、十二年级的自我羞耻强度显著低于七、八、九、十年级。这与七年级评分高于中学其他年级的结果一致(倪鑫庭,2012),而与七年级的羞耻感体验最小(刘长敏,

2009)、十年级羞耻发展最高(王爽,2009)的结果不一致。作为一种自我意识情绪的羞耻,已有研究认为,34个月的婴儿基本产生羞耻,幼儿4~5岁是羞耻发展的稳步阶段(杨丽珠,姜月,淘沙,2014),初中阶段高于小学阶段(李翰飞,2013),可见,与人的总体认知、情绪发展路径基本一致,随着年龄增长,个体羞耻情绪逐步发展成熟。但是,多项研究虽然不完全一致却均认可,羞耻发展存在转折点,分别是四至六年级(王爽,2009)、七至八年级(刘长敏,2009)、八年级(李翰飞,2013)。即使是针对大学成年人的羞耻研究也发现,羞耻存在年级差异(李健芳,2008;姚薇,王柳生,李皓,2019)。结合青少年自我概念的发展,有研究发现七年级学生的自我概念提升明显(徐玉兰,2004),随之逐渐下降,该现象是个体的发展需求与环境状态变化之间交互作用的结果(李晓文,2010)。羞耻的机能主义理论也强调个体的羞耻体验与自我发展有重要关系。本研究中被试与上海学生不同,七年级是个体进入中学学习的第一年,外在学习环境、人际交往对象、学校规则制度等发生变化。七年级青少年也处于青春期,虽然认知加工相对放缓,而情绪情感却会更加敏感,对外在的客观和心理环境的变化也更加敏感。这种从小学进入中学的外在环境变化,会促进青少年的发展。在新的环境里,青少年积极进行自我提升,在与同学、老师等的交往中,更加珍视自己在他人心目中的良好印象。七年级时的这种自我概念的积极提升欲望,反过来会使青少年更加倚重自己的价值、能力、形象等,扩大了羞耻事件中个体的无能、无力、无价值等体验。而对于规则的定位,六、七年级到九年级属于吸取社会世俗文化、建立同伴亚文化的阶段,重视关系优势定位,个体意识凸显,向外开放(蒋奕雯,2006;李晓文,2010)。因此,相对稳定的规则定位阶段的初中是青少年羞耻情绪发展相对较高和稳定的阶段。

研究结果显示,十一、十二年级时羞耻情绪发生转折,呈现低潮,这同样与高中生的自我发展有关。有研究发现,高中生的羞耻观具有反叛传统、释放自我、逾规脱序、能力至上的特点(杨英,2014),具体表现为反抗传统美德方面的内容、凸显个性、放逐情感、抵抗规范、反叛分数至上、重视学习过程等。其中,逾规脱序倾向表现为抵抗学校规范、默认不良潜规则,对学习抱着无所谓的态度。研究发现的这些情境下产生的羞耻符合一般羞耻情绪的内涵,如被批被骂被讽、学习不好、舞弊撒谎等,符合通常社会规则与标准所谴责的事件。当青少年在这些情境下违反通常的社会规则,会产生羞耻情绪,而不是"无所谓"的态度。根据Lewis(2008)的自我意识情绪的认知归因理论来理解青少年的羞耻。青少年已经建立了一般的符合社会标准的标准、规则和目标(SRGs),

如不偷盗、不撒谎、学习好、行为举止得当、有面子和自尊。这些规则从幼儿开始,经由家长、教师的教育,同时在生活中得到强化,已经逐渐被青少年内化。当置身于偷盗他人物品、学习成绩不好、当众受批受讽、行为不当、突遇生理事件等具体情境时,个体依据已内化的规则进行自我评价,将自我置于被评价的中心,并将违法、失败、不当、受辱等归因,或至少部分归因为自己的问题时,个体会产生自我羞耻。一项通过分析同龄伙伴压力的绝对强度变化来分析青少年自主性发展的研究发现,九至十二年级期间(对应于高中阶段),来自同龄伙伴的压力继续增强,而对于父母和同龄伙伴的意见的遵从出现减弱趋势,并且在青春期中期开始弱于同龄伙伴的压力强度,个体的行为自主性真正得到提升(斯滕伯格,2007)。因此,高中生的自我意识和自我评价能力发展较为成熟,自主性强,对于违反通常接受的规则和标准的羞耻事件,更少将其评价为自我的失败和挫折。另外,在青少年在犯过情境中的道德情绪判断与归因特点的研究中发现,12岁组的情绪判断单一,归因以道德取向为主,而14岁组、16岁组的青少年的情绪判断更为复杂(王鹏,刘海燕,方平,2011)。从另一角度也可以解释本研究中七年级青少年在羞耻情境中的羞耻强度最高,随之逐渐减小,因为七年级时主要依据丁道德等规则取向,比较单一,而后才逐渐可以多视角考虑问题。

独特情境下的性别特征方面,从七年级到十一年级,女生的自我羞耻强度均显著高于男生,说明女生比男生更能体验到强烈的自我羞耻情绪。该结果与其他羞耻研究的性别差异结果基本一致(倪鑫庭,2012;李翰飞,2013;薛杨,2013),女大学生的自我羞耻体验高于男生(Woien et al.,2003;Passanisi et al.,2015),女性成年人的羞耻感,尤其是身体与行为羞耻方面,显著高于男性(Velotti et al.,2016)。情绪加工、移情能力等方面的性别差异可以解释羞耻强度的性别差异。①由于男女的大脑结构与荷尔蒙水平的影响,情绪加工具有性别差异(袁加锦等,2010),而且女性的情绪加工优势效应跨越年龄阶段。情绪识别时,行为方面,女性更加准确和快速,具有更高的情绪敏感性;脑神经活动方面,女性的信息加工速度快,注意资源卷入深,神经网络的激活广。情绪记忆时,女性回忆情绪事件的速度更快,对情绪线索更敏感;在情绪记忆的脑活动方面,女性有更多的边缘皮层参与。女性也具有更强的负情绪易感性,更容易发生负情绪调节的情绪聚焦。②许多实验与调查研究认为,女性的移情能力比男生强,女性具有移情优势(闫志英,2012;陈武英等,2014;苏彦捷,黄翯青,2014;李小芳等,2015)。移情发展的性别不对称性,是由多种因素导致的。传统的女性角色观认为,女性的社会化以关注照顾他人为导向,女性对人际关系更加敏感。最新的研究也发现,当代女性仍然以关系定向为主(周详,曾晖,2017)。女性对社会性刺激和非社会性刺激更加敏感,对他人的内部感受更加敏感;在情绪和社会性刺激方面,女性对自我和他人刺激具有双重敏感性。生理方面,女性的催产素水平显著高于男性,在自身情绪体验和观察他人体验时,女性的镜像神经系统激活更强。由于女性的情绪加工能力、移情能力均具有优势,当面临羞耻情境时,女生更加容易体验到痛苦、无助、无力感等羞耻体验,并且感受更加深刻。也有研究者推测认为,羞耻的性别差异是青少年时期中女生的发展性任务取向(Passanisi et al., 2015),如女生更易于患焦虑、抑郁等内源性障碍。

独特情境下的学业水平特征方面,低学业水平学生的自我羞耻强度显著低于高、中水平学生,低学业水平的学生羞耻情绪更弱。这与学业自我与羞耻负相关的结果一致(刘长敏,2009)。但是薛杨(2013)的研究结果却支持成绩较差或较好的高中生比中等生体验到更强的羞耻情绪。可能这方面与个体具体的努力、能力等归因有关系(樊召锋,俞国良,2008;赵思思,2012),不能一概而论。本研究中关于学业水平的测量,是根据青少年自我评价其成绩在班级里所处的位置来判断的,将上与中上合并为学业水平高,中下、下合并为学业水平低。这种对学业水平的测量与大部分基于客观的学业考试成绩的研究不同,更具有基于个体自我感觉的主观评价性。处于求学期的青少年,人际交往和生活圈子大部分围绕着学习主题而展开。学业水平越低的青少年,至少在学习方面的自我知觉和自我评价越消极,在学习生活中获得满足的机会越少,越缺少自豪与愉悦等积极的情绪体验。长期无法获得满足感的学习最终被青少年学生忽视或者回避,从而产生较为负向的自我概念,从而导致低的自我羞耻体验。

(二)转移性羞耻的分析

频率方面,质性材料分析发现,转移性羞耻发生频率较高的具体情境主要有负面评价子女、家庭关系不和、当众闯红绿灯、当众被批被骂。强度方面,问卷测量结果显示,转移性羞耻强度评分在中等以上的故事情境依次为当众与人吵架、当众闯红绿灯、父母当众吵架、惯于负评子女、习惯高谈阔论、爱占他人便宜。转移性羞耻情境的频率和强度均反映出,转移性羞耻情境的发生围绕着成人的典型生活主题,包括家庭与子女、人际交往等内容,涵盖个性、行为、家庭等方面的转移性羞耻。这些羞耻情境里,父母亲的不当表现直接或者间接地牵涉青少年自身,由于青少年与羞耻情境里行为主体(父母亲)之间的亲缘关系,青少年自然地被卷入到羞耻情境里,产生羞耻体验。重要他人(特别是母亲)的行为与个体自我体验之间具有非常紧密的关系,羞耻情境里母亲的不当言行可以诱发青少年自身的羞耻体验,这是与青少年自我概念的内涵有关。一系列行为和神经科学研究表明,在中国文化背景下,个体自我和母亲关系非常密切,个体的"自我概念"的内涵同时容纳个体自我和母亲(Ng et al.,2010;Han,Humphreys,2016)。在本研究中,由于母亲作为青少年自我概念中与个体自我相似的部分而存在,当青少年的母亲经历着羞耻事件时,青少年会同样地体验到羞耻,即产生转移性羞耻。这与针对大学生的研究结果一致,母亲的羞耻事件会导致大学生产生负面的道德自我评价(周树芝,2015)。这也与有关研究结果相互印证,该研究通过羞耻故事测量发现,无论是中国大学生还是美国大学生,被试与问卷中故事主角的关系越近,个体被诱发的羞耻情绪(即转移性羞耻)越强,而与其他重要他人相比较,当羞耻故事中的主角是母亲时,个体的羞耻情绪强度是最强的(Tang et al.,2008)。

在独特情境下,十一、十二年级的转移性羞耻强度显著低于七、八、九、十年级,十年级也显著低于七年级,这与自我羞耻强度的年级差异情况基本相似,十二年级的转移性羞耻强度最低。这与高中生的反叛传统、释放自我的羞耻观、情感自主性发展水平有关。①由于整体社会转型下的多元文化、更高水平的个体社会认知发展的影响,高中生的羞耻观具有反叛传统、释放自我倾向(杨英,2014)。传统文化倡导的尊敬长辈、恭亲谦让等美德,高中生却加以抵触,反而以反抗传统美德为荣。反抗传统促使青少年在行为上逐渐远离、疏远自己的父母。释放自我的倾向会凸显青少年的个性,过度地放任自我,并视之为自我个性的表达和宣扬,使得青少年在情感上寻找自我的独立,也导致与父母疏离。②青少年的自主性(尤其是情感自主性)发展影响亲子关系。青少年阶段,尤其是青少年晚期,同一性的形成是青少年的个体社会化进程中的主题,与之相随的是情感自主性、行为自主性、价值观自主性三方面自主性的发展。情感自主性主要涉及青少年个体与父母之间亲密关系的转变(斯滕伯格,2007)。随着年龄的增长,青少年在与父母的关系中,不再依赖父母,对父母去理想化,自我的个体化等随之上升,越来越将父母视为独立的、普通的个体,舍弃对父母不切实际的看法。在价值观自主性方面,当青少年将羞耻情境中的事件界定为个人选择问题,而不是道德问题时,个人的道德推理与道德行为之间的联系更可能被割裂(Kuther,Higgins-D'Alessandro,2000)。十一、十二年级青少年越来越将父母视为独立的普通人,情感上具有远离父母爱护的自主与独立的渴望、需求,当父母置身于羞耻情境时,会将其视为父母独立个体的个人事务,以便彰显青少年自己的独立性。同时将更多地把羞耻事件中父母的行为等理解为父母可以负责和承担后果的个人选择性事件,而非与世俗、道德、是非相关的事件。这种反叛传统的羞耻观,以及青少年自主性发展需求,导致青少年后期的转移性羞耻强度减弱。

亲子关系密切程度影响青少年转移性羞耻,亲子关系密切的青少年转移性羞耻强度显著低于亲子关系一般、不密切的,亲子关系一般的青少年转移性羞耻强度显著低于亲子关系不密切的,可见,亲子关系越密切,转移性羞耻强度越低。亲子关系密切,表明亲子之间形成了安全型依恋关系。已有的研究显示,安全型依恋组大学生具有更高水平的自尊、更低水平的羞耻,而不安全型依恋、低自尊与羞耻相关联(Passanisi et al.,2015),不安全型依恋的自我表征为无能、低自信等特点。而低质依恋会导致青少年期和成年早期的羞耻(Schimmenti,2012)。这种安全型依恋与自我羞耻之间的高相关也可以迁移到转移性羞耻。当与母亲相关的羞耻事件发生时,亲子关系密切的青少年表现出更自信的自我,对母亲也更信任,所以青少年体验到的转移性羞耻较弱。

(三)自我羞耻与转移性羞耻的关系

所有情境下,自我羞耻的强度均显著高于转移性羞耻。相同情境下,无论男生还是女生,从七年级到十二年级,自我羞耻的强度显著高于转移性羞耻的强度;对于全部年级的所有学业水平被试,自我羞耻的强度显著高于转移性羞耻的强度。可见,青少年体验到的自我羞耻比转移性羞耻更加深刻。虽然无论是中国大学生还是美国大学生,个体自我羞耻强度与羞耻故事角色为母亲时的转移性羞耻强度没有显著差异,而且与其他角色比较,故事角色为母亲时,转移性羞耻强度最强,但是现有研究文献并未发现自我羞耻与转移性羞耻的直接比较(Tang et al.,2008)。随着青少年的自主性增强,尤其是情感自主性方面,青少年逐渐寻求经济、情感等各方面的独立,逐渐将母亲视为独立于自己的个体和普通人。这种自主需求和欲望,使得在相同的羞耻情境里,青少年自我的体验会比因亲子关系而具有替代性的转移性羞耻体验更直接,体会也更加深刻。

二、羞耻情境下的调节策略分析

质性材料分析发现,无论是自我羞耻还是转移性羞耻,最常用的调节策略是"重新关注计划"。问卷策略显示,调节策略的使用由多到少依次是重新关注计划、接受、积极重新评价、反复回想、积极重新关注、自我责备、转换视角、责备他人、灾难化。而且,无论是总体情况,还是特定条件下(全部性别、年级、学业水平下),适应性策略的评分均显著高于消极性策略,这说明青少年面临羞耻情境时,主要采用适应性策略应对和调节羞耻情绪。羞耻情绪的适应性调节策略倾向特点与日常情绪调节的研究结果类似,该研究的青少年倾向于转移注意力、重新对问题进行思考等策略,这有利于减弱情绪体验(Deng, Sang, Luan, 2013; Sang, Deng, Luan, 2014)。遭遇负性生活事件时,大中学生适应性策略评分高于非适应性策略,其中初、高中生的重新关注计划策略评分最高,灾难化策略评分最低(罗伏生等,2010)。高隽(2016)的研究也与此一致,遭遇羞耻事件时,大学生采用重新计划策略、转换视角策略等适应性策略调节羞耻体验时具有良好效果。不同国家的样本中也反映出使用适应性策略的倾向(Garnefski, Kraaij, Spinhoven, 2002; Jermann et al., 2006)。羞耻情境下青少年以适应性策略调节为主的特点,说明青少年的调节策略的运用服务于维持个体自身健康这一最终目标。当青少年面临羞耻事件时,为了避免羞耻情绪对身心的负面作用,采用重新关注计划、积极重新评价、接受等适应性策略,缓解和改变羞耻可能带来的破坏性影响。

在性别方面,女生的重新关注计划、积极重新评价、积极重新关注、接受、反复回想、自我责备等策略的评分显著高于男生;而男生的责备他人策略的评分显著高于女生。而关于应对一般负性事件的研究显示,初中至大学的女生也是较多采用积极重新关注、重新关注计划和理性分析等适应性认知策略,初中男生比女生较多使用责难他人的策略(罗伏生等,2010)。这种策略使用的性别差异与性别角色定位有关系。一般而言,对女性的传统性别角色要求,体现了侧重人际、社会上处于弱势与被支配地位的特点,因此面临羞耻情境时,女性往往采用适应性策略改变自身体验和状况,即使采用非适应性策略,也是更多转向对内,进行自我责备、反复回想。而男性的社会上强势角色,使男生易于通过责备他人来转化自己的负面情绪。

在学业水平方面,学业水平越高,越多采用重新关注计划、积极重新评价、积极重新关注、接受策略,越少采用灾难化策略。学业水平高的青少年,从学校的学习生活获得较多积极情感、更强的自信和自尊,面临羞耻等负性事件时,更多体现积极取向,采用适应性策略改变自身负面情绪。

在年级方面,除灾难化策略外,其他八种调节策略的使用均存在年级差异。总体上,重新关注计划(九、十、十一)、积极重新关注(九、十、十一)、自我责备(九、十、十一)、反复回想(十、十一)、接受(十、十一)、积极重新评价(九、十一)、转换视角(九)的评分呈现倒 U 形,波峰位置稍有不同(即括号内的年级阶段),但是均靠近着学段转折点,而七年级、十二年级的评分均最低,且只在自我责备、责备他人两种策略上,七年级评分显著低于十二年级。另外,责备他人策略的评分呈现阶梯形,七、八年级为一个阶段,九年级以后上升到另一个阶段。本研究所发现的调节策略的年级特点与一些研究不一致,一般负性生活事件中,自我责难和理性分析策略的使用频率随年龄而增加,高中生和初中生的积极重新关注、重新关注计划和积极重新评价策略的使用没有差异(罗伏生等,2010);日常情绪生活中,初高中学生的认知重评策略的使用没有年龄差异(赛李阳,2016)。围绕着九、十年级,处于初高中学段转折过渡期时,羞耻情境下大部分调节策略使用最多,说明青少年的羞耻情绪调节策略的年级特点与环境变化中的日常生活事件紧密相关。外部环境方面,由于初高中一般是分开设立,校园、教师、同学均发生变化,青少年的人际交往环境和对象发生改变;内部环境方面,初中的九年级面临这升学压力,受到教师、家长的密切关注,高中十年级,有了新的学习任务和特点,高考压力也随之来临。这些日常生活压力的变化,迫使处于该转折过渡期的青少年为了自身身心健康,适应内外环境,更加频繁地运用各种调节策略。而阶梯形的责备他人策略在九年级后保持平稳,七、八年级段处于相对低频使用阶段。责备他人策略与灾难化策略一样,都是青少年羞耻情绪调节中最少采用的策略。责备他人策略体现了青少年个体在羞耻情境中的归因方式。根据 Lewis(2008)的自我意识情绪的认知归因理论,青少年将羞耻事件中个体的无能、失败、违规等归因为自己的问题时,将会体验到羞耻情绪。为了处理羞耻情绪带来的痛苦体验,青少年将违规、失败等归因为他人,认为他人更应该承担责任和后果时,即采用了责备他人的调节策略。责备他人策略的使用,由于是为自己的痛苦寻找"替罪羊",具有典型的"怨天尤人"风格。该策略的使用容易导致人际关系紧张,由于将自己置身于羞耻情境之外,能较快取得调节效果。初中毕业班的升学压力、高中阶段的高考压力等,促使青少年采用快速策略来维护自身的身心健康。

三、羞耻与调节策略的关系

自我羞耻方面,行为羞耻的适应策略组的评分显著高于消极策略组,而身体羞耻、家庭羞耻的消极性策略组的评分显著高于适应性策略组。转移性羞耻方面,身体羞耻、能力羞耻的消极性策略组的评分均显著高于适应性策略组。面对不同类型的羞耻可能采用不同类型的调节策略。

调节策略的使用与该类羞耻情境对青少年的可控性有关。重新关注计划、积极重新关注、积极重新评价、接受、转换视角等适应性策略更适合于调节可控性强的羞耻类型,比如自我羞耻中的行为羞耻。自我责备、反复回想、责备他人、灾难化等消极性策略更适合于调节可控性弱的羞耻类型,如自我羞耻中的身体羞耻、家庭羞耻,以及转移性羞耻中的身体羞耻、能力羞耻。Lewis(2008)的自我意识情绪的认知归因理论提出,羞耻情境的产生涉及个体的自我归因。进行归因时,Kelley(1967)的三维理论认为刺激客体、行为主体、背景是影响归因的主要变量。基于针对大学生的研究,高隽(2016)也认为:羞耻事件的动态认知评估过程、自我负性认知评估过程、归因过程会共同作用,影响个体羞耻情绪调节策略的选用;个人无能的羞耻情境里,自我指向的自我负性认知评估程度与维持、扩大羞耻情绪的消极性策略有关。就本研究而言,行为的自我羞耻情境里,羞耻行为主体是青少年自己,青少年对自己的行为具有自主性、支配性,当采用适应性策略调节时,可以发挥青少年的自主性和支配性,并且产生调节效果。然而,对于因自己的身体的生理性因素、家庭因素等涉及外部刺激客体和背景,青少年可以通过自己改变的能力是弱小的;对于因母亲的身体因素、能力因素诱发的转移性羞耻,羞耻的行为主体是母亲,作为行为主体外的青少年更是难以去改变什么。这些情境属于青少年个体无能的羞耻情境,采用适应性策略比较困难,而消极性策略相对容易实施和操作。

四、结论

本章研究采用问卷测评范式,调查七至十二年级青少年自我羞耻与转移性羞耻发生的基本情况,以及羞耻情境下调节策略的运用。研究发现:(1)自我羞耻与转移性羞耻发生的情境与青少年及其母亲各自的生活事件有着密切关联。(2)青少年自我羞耻情境具有年级、学业水平、性别差异,自我羞耻情绪强度随着年级升高而降低,低学业水平的青少年的自我羞耻情绪最弱,女生的自我羞耻强度显著高于男生。(3)转移性羞耻强度与年级、亲子关系有关,十二年级的转移性羞耻强度最低,亲子关系越密切,转移性羞耻强度越低。(4)羞耻情境下的调节策略与性别、年级、学业水平有关。女生在重新关注计划、积极重新评价、积极重新关注、接受、反复回想、自我责备等策略的使用频率上显著高于男生,男生的责备他人策略使用显著高于女生;学业水平越高越采用适应性策略;随着年级增长,重新关注计划、积极重新关注、积极重新评价、转换视角、接受、自我责备、反复回想策略的采用呈现倒 U 形,责备他人策略呈现阶梯形,策略评分波峰基本在初高中学段过渡阶段。(5)无论自我羞耻还是转移性羞耻,调节策略的采用与相应类型的羞耻情境的可控性有关。可控性强的羞耻情境中,青少年更多采用适应性策略,可控性低的羞耻情境中,青少年更多采用消极性策略。

第六章　青少年羞耻的调节效果

基本情绪调节由对负性情绪的调节研究转向对正性情绪的调节研究,而自我羞耻情绪研究也逐渐关注对情绪进行调节。研究发现,调节可以影响自我羞耻情绪相关心理加工,比如,情绪调节在慢性羞耻与进食障碍症状之间发挥中介作用(Gupta et al.,2008)。对羞耻情绪及其调节的预测组被试会比实际体验组体验到更强的羞耻情绪,呈现强度偏向效应,而策略之间差异可以解释该偏向效应,表明即使预期的策略也具有调节羞耻情绪的作用(Lanteigne et al.,2014)。

关于自我羞耻情绪调节更为直接的证据来自高隽等对大学生的研究。大学生自我羞耻情绪调节策略可以大致分成两大类四小类,包括修复性策略的自我改变、重新评价,防御性策略的否认－攻击、回避－退缩(高隽等,2012)。相比一般负性情绪,大学生更多地采用灾难化策略,更少地使用接受、转换视角、反复回想、积极重评和重新关注计划等策略应对羞耻情绪(高隽,钱铭怡,王文余,2011)。在被试间设计的情境实验中发现:重新计划策略、转换视角策略能有效调节大学生的自我羞耻情绪体验,其中重新计划策略使被试倾向于做出建设性、弥补行为倾向,转换视角策略能更好地降低负性情绪的强度;而自责策略、责备他人策略的调节效果相对较弱,责备他人策略降低羞耻事件对自我认同的破坏程度的效果最差(高隽,2016)。

上述少量的羞耻情绪调节研究关注的是成人(大学生)的自我羞耻情绪。与成人不一样,青少年处于人生第二次身心发展加速期,将会经历生物性过渡、认知过渡、社会性过渡。在此期间,自我与外界、他人之间的交互影响骤然增多,青少年内外环境的变化与自我发展情况会折射到自我羞耻和转移性羞耻情绪的自我调节状况上。而且,对于自我意识情绪类型中的羞耻情绪研究,被试间设计的组间差异可能会掩盖些个体的心理加工特点(Lanteigne et al.,2014)。由于重新计划策略、自我责备策略分别体现了情绪调节过程模型中的前提关注调节、反应关注调节,两种策略可以影响大学生自我羞耻情绪,且自我责备也是罗盘模型中攻击性的外在表现之一。因此,本书的研究预期是,重新计划策略、自我责备策略的调节能够影响青少年自我羞耻情绪和转移性羞耻情绪。

本章研究的目的在于利用行为实验分析重新计划策略、自我责备策略这两类特定策略调节自我羞耻、转移性羞耻的调节效果。本章研究包括三部分,分别是自我羞耻情绪的调节效果(实验 6.1)、转移性羞耻情绪的调节效果(实验 6.2)、自我羞耻与转移性羞耻情绪调节效果的比较(实验 6.3)。

第一节　青少年自我羞耻的调节效果

一、研究目的

本节研究的主要目的是考察特定调节策略是否影响青少年自我羞耻情绪,同时考察调节策略与羞耻亚类(羞耻情境)、性别如何共同影响青少年的自我羞耻情绪。(1)自变量调节策略为被试内变量。调节策略包括重新计划、自我责备、不调节,在实验过程中分别表述为更为具体、明确的指示。①自我责备,表述为"我责备着自己",比如:我应该被责备;我要对发生过的事承担责任;在这种情况下的错误是我造成的;事情发生的主要原因是我自己。②重新计划,表述为"我设法做得更好",比如:我想怎样能做得更好;我想怎样最好地应对这些情况;我想怎样去改变这种情况;我想一个怎样做得更好的计划。③不调节,指被试什么都不要做,只是视线停留在屏幕上的指示语"不调节"。当电脑提示需要运用某方法时,被试可以想象或心里默念对应的具体的方法。(2)自变量羞耻亚类为被试内变量。羞耻亚类依托到青少年独特和相同的情境类型。青少年独特的故事情境类型对应于个性羞耻、行为羞耻、能力羞耻,相同的故事情境类型对应于行为羞耻、身体羞耻、家庭羞耻,每个羞耻亚类有一个具体的故事情境。(3)自变量性别为被试间变量,被试自我评定的自我羞耻强度为因变量。

二、研究方法

(一) 被试

72名七年级学生参加实验。实际有效被试61名,年龄 M=13.92岁,SD=0.61岁,男生28名,女生33名。

(二) 材料

1. 羞耻故事情境

(1) 羞耻故事的同质性材料的建立。虚拟羞耻故事情境采用第五章研究建立的《青少年羞耻事件情境故事》(见附录2)。选择评价为高羞耻程度的羞耻亚类中自我羞耻独特故事情境、相同故事情境各3个,每个情境改编为3套,基本保持原有的风格、篇幅。

38名研究生参与同质性材料的评定,男性10名,女性28名,年龄 M=20.50岁,SD=1.41岁。要求被试认为,每个情境的3套材料中,与故事主人公感受相同羞耻情绪的程度,采用7级计分,分数越大表示相同程度越高。评分结果见表6-1。所有故事情境的3套材料的相似程度评分在5分以上。分别与4进行单样本 t 检验,结果显示,所有故事情境的3套材料相同程度评分均显著高于4分。

表6-1 自我羞耻的故事情境相同程度的评分

情境类型	羞耻亚类	故事情境	M	SD	t
独特情境	个性羞耻	吃饭发出声音	5.42	1.46	5.99***
	行为羞耻	考试舞弊行为	5.82	1.09	10.30***
	能力羞耻	学业成绩不佳	5.55	1.25	7.69***
相同情境	行为羞耻	随地乱扔垃圾	5.68	0.93	11.13***
	身体羞耻	身体体味难闻	5.89	1.23	9.53***
	家庭羞耻	家庭关系不和	5.55	1.01	9.52***

注:* $p<0.05$,** $p<0.01$,*** $p<0.001$。本章下同。

同时,令38名研究生对这3套故事情境进行两种自我意识情绪的评分,评定故事主人公体验到的羞耻或者内疚情绪的强度。采用7级计分,分数越大表示主人公体验到的情绪强度越高。对每一个故事情境的评分,进行配对样本 t 检验。结果显示,所有故事情境的羞耻评分显著高于内疚评分,$ps<0.001$。见表6-2。

表 6-2　自我羞耻的不同故事情境下羞耻和内疚评分的比较

情境类型	羞耻亚类	故事情境	羞耻 M	羞耻 SD	内疚 M	内疚 SD	t	Cohen's d
独特情境	个性羞耻	吃饭发出声音	5.37	1.13	3.08	2.31	5.64***	0.913
独特情境	行为羞耻	考试舞弊行为	5.66	1.12	3.24	2.35	5.34***	1.009
独特情境	能力羞耻	学业成绩不佳	5.37	1.32	3.03	2.18	5.15***	1.334
相同情境	行为羞耻	随地乱扔垃圾	5.50	0.95	3.37	2.40	5.41***	0.876
相同情境	身体羞耻	身体体味难闻	5.71	1.29	3.11	2.20	5.81***	1.121
相同情境	家庭羞耻	家庭关系不和	5.26	1.01	3.29	2.37	4.75***	0.768

（2）羞耻故事的配套音频、图片的制作。请某省广播电台女性主持人为18个故事情境配音，故事情境音频为 mp3 格式，文件时长 $M=40.56$ s，$SD=5.93$ s。请具有丰富素描绘画经验的艺术学院美术专业研究生，根据6类故事情境的核心内容和核心要素，画出6张素描（见附录4），并且转换为电子版，采用 JPEG 格式，尺寸统一为 640×470 像素。

2.放松图片

从国际情绪图片系统（IAPS）中挑选中性物品图片6张，供实验中放松阶段使用。国际情绪图片系统采用9级评分。所选的图片效价评分，$M=4.97$，$SD=0.12$；图片唤醒度评分，$M=2.52$，$SD=0.42$。

3.放松音乐

选择《G弦上的咏叹调》、《摇篮曲》、Dancing with the Neon Light 三首舒缓的歌曲。抽取8名大学生对其舒缓性进行7级评分，分数越低表示舒缓程度越高。评定结果为，《G弦上的咏叹调》的平均分为1.75分，《摇篮曲》的平均分为1.50分，Dancing with the Neon Light 的平均分为1.38分，本研究选取 Dancing with the Neon Light 作为放松音乐，截取两段，时长分别为120 s、30 s。

(三)程序

采用诱发－调节法实现研究目的。采用虚拟情境诱发法来诱发被试的羞耻情绪，该方法在国内研究（高隽等，2012）、国外研究的应用中均显示良好效果（Dickerson et al.，2004；de Hooge，Breugelmans，Zeelenberg，2008；Chao et al.，2012；Roth et al.，2014；Sznycer et al.，2016)，包括问卷测量、神经科学实验、生理测量法等研究中。同时参考负性情绪调节的实验范式

(Ochsner et al.,2004;Deng,Sang,Luan,2013)。另外,语音播放诱发材料也具有良好的诱发优势(周树芝,2015)。整个实验包括练习阶段和正式实验阶段。练习阶段包括被试感知实验程序流程,以及理解调节策略的具体做法。

自我羞耻的青少年独特故事情境包括个性羞耻情境、行为羞耻情境、能力羞耻情境,相同故事情境包括行为羞耻情境、身体羞耻情境、家庭羞耻情境。独特情境和相同情境共 6 个故事情境组成一个 block(区组),3 套故事情境为三个 block,同一类故事情境的 3 个故事情境随机分到某个 block。因此,一个 block 内有 6 个 trial(试验),三个 block 共 18 个 trial。令 block 之间的呈现顺序随机化,block 内的故事情境也是随机呈现。每个 block 要求被试只采用一种调节策略,block 之间有 120 s 的放松音乐和 3 min 休息时间。

试验程序具体包括以下步骤,一个 trial 具体程序如下(见图 6-1)。(1)开始。屏幕中央显示向上或向下或短横符号,提示该次试验中需要被试采用相应的重新计划、自我责备或者不调节策略,时间持续 2 s。(2)羞耻情绪诱发。屏幕呈现一张素描图片,同时被试佩戴的耳机中播放图片对应的故事情境的语音。指导语已经要求被试充分想象自己就是故事情境中的主人公,从而获得充分的羞耻情绪体验。语音音频结束后,图片也随之消失。平均时长大约 41 s。(3)羞耻情绪调节。屏幕出现提示,被试按照一定方式对自己的羞耻情绪进行调节。一个 block 里只有一种调节方式。调节策略包括重新计划、自我责备、不调节,用简单的短语指示被试操作。屏幕呈现的指示语具体如下:①↓我设法做更好。②↑我责备着自己。③-不调节。被试按照实验前的指导语进行相应的自我调节,时间为 5 s。(4)羞耻情绪的评定。羞耻情绪体验的自我主观报告测量,采用视觉图形化的 4 级计分:1 最弱,4 最强。被试选择的数字越大,表示体验到的羞耻感越强。被试通过按键完成,按键之后屏幕内容消失。(5)放松阶段。屏幕呈现中性图片,同时耳机播放放松音乐,让被试放松情绪状态。

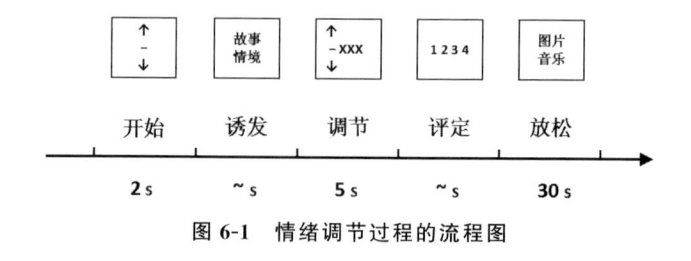

图 6-1 情绪调节过程的流程图

三、研究结果

实验的羞耻情绪评定阶段,同时记录了被试的反应时。按照以下标准保留数据:反应时大于 300 ms 且小于 10000 ms,三种调节策略下数据均没有缺失。最终数据有效率为 85%。

(一)总体情境下自我羞耻情绪的调节效果

以调节策略、羞耻情境、性别为自变量,以青少年的自我羞耻强度评分为因变量进行重复测量方差分析。分析结果显示,调节策略主效应显著,$F(2,444)=3.787$,$p<0.05$,$\eta^2=0.02$,表明运用不同的调节策略后,青少年所体验到的自我羞耻强度不同,不同的调节策略会影响青少年的自我羞耻强度。进一步多重比较发现,采用重新计划、自我责备两种策略调节后的自我羞耻强度均显著高于不调节条件下的自我羞耻强度,$ps<0.05$,而该两种策略之间没有显著差异,$p>0.05$(见表 6-3)。

表 6-3 不同调节策略下自我羞耻的强度评分

调节策略	M	SD	F
不调节	2.59	1.08	
重新计划	2.82	1.04	3.79*
自我责备	2.78	1.07	

情境主效应也比较显著,$F(5,222)=3.20$,$p<0.01$,$\eta^2=0.07$,表明不同羞耻情境下的自我羞耻强度不同。进一步多重比较显示,身体羞耻情境下的羞耻强度非常显著地小于行为羞耻、能力羞耻、家庭羞耻等情境,具体而言,身体体味难闻的情境下的自我羞耻强度显著小于考试舞弊行为、学业成绩不佳、家庭关系不和、随地乱扔垃圾等情境下的自我羞耻强度,$ps \leqslant 0.001$(见表 6-4),也边缘显著地低于个性羞耻的情境(吃饭发出声音),$p=0.084$。

表 6-4 不同情境下自我羞耻的强度

羞耻情境	M	SD	F
个性/吃饭发出声音	2.67	0.75	
行为/考试舞弊行为	2.87	0.78	
身体/身体体味难闻	2.33	0.81	3.20**
能力/学业成绩不佳	2.82	0.70	
家庭/家庭关系不和	2.75	0.75	
行为/随地乱扔垃圾	2.94	0.76	

调节策略、羞耻情境、性别的交互作用边缘显著，$F(10,444)=1.66$，$p=0.087$，$\eta^2=0.04$，表明三变量能够共同影响青少年的羞耻强度。进一步简单简单效应分析，从调节策略角度分析显示，女生的随地乱扔垃圾的行为的不同调节策略下的自我羞耻强度存在显著差异，$F(2,444)=4.67$，$p=0.01$，女生经过两种调节策略调节后的随地乱扔垃圾的行为自我羞耻强度显著高于不调节条件下的自我羞耻强度，$M_{计划}=3.21$，$SD_{计划}=1.03$，$M_{自我责备}=3.16$，$SD_{自我责备}=1.02$，$M_{未}=2.42$，$SD_{未}=1.31$。性别角度分析显示，对个性羞耻采用不调节时，女生的自我羞耻强度显著高于男生，$F(1,227)=4.41$，$p<0.05$，$M_{女}=2.85$，$SD_{女}=0.97$，$M_{男}=2.12$，$SD_{男}=0.99$；对身体羞耻采用不调节时，女生的自我羞耻强度显著高于男生，$F(1,227)=5.38$，$p<0.05$，$M_{女}=2.74$，$SD_{女}=1.24$，$M_{男}=1.88$，$SD_{男}=0.78$；采用重新计划调节策略调节个性羞耻时，女生的自我羞耻强度边缘显著高于男生，$F(1,227)=2.94$，$p=0.088$，$M_{女}=2.96$，$SD_{女}=0.87$，$M_{男}=2.35$，$SD_{男}=1.00$。见表 6-5。

表 6-5　不同调节策略、不同性别、不同情境下自我羞耻的强度

调节策略	性别	羞耻情境	M	SD
不调节	男	个性/吃饭发出声音	2.12	0.99
		行为/考试舞弊行为	2.67	1.14
		身体/身体体味难闻	1.88	0.78
		能力/学业成绩不佳	2.93	1.10
		家庭/家庭关系不和	2.56	1.25
		行为/随地乱扔垃圾	2.82	1.07
	女	个性/吃饭发出声音	2.85	0.97
		行为/考试舞弊行为	3.05	0.91
		身体/身体体味难闻	2.74	1.24
		能力/学业成绩不佳	2.65	0.98
		家庭/家庭关系不和	2.38	0.94
		行为/随地乱扔垃圾	2.42	1.31

续表

调节策略	性别	羞耻情境	M	SD
重新计划	男	个性/吃饭发出声音	2.35	1.00
		行为/考试舞弊行为	3.11	0.83
		身体/身体体味难闻	2.29	1.05
		能力/学业成绩不佳	2.87	1.13
		家庭/家庭关系不和	2.94	1.11
		行为/随地乱扔垃圾	3.00	1.06
	女	个性/吃饭发出声音	2.96	0.87
		行为/考试舞弊行为	2.63	1.30
		身体/身体体味难闻	2.42	1.02
		能力/学业成绩不佳	3.00	1.04
		家庭/家庭关系不和	2.85	0.93
		行为/随地乱扔垃圾	3.21	1.03
自我责备	男	个性/吃饭发出声音	2.71	0.99
		行为/考试舞弊行为	2.83	1.04
		身体/身体体味难闻	2.06	1.14
		能力/学业成绩不佳	2.47	1.06
		家庭/家庭关系不和	3.11	1.13
		行为/随地乱扔垃圾	3.06	1.03
	女	个性/吃饭发出声音	2.73	1.15
		行为/考试舞弊行为	2.89	0.94
		身体/身体体味难闻	2.53	1.12
		能力/学业成绩不佳	2.91	1.00
		家庭/家庭关系不和	2.77	1.03
		行为/随地乱扔垃圾	3.16	1.02

(二)青少年独特情境下自我羞耻的调节效果

为了分别考察青少年运用调节策略在青少年独特情境和相同情境下的调节作用,本章研究区分羞耻情境后进行分析。

青少年独特情境下,以调节策略、性别为自变量,以青少年的自我羞耻强度评分为因变量进行重复测量方差分析。分析结果显示,调节策略主效应不显著,$F(2,232)=0.66,p>0.05$,表明不同调节策略的运用,不会影响青少年在青少年独特情境里所体验到的自我羞耻强度。性别主效应也不显著,$F(1,116)=1.69,p>0.05$,表明在青少年独特情境下自我羞耻强度不存在性别差异。调节策略与性别两者的交互作用不显著,$F(2,232)=0.3,p>0.05$。见表 6-6。

表 6-6 不同调节策略、不同性别的青少年独特情境下自我羞耻的强度

调节策略	性别	M	SD
不调节	男	2.56	1.11
	女	2.84	0.96
重新计划	男	2.78	1.02
	女	2.88	1.06
自我责备	男	2.68	1.02
	女	2.84	1.03

(三) 相同情境下自我羞耻的调节效果

相同情境下,以调节策略、性别为自变量,以青少年的自我羞耻强度评分为因变量进行重复测量方差分析。分析结果显示,调节策略主效应显著,$F(2,228)=4.76,p<0.01,\eta^2=0.04$,表明不同调节策略的运用,会影响青少年在相同情境里所体验到的自我羞耻强度。多重比较发现,采用重新计划、自我责备策略调节后自我羞耻强度均显著高于不调节条件,$ps<0.05$。性别主效应不显著,$F(1,114)=0.23,p>0.05$,表明在相同情境下自我羞耻强度不存在性别差异。调节策略、性别两者的交互作用不显著,$F(2,228)=0.003,p>0.05$,表明不同性别的青少年采用调节策略后的羞耻强度没有显著差异。见表 6-7。

表 6-7 不同调节策略、不同性别的相同情境下自我羞耻的强度

调节策略	性别	M	SD
不调节	男	2.42	1.11
	女	2.50	1.14
	总计	2.47	1.12
重新计划	男	2.75	1.10
	女	2.83	1.02
	总计	2.79	1.05

续表

调节策略	性别	M	SD
自我责备	男	2.75	1.19
	女	2.81	1.07
	总计	2.78	1.12

（四）自我羞耻的调节效应

将不调节作为基线，以 Cohen's d 为策略的调节效应指标，计算出重新计划、自我责备两种策略的调节效应。除了总体情境下的自我责备策略的调节效应接近中等水平，总体情境、相同情境下的重新计划，以及相同情境下的自我责备策略的调节效应均在中等水平。见表6-8。

表 6-8 不同策略调节自我羞耻的调节效果

调节策略	情境	Cohen's d
重新计划	总体	0.22
	相同情境	0.29
自我责备	总体	0.18
	相同情境	0.28

四、分析与讨论

总体上，重新计划策略、自我责备策略可以增强青少年的自我羞耻强度。具体到情境，女生随地乱扔垃圾的行为羞耻方面，两种策略调节均有效，女生采用重新计划策略调节后的个性羞耻的羞耻强度具有高于男生的趋势。这与被试间设计研究结果并不完全一致，已有研究发现重新计划策略能有效影响大学生的自我羞耻情绪，而自我责备策略不能影响大学生的自我羞耻情绪体验（高隽，2016）。这与自我责备策略的具体操作重点有关，与侧重于理性不同，本研究中的自我责备策略侧重于情感方面的自责。重新计划策略针对调节过程的前提关注阶段，自我责备策略针对的是反应关注阶段，虽然两者关注的是羞耻情绪的不同阶段，但都可以影响青少年的自我羞耻情绪体验，发挥相似的调节效果。自我责备是罗盘模型的攻击性的外在表现之一（Nathanson，1992），在羞耻情境里体验到羞耻情绪时，对内表现为攻击自我，对外表现为自我责备。在羞耻情境里,青少年伴随着自我厌恶、轻视、无助和疏离感,承担着失败者的角色,从而体验更强的自我羞耻情绪。重新计划策略企图假想羞耻事件重新发生时,将会采用更好的方式避免当前羞耻事件的发生。但是事件已经发生,这一补救措施只是假想,反而诱发青少年个体自我的无能、无助感,导致其体验更强的自我羞耻情绪。

不调节时,男生的行为羞耻、能力羞耻、家庭羞耻、个性羞耻诱发的自我羞耻强度都比身体羞耻诱发的羞耻强度更大;女生的个性羞耻、身体羞耻强度均强于男生。与其他羞耻类型比较,由于体味难闻这一生理方面的因素引起的身体羞耻,大多是青少年自己无法掌控的,归因为非可控因素,青少年将其归因为非自己责任时,体验的自我羞耻强度更弱。更加注重个人隐私、个体形象的女生,更加重视自己在他人眼中的印象,因此会比男生体验到更强的涉及餐饮礼仪、个人习惯、生理特点等的个性羞耻、身体羞耻。

青少年独特情境里,调节策略没有发挥影响;相同情境里,重新计划、自我责备等调节策略可以增强青少年的自我羞耻强度。独特情境与相同情境的差别,体现在羞耻情境的事件发生的场所、人物、关系的差别上。青少年的独特情境,如吃饭出声、考试舞弊、成绩不佳等,围绕着青少年的学习与生活,与青少年同伴、同学与老师交往,主要发生在校园、食堂等青少年学习与生活特色的场所;而相同情境,如乱扔垃圾、体味难闻、家庭不和,没有体现青少年的特异性。情境与青少年生活的联系程度影响了青少年调节策略的使用效果。

两种策略的调节效应均处于中等水平,与羞耻情境诱发的羞耻情绪水平有关。本节研究使用的羞耻情境故事诱发的青少年羞耻情绪强度均为中等,不涉及高强度羞耻事件。该设计意图有多种考虑,一方面,基于青少年日常生活事件的羞耻情境故事,本节研究显示诱发出的羞耻强度为中等水平;另一方面,如果采用诱发高强度羞耻情绪的实验材料,研究对象转变为特殊群体,与本节研究目的不符;另外,诱发高强度羞耻情绪既可能带来研究伦理问题,也增加了实验放松任务的难度。

五、研究结论

本节研究(实验 6.1)采用行为实验考察特定两类具体策略对自我羞耻情绪的调节效果。主要结论有:(1)重新计划策略、自我责备策略对青少年自我羞耻情绪的调节效应均处于中等水平;(2)重新计划策略、自我责备策略可以增强相同情境下青少年的自我羞耻情绪强度;(3)此两类调节策略不能调节青少年独特情境下的自我羞耻情绪;(4)调节效果随情境而发生变化。

第二节 青少年转移性羞耻的调节效果

一、研究目的

本节研究的主要目的是考察特定调节策略是否影响青少年转移性羞耻情绪,同时考察调节策略与羞耻亚类(羞耻情境)、性别如何共同影响青少年的转移性羞耻情绪。(1)实验变量基本与本章第一节研究(实验6.1)一致。自变量调节策略为被试内变量。调节策略包括重新计划、自我责备、不调节,在实验过程中分别表述为更为具体、明确的指示:①自我责备,表述为"我责备着自己"。②重新计划,表述为"我设法做得更好"。③不调节,指被试什么都不要做,只是视线停留在屏幕上的指示语"不调节"。当电脑提示需要运用某方法时,被试可以想象或心里默念对应的具体的方法。(2)自变量羞耻亚类为被试内变量。羞耻亚类依托于成人独特情境和相同情境类型。成人独特故事情境类型对应于个性羞耻、行为羞耻、身体羞耻,相同故事情境类型对应于行为羞耻、身体羞耻、家庭羞耻。每个羞耻亚类指定一个具体的故事情境。(3)自变量性别为被试间变量,被试自我评定的转移性羞耻强度为因变量。

二、研究方法

(一)被试

一共49名七年级学生参加实验。有效被试44名,年龄 M=13.68 岁,SD=0.56 岁,男生15名,女生29名。

(二)材料

1.同质性材料的建立

虚拟羞耻故事情境采用第五章研究建立的《青少年羞耻事件情境故事》(见附录2)。选择评价为高羞耻程度的羞耻亚类中转移性羞耻独特故事情境、相同故事情境各 3 个,每个故事情境改编为 3 套,基本保持原有的风格和篇幅。

38 名研究生参与同质性材料的评定,男性 10 名,女性 28 名,年龄 M=20.50 岁,SD=1.41 岁。要求被试认为,每个情境的 3 套材料中,与故事主人公感受相同羞耻情绪的程度,采用 7 级计分,分数越大表示相同程度越高。评分结果见表 6-9。所有故事情境的 3 套材料的相似程度评分在 5 分以上。分别与中位数 4 分进行单样本 t 检验,结果显示,所有故事情境的 3 套材料相同程度评分均显著高于 4 分。

表 6-9 转移性羞耻的故事情境相同程度的评分

情境类型	羞耻亚类	故事情境	M	SD	t
独特情境	个性羞耻	生性过于懦弱	5.00	1.68	3.68***
	行为羞耻	当众与人吵架	5.61	1.42	6.95***
	身体羞耻	步行特征不雅	5.29	1.63	4.89***
相同情境	行为羞耻	随地乱扔垃圾	5.55	1.06	9.05***
	身体羞耻	身体体味难闻	5.42	1.46	5.99***
	家庭羞耻	家庭关系不和	5.18	1.16	6.30***

同时,令 38 名研究生对这 3 套共 18 个主题的故事情境进行两种自我意识情绪的评分,评定故事主人公体验到的羞耻或者内疚情绪的强度。采用 7 级计分,分数越大表示主人公体验到的情绪强度越高。对每一个故事情境的评分,进行配对样本 t 检验。结果显示,所有故事情境的羞耻评分显著高于内疚评分,$ps<0.001$。见表 6-10。

在配套音频、图片的制作方面,请某省广播电台女性主持人为 18 个故事情境配音,故事情境音频为 mp3 格式,文件时长,$M=42.500$ s,$SD=8.23$ s。请具有丰富素描绘画经验的艺术学院美术专业研究生,根据 6 类故事情境的核心内容,画出 6 张素描(见附录 4),并且转换为电子版,采用 JPEG 格式,尺寸统一为 640×470 像素。

表 6-10 转移性羞耻的不同故事情境下羞耻和内疚评分的比较

情境类型	羞耻亚类	故事情境	羞耻		内疚		t	Cohen's d
			M	SD	M	SD		
独特情境	个性羞耻	生性过于懦弱	4.61	1.62	2.58	2.05	4.28***	0.896
	行为羞耻	当众与人吵架	5.68	1.23	2.79	2.08	6.45***	1.439
	身体羞耻	步行特征不雅	5.34	1.60	2.76	1.99	5.22***	1.329
相同情境	行为羞耻	随地乱扔垃圾	5.39	0.97	3.00	2.18	6.71***	1.087
	身体羞耻	身体体味难闻	5.63	1.24	2.87	2.02	6.12***	1.484
	家庭羞耻	家庭关系不和	4.76	1.08	2.74	1.90	5.07***	1.087

2.放松图片

放松图片同实验 6.1。从国际情绪图片系统(IAPS)中挑选中性物品图片 6 张,供实验中放松阶段使用。国际情绪图片系统采用 9 级评分。所选的图片效价评分,M=4.97,SD=0.12;图片唤醒度评分,M=2.52,SD=0.42。

3.放松音乐

放松音乐与实验 6.1 一致。选取 *Dancing with the Neon Light* 作为放松音乐,截取两段,时长分别为 120 s、30 s。

(三)程序

程序与前一节研究(实验6.1)基本一致,个别细节有差异。采用诱发-调节法实现研究目的。整个实验包括练习阶段和正式实验阶段。练习阶段包括被试感知实验程序流程,以及理解调节策略具体做法。

转移性羞耻的成人独特故事情境包括个性羞耻情境、行为羞耻情境、身体羞耻情境,相同故事情境包括行为羞耻情境、身体羞耻情境、家庭羞耻情境。独特情境和相同情境共 6 个故事情境组成一个 block,3 套故事情境为 3 个 block,同一类故事情境的 3 个故事情境随机分到某个 block。因此,一个 block 内有 6 个 trial,3 个 block 共 18 个 trial。令 block 之间的呈现顺序随机化,block 内的故事情境也是随机呈现。每个 block 要求被试只采用一种调节策略,block 之间有 120 s 的放松音乐和 3 min 休息时间。

试验程序具体包括以下步骤,一个 trial 的具体程序见图 6-1。(1)开始。屏幕中央显示向上或向下或者短横符号,提示该次试验中需要被试采用相应的重新计划、自我责备或者不调节策略,时间持续 2 s。(2)羞耻情绪诱发。屏幕呈现一张素描图片,同时被试佩戴的耳机中播放图片对应的故事情境的语音。指导语已经要求被试充分想象故事情境中的"我"就是自己,所以故事情境中的"我的妈妈"就是指自己的母亲,从而获得充分的羞耻情绪体验。语音音频结束后,图片也随之消失。平均时长大约 43 s。(3)羞耻情绪调节。屏幕出现提示,被试按照一定方式对自己的羞耻情绪进行调节。一个 block 里只有一种调节方式。调节策略包括重新计划、自我责备、不调节,用简单的短语指示被试操作。屏幕呈现的指示语具体如下:①"↓"我设法做更好。②"↑"我责备着自己。③"一"不调节。被试按照实验前的指导语进行相应的自我调节。时间为 5 s。(4)羞耻情绪的评定。羞耻情绪体验的自我主观报告测量,采用视觉图形化的 4 级计分:1 最弱,4 最强。被试选择的数字越大,表示体验到的羞耻感越强。被试通过按键完成,按键之后屏幕内容消失。(5)放松阶段。屏幕呈现中性图片,同时耳机播放放松音乐,让被试放松情绪状态。

三、研究结果

根据被试在转移性羞耻强度自我评定阶段的反应时筛选数据。按照以下标准保留数据:反应时大于 300 ms 且小于 10000 ms,三种调节策略下数据均没有缺失。最终数据有效率为 65%。

(一)总体情境下转移性羞耻情绪的调节效果

以调节策略、羞耻情境、性别为自变量,以青少年的转移性羞耻强度评分为因变量进行重复测量方差分析。分析结果显示,调节策略主效应不显著,$F(2,354)=0.90, p>0.05$,表明不同调节策略的运用,不会影响青少年所体验到的转移性羞耻强度。情境主效应也不显著,$F(5,177)=0.66, p>0.05$,表明不同羞耻亚类(情境)下的转移性羞耻强度没有区别。所有的二阶、三阶交互作用均不显著,$ps>0.05$。见表 6-11、表 6-12。

表 6-11 不同调节策略下转移性羞耻的强度

调节策略	M	SD	F
不调节	2.36	1.17	
重新计划	2.57	1.06	0.90
自我责备	2.46	1.10	

表 6-12　不同情境下转移性羞耻的强度

羞耻情境	M	SD	F
个性/生性过于懦弱	2.52	0.83	
行为/当众与人吵架	2.54	0.70	
身体/步行姿势不雅	2.37	0.80	0.66
身体/身体体味难闻	2.28	0.91	
家庭/家庭关系不和	2.54	0.66	
行为/随地乱扔垃圾	2.55	0.90	

(二) 成人独特情境下转移性羞耻的调节效果

为了分别考察青少年运用调节策略在成人独特情境和相同情境下的调节作用，区分羞耻情境后进行分析。

成人独特情境下，以调节策略、性别为自变量，以青少年的转移性羞耻强度评分为因变量进行重复测量方差分析。分析结果显示，调节策略主效应不显著，$F(2,178)=0.17,p>0.05$，表明不同调节策略的运用，不会影响青少年在成人独特情境下所体验到的转移性羞耻强度。性别主效应也不显著，$F(1,89)=0.47,p>0.05$，表明在成人独特情境下转移性羞耻强度不存在性别差异。两者的交互作用不显著，$F(2,178)=0.14,p>0.05$。见表6-13。

表 6-13　不同调节策略、不同性别的成人独特情境下转移性羞耻的强度

调节策略	性别	M	SD
不调节	男	2.34	1.23
	女	2.47	1.14
重新计划	男	2.34	1.08
	女	2.55	1.14
自我责备	男	2.48	1.09
	女	2.52	1.11

(三) 相同情境下转移性羞耻的调节效果

相同情境下，以调节策略、性别为自变量，以青少年的转移性羞耻强度评分为因变量进行重复测量方差分析。分析结果显示，调节策略主效应不显著，$F(2,192)=2.21,p>0.05$，表明不同调节策略的运用，不会影响青少年在相同情境下所体验到的转移性羞耻强度。性别主效应也不显著，$F(1,96)=$

$0.34, p > 0.05$,表明在相同情境下转移性羞耻强度不存在性别差异。见表 6-14。

调节策略、性别两者的交互作用显著,$F(2,192) = 3.67, p < 0.05, \eta^2 = 0.04$,表明不同性别的青少年采用不同调节策略后的转移性羞耻强度存在不同。简单效应分析结果显示,女生采用不同调节策略后的转移性羞耻强度存在非常显著的差异,$F(2,192) = 7.56, p = 0.001$,采用重新计划的调节策略后转移性羞耻强度显著高于不调节条件,$p < 0.001$,采用自我责备的调节策略后转移性羞耻强度也显著高于不调节条件,$p < 0.01$,采用重新计划的调节策略后转移性羞耻强度也边缘显著高于自我责备策略,$p = 0.056$。而男生采用不同策略调节后的转移性羞耻强度没有显著差异,$F(2,192) = 0.49, p > 0.05$。不调节条件下,男生的转移性羞耻强度显著高于女生,$F(2,96) = 4.07, p < 0.05$,重新计划、自我责备策略下,转移性羞耻强度的性别差异不显著,$ps > 0.05$。

表 6-14 不同调节策略和性别的相同情境下转移性羞耻强度

调节策略	性别	M	SD
不调节	男	2.62	1.26
	女	2.13	1.09
重新计划	男	2.53	1.08
	女	2.72	0.97
自我责备	男	2.41	1.18
	女	2.41	1.08

(四)转移性羞耻的调节效应

将不调节作为基线,以 Cohen's d 为策略的调节效应指标,计算出重新计划、自我责备两种策略的调节效应。女生的重新计划策略、自我责备策略均有良好的调节效应。见表 6-15。

表 6-15 相同情境下不同策略调节转移性羞耻的调节效果

调节策略	性别	Cohen's d
重新计划	男	−0.08
	女	0.57
自我责备	男	−0.17
	女	0.26

四、分析与讨论

经过研究发现,成人相同情境下,重新计划、自我责备调节策略可以增强女生的转移性羞耻强度;而男生方面,采用调节策略不能影响转移性羞耻情绪。这与转移性羞耻的内涵特点有关。根据转移性羞耻情绪的内涵,羞耻情境中事件当事人与情绪体验者是分离的,不是同一主体,该情绪的调节涉及事件当事人与情绪体验者之间的人际关系,即转移性羞耻侧重于个体与羞耻事件当事人的关系。一般而言,青少年中女生与母亲的关系更为密切(刘小先,2009)。相同情境主要涉及羞耻情境里与母亲相关的身体体味难闻、家庭关系不和、随地乱扔垃圾,对于因母亲的行为诱发的转移性羞耻,可以在羞耻情绪发生的前段和后端进行有效调节。

成人相同情境的不调节条件下,男生的转移性羞耻强度高于女生,该结果与第五章研究中的亲子关系与转移性羞耻关系一致。对于母亲在身体体味难闻、家庭关系不和、随地乱扔垃圾等羞耻情境中的行为,男生因与其具有亲子关系,自己感受到更强的转移性羞耻。与女生相比较,青少年男生与母亲的交流、沟通等相对较少,亲子关系会更弱,意味着更倾向于不安全依恋关系。因此,男生对羞耻事件中的母亲更加缺乏信任,从而引发自身的担忧和无助感。

五、结论

本节研究(实验6.2)考察特定策略对青少年转移性羞耻的调节效果。研究发现:(1)重新计划与自我责备策略可以增强相同情境下女生的转移性羞耻强度,调节效应达到中等水平;(2)特定调节策略不能调节男生的转移性羞耻。

第三节 自我羞耻与转移性羞耻的调节效果比较

一、研究目的

本节研究(实验 6.3)的目的是直接比较自我羞耻和转移性羞耻的调节效果,基于实验 6.1 和实验 6.2 的数据来完成统计分析。自变量调节策略为被试内变量,包括重新计划、自我责备、不调节。自变量羞耻主类为被试间变量,包括自我羞耻和转移性羞耻。自变量羞耻亚类为被试内变量,是相同情境类型中的行为羞耻、身体羞耻、家庭羞耻。自变量性别为被试间变量。因变量为被试自我评定的自我羞耻强度和转移性羞耻强度。

二、研究方法

(一)被试

一共 121 人参加实验,实际有效被试 105 名,男生 43 名,女生 62 名,年龄 $M=13.82$ 岁,$SD=0.60$。44 人完成自我羞耻实验,61 人完成转移性羞耻实验。

(二)材料

虚拟羞耻故事情境同实验 6.1 和实验 6.2 中"相同情境"部分(见附录 2)。自我羞耻的相同故事情境中,主人公为"我",而转移性羞耻的相同故事情境中,主人公为"我的妈妈"。一共包括行为、身体、家庭方面的羞耻,3 套 3 类羞耻一共 18 个故事情境。所有故事情境都转化为成音频,配上相应的图片。

放松图片和放松音乐同前两节的研究(实验 6.1、实验 6.2)。从国际情绪图片系统(IAPS)中挑选了中性物品图片 6 张,供实验中放松阶段使用。放松音乐选取 *Dancing with the Neon Light* 作为放松音乐,截取两段,时长分别为 120 s、30 s。

(三)程序

程序与本章第一节和第二节研究一致,采用诱发—调节法实现研究目的。

相同故事情境与实验 6.1 或实验 6.2 里的独特故事情境在同一个区组里随机呈现。3 套故事情境为 3 个 block,同一类故事情境的 3 个故事情境随机分到某个 block。block 之间的呈现顺序随机化,block 内的故事情境也是随机呈现。每个 block 只采用一种调节策略,block 之间有 120 s 的放松音乐和 3 min 休息时间。一个 trial 具体程序同本章前两节(见图 6-1)。

三、研究结果

(一)自我羞耻与转移性羞耻的调节效果比较

针对青少年和成人相同情境,以调节策略、性别、羞耻情境、羞耻主类为自变量,以青少年的自我羞耻和转移性羞耻强度评分为因变量进行重复测量方差分析。分析结果显示,调节策略主效应显著,$F(2,404)=5.28$,$p<0.01$,$\eta^2=0.03$,表明不同调节策略的运用,会影响青少年在相同情境下所体验到的羞耻强度。多重比较显示,重新计划、自我责备策略使用后羞耻强度均显著高于不调节条件,$ps<0.05$。羞耻主类主效应边缘显著,$F(2,202)=3.36$,$p=0.068$,$\eta^2=0.02$,调节后的自我羞耻强度(M=2.68,SE=0.08)显著高于转移性羞耻强度(M=2.47,SE=0.09)。

羞耻情境主效应非常显著,$F(2,202)=6.39$,$p<0.01$,$\eta^2=0.06$。多重比较显示,身体羞耻(身体体味难闻)(M=2.30,SE=0.10)的羞耻强度显著高于行为羞耻(随地乱扔垃圾)(M=2.78,SE=0.10)、家庭羞耻(家庭关系不和)(M=2.64,SD=0.10),$ps<0.05$。性别主效应不显著,$F(1,202)=0.01$,$p>0.05$,表明在相同情境下羞耻强度不存在性别差异。

调节策略、性别、羞耻情境、羞耻主类的交互作用显著,$F(4,404)=2.41$,$p<0.05$,$\eta^2=0.023$。简单效应分析显示,女生的身体羞耻不调节条件下,自我羞耻强度显著高于转移性羞耻强度,$F(1,207)=4.48$,$p<0.05$;男生的身体羞耻不调节条件下,自我羞耻强度边缘显著低于转移性羞耻强度,$F(1,207)=2.98$,$p=0.086$。女生的行为羞耻自我责备调节条件下,自我羞耻强度显著高于转移性羞耻强度,$F(1,207)=6.43$,$p<0.05$;男生的家庭羞耻自我责备调节下,自我羞耻强度显著高于转移性羞耻强度,$F(1,207)=4.81$,$p<0.05$。其他交互作用均不显著,$ps>0.05$。见表 6-16。

表 6-16　不同调节策略和性别在相同情境下自我羞耻与转移性羞耻的强度

调节策略	性别	羞耻情境	羞耻主类	M	SD
不调节	男	行为/随地乱扔垃圾	自我	2.82	1.07
			转移性	2.55	1.13
		身体/身体体味难闻	自我	1.88	0.78
			转移性	2.55	1.29
		家庭/家庭关系不和	自我	2.56	1.25
			转移性	2.75	1.42
	女	行为/随地乱扔垃圾	自我	2.42	1.30
			转移性	2.15	1.09
		身体/身体体味难闻	自我	2.74	1.24
			转移性	2.00	1.21
		家庭/家庭关系不和	自我	2.38	0.94
			转移性	2.24	1.00
/	/	/	/	2.39	1.14
重新计划	男	行为/随地乱扔垃圾	自我	3.00	1.06
			转移性	3.00	1.10
		身体/身体体味难闻	自我	2.29	1.05
			转移性	2.27	0.90
		家庭/家庭关系不和	自我	2.94	1.11
			转移性	2.33	1.15
	女	行为/随地乱扔垃圾	自我	3.21	1.03
			转移性	2.70	0.92
		身体/身体体味难闻	自我	2.42	1.02
			转移性	2.61	1.08
		家庭/家庭关系不和	自我	2.85	0.92
			转移性	2.86	0.91
/	/	/	/	2.73	1.03

续表

调节策略	性别	羞耻情境	羞耻主类	M	SD
自我责备	男	行为/随地乱扔垃圾	自我	3.06	1.03
			转移性	3.09	1.14
		身体/身体体味难闻	自我	2.06	1.14
			转移性	1.91	1.14
		家庭/家庭关系不和	自我	3.11	1.13
			转移性	2.25	1.06
	女	行为/随地乱扔垃圾	自我	3.16	1.01
			转移性	2.25	1.07
		身体/身体体味难闻	自我	2.53	1.12
			转移性	2.30	1.26
		家庭/家庭关系不和	自我	2.77	1.03
			转移性	2.67	0.86
/	/	/	/	2.61	1.13

（二）自我羞耻与转移性羞耻的调节效应

将不调节作为基线，以 Cohen's d 为策略的调节效应指标，计算出重新计划、自我责备两种策略的调节效应。两类策略对自我羞耻、重新计划策略对转移性羞耻的调节效应均达到中等以上水平。见表 6-17。

表 6-17 相同情境下不同策略调节自我羞耻与转移性羞耻的调节效果

调节策略	羞耻主类	Cohen's d
重新计划	自我羞耻	0.30
	转移性羞耻	0.32
自我责备	自我羞耻	0.28
	转移性羞耻	0.10

四、分析与讨论

自我责备调节策略下，女生行为羞耻情境里的自我羞耻强度显著高于转移性羞耻，男生的家庭羞耻情境里的自我羞耻强度显著高于转移性羞耻。从自我羞耻情绪与转移性羞耻情绪内涵的特点这一角度看,自我羞耻情绪的羞耻情境中,事件当事人与情绪体验者相同,该情绪的调节主要靠青少年自我;而转移性羞耻情绪的羞耻情境中,事件当事人与情绪体验者分离,不是同一个人。因此,策略的自我调节作用于自我羞耻情绪更加直接。另外,对于随地乱扔垃圾的羞耻情境里,自己做出的事件比母亲做出该事件,女生的自我责备策略更容易增强自己直接做出行为导致的羞耻情绪。与此相似,自己作为家庭关系不和因素之一,与母亲牵涉家庭关系不和的羞耻情境里相比,男生的自我责备更适合自我在家庭羞耻情境里发挥作用。

不调节条件下,女生在身体羞耻情境下的自我羞耻强度高于转移性羞耻强度,而男生在身体羞耻情境下的自我羞耻强度也有高于转移性羞耻强度的趋势。人际交往中,女生更加看重自我在他人眼中的形象,对于身体体味诱发的自我羞耻情绪,显然要高于母亲的情况。

从调节效应看,重新计划调节策略对自我羞耻与转移性羞耻的调节效应相似;而自我责备策略对自我羞耻的调节效应高于转移性羞耻。可见,前提关注策略与反应关注策略的调节效果,还是不一样的。作为反应关注策略的自我责备策略,可以直接地干预青少年的羞耻情绪;而重新计划策略前置关注羞耻情绪发生的前端,具有更多的认知调节性质。因此,自我责备策略的干预具有直接性,而重新计划策略的干预偏于间接性。

五、结论

通过调节策略对自我羞耻与转移性羞耻调节效果的直接比较,可以发现,女生采用自我责备策略调节自我行为羞耻的强度高于转移性羞耻,男性采用自我责备策略调节自我家庭羞耻的强度高于转移性羞耻。自我责备策略对自我羞耻情绪的调节效应大于对转移性羞耻的调节效应。

第四节 总讨论

本章研究结果显示,重新计划策略、自我责备策略可以影响青少年相同情境里的自我羞耻情绪强度,女生采用重新计划与自我责备调节策略可以增强与母亲相关的相同情境下的转移性羞耻情绪强度，两种策略的调节效果均处于中等水平。该研究结果中，调节策略对自我羞耻情绪产生的影响与大学生被试的羞耻情绪调节研究结果并不完全一致（高隽，2016），这与调节策略的具体操作有关，本研究中的自我责备策略侧重于个体的情感方面。策略调节的有效性与青少年的自我归因有关。相同情境主要是随地乱扔垃圾、身体体味难闻、家庭关系不和等涉及日常行为、身体、家庭的场景与事件。根据羞耻的认知归因理论，青少年对此羞耻事件自我归因为负有责任，这与调节策略的自我导向性重叠，会加重自我羞耻情绪。本章研究结果中，与母亲相关的转移性羞耻情绪调节只作用于女孩，这与转移性羞耻情绪的特点和内涵有关。该结果与转移性羞耻情绪与女孩联系更加密切的相关研究结果相一致，已有研究中，对亚裔美国人与美国白人的调查均发现，女性报告更高的转移性羞耻情绪（Szeto-Wong，1997）。由于女生的人际关系型定位和高移情特点（闫志英，2012；陈武英等，2014；苏彦捷，黄翯青，2014），以及亲子关系中母女关系的高亲近性（刘小先，2009），女生采用策略调节后归因为自己对与母亲相关的羞耻事件负有责任，会诱发更强的羞耻情绪。

  本章研究对两类羞耻情绪的调节进行了比较，结果显示，经过自我责备策略调节后，自我羞耻情绪强度比转移性羞耻强度更高，调节效应也更大，主要反映在女生行为羞耻、男生家庭羞耻方面。该结果与有关研究间接相互印证，有研究通过羞耻故事测量发现，无论是中国大学生还是美国大学生，被试与问卷中故事主角的关系越近，所诱发的个体羞耻情绪（即转移性羞耻）越强，而与其他重要他人比较，当羞耻故事中的主角是母亲时，个体的羞耻情绪强度是最强的（Tang et al.，2008）。两类羞耻情绪调节效果的比较结果，与两类羞耻情绪的特点、自我责备策略特点有关。根据羞耻情绪的定义，自我羞耻与转移性羞耻虽然都是青少年自己作为情绪的体验者，但是自我羞耻情绪中羞耻事件的当事人与情绪体验者都是青少年自己，而转移性羞耻情绪中当事人与情绪体验者是分离的，分别是青少年母亲和自己。转移性羞耻情绪的体验具有某种"替代性经验"的特点，从干预羞耻事件角度而言，具有间接性。当青少年采用自我责备策略调节羞耻情绪时，调节策略的自我指向性与自我羞耻情绪的"行为与体验"自我一致性相重叠，因此，对自我羞耻情绪的调节效果更强。此外，由于直接体验比间接体验更加有效（库伯，2008），当行为主体与体验主体一致时，体验最为强烈。

  研究采用特定策略调节青少年自我羞耻和转移性羞耻情绪，得到如下结论:(1)重新计划策略、自我责备策略可以增强青少年相同情境下自我羞耻强度,以及相同情境下女生的转移性羞耻强度,调节效应均处于中等水平。(2)经过自我责备策略调节后,自我羞耻情绪强度比转移性羞耻强度更高,调节效应也更大,主要反映在女生行为羞耻、男生家庭羞耻方面。

第七章　青少年羞耻调节影响亲社会行为的实验研究

由于羞耻会带来痛苦、难堪等不舒服情绪体验,羞耻情绪的消极影响和负性功能一直是其主要研究视角。但是羞耻情绪对个体影响具有双面性,即功能价值与病理作用(高隽,钱铭怡,2009),或者说,羞耻情绪的功能上具有破坏性与建设性(Tangney, Stuewig, Martinez, 2014),尤其是在东方文化中,建设性功能更为凸显。在此背景下,羞耻情绪功能的建构性逐渐得到关注。羞耻情绪建设性视角下,基于 Nathanson 的"四极单面"平面型罗盘模型,本书提出模拟的"四极双面"立体型罗盘扩展模型(见图4-1),通过第七章实验研究(实验7)和第八章实验研究(实验8),验证和完善该模拟的罗盘扩展模型中的"一极两面"("亲社会性与攻击他人")部分。本章研究探索该"一极"的建设性方面(正面),即自我羞耻情绪与转移性羞耻情绪的自我调节是否影响青少年的亲社会行为。

虽然有些研究认为羞耻感与亲社会行为之间没有联系,或不能促进亲社会行为(Bracht, Regner, 2013; Ross, Hodges, 2014; Hoffman, Morgan, 2015)。但是羞耻与积极行为的关系研究显示,羞耻情绪能够促进个体的积极行为(俞国良,赵军燕,2009)。羞耻也会影响道歉、助人等亲社会行为(Shepherd, Spears, Manstead, 2013),增强人际间的合作(de Hooge, Breugelmans, Zeelenberg, 2008),增加捐款数量(杜灵燕,2012),或者抑制刑满释放人员的再犯行为发生、与反社会行为负相关(Olthof, 2012; Tangney, Stuewig, Martinez, 2014)。与对照条件比较,大学生在羞耻诱发条件下的外显亲社会行为评分显著更高(姚薇,王柳生,李皓,2019)。然而,如果介入自我调节,羞耻与亲社会行为(倾向)之间的关系是否发生变化,现有研究不能提供直接证据。

亲社会行为是指个体在社会交往的情境中有意识地做出的有利于他人的行为(Carlo, 2014),有利于他人、群体、社会,有利于交往双方的和谐,具有个人意义与社会价值(张梦圆,杨莹,寇彧,2015)。亲社会行为侧重于个体具有实施亲社会行为的心理倾向,而非实际的发生行为。根据 Carlo(2014)和寇彧等(2007)的界定与测量工具的制作,亲社会行为包括公开的、匿名的、利他的、依从的、情绪性的和紧急的六种亲社会行为。基于本书关注的羞耻情绪,本章研究中的外显亲社会行为侧重于依从性和情绪性的内容。

内隐亲社会行为是由过去经验所形成的一种自动化的、内隐的心理结构,这种结构会潜在地、自动地影响个体进行与亲社会性有关的判断和行为(丁芳,张露,谭彩霞,2015)。所以内隐亲社会行为指个体在潜意识层面作出的、自动化的、有利于他人的行为倾向。由于内隐测量方法对于社会性的测量和研究,能够更加真实地反映被试心理加工规律,因此,本章研究同时增加内隐亲社会行为的测量。

本章的研究目的是探索采用重新计划策略、自我责备策略等特定策略调节自我羞耻情绪、转移性羞耻情绪,是否影响青少年的亲社会行为。研究包括5个分实验,分别依次研究自我羞耻和转移性羞耻在策略自我调节下,外显加工任务和内隐加工任务中的亲社会行为的变化。

第一节 青少年自我羞耻调节影响外显亲社会行为的研究

一、研究目的

探索采用不同调节策略调节自我羞耻情绪是否影响外显亲社会行为。(1)自变量调节策略为被试内变量。调节策略与实验6.1一致,包括重新计划、自我责备、不调节,在实验过程中分别表述为更为具体、明确的指示。①自我责备,表述为"我责备着自己",比如:我应该被责备;我要对发生过的事承担责任;在这种情况下的错误是我造成的;事情发生的主要原因是我自己。②重新计划,表述为"我设法做得更好",比如:我想怎样能做得更好;我想怎样最好地应对这些情况;我想怎样去改变这种情况;我想一个怎样做得更好的计划。③不调节,指被试什么都不要做,只是视线停留在屏幕上的指示语"不调节"。当电脑提示需要运用某方法时,被试可以想象或心里默念对应的具体的方法。

(2)自变量羞耻亚类为被试内变量。羞耻亚类依托到青少年独特和相同的情境类型。青少年独特的故事情境类型对应于个性羞耻、行为羞耻、能力羞耻,相同的故事情境类型对应于行为羞耻、身体羞耻、家庭羞耻。每个羞耻亚类有一个具体的故事情境。(3)自变量性别为被试间变量,被试自我评定的亲社会行为评分为因变量。基于本书关注的羞耻情绪,本章研究中的外显亲社会行为侧重于依从性和情绪性的内容。

二、研究方法

(一)被试

47 名七年级学生参加实验。有效被试 37 名,年龄 M = 14.09 岁,SD = 0.49 岁,男生 18 名,女生 19 名。数据有效率为 65%。

(二)材料

1. 自我羞耻情绪诱发材料与放松材料

自我羞耻情绪的诱发材料、放松图片、放松音乐等均与实验 6.1 的材料相同。

2. 青少年亲社会行为测量

参考已有的青少年亲社会行为量表(寇彧等,2007),以及亲社会行为的理论研究,本实验从该量表中选取了 6 个项目为实验中使用(见附录5)。原量表包括 6 个分量表,本实验选取的项目属于情绪性分量表、依从性分量表。根据亲社会行为的理论,情绪性的亲社会行为是指个体在自己情绪被唤起的情境中做出亲社会行为的倾向,比如,"当别人心情很不好的时候,我常常帮助他们"。依从的亲社会行为指个体在他人请求下做出亲社会行为的倾向,比如,"当别人请我帮忙时,我会毫不犹豫地帮助他们"。

(三)程序

实验程序大致与实验 6.1 相似,但是有些部分存在差异。实验内容包括两个部分,分别是诱发—调节部分、行为倾向测量部分,两个部分合在同一个程序里完成。整个实验也包括练习阶段和正式实验阶段。练习阶段包括被试感知实验程序流程,以及理解调节策略具体做法。

自我羞耻的青少年独特故事情境包括个性羞耻情境、行为羞耻情境、能力羞耻情境。相同故事情境包括行为羞耻情境、身体羞耻情境、家庭羞耻情境。

独特情境和相同情境共 6 个故事情境组成一个 block，3 套故事情境为 3 个 block，同一类故事情境的 3 个故事情境随机分到某个 block。因此，一个 block 内有 6 个 trial，3 个 block 共 18 个 trial。令 block 之间的呈现顺序随机化，block 内的故事情境也是随机呈现。每个 block 要求被试只采用一种调节策略，block 之间有 120 s 的放松音乐和 3 min 的休息时间。

试验程序具体包括以下步骤，一个 trial 具体程序如下（见图 7-1）。(1) 开始。屏幕中央显示向上或向下或短横符号，提示该次试验中需要被试采用相应的重新计划、自我责备或者不调节策略，时间持续 2 s。(2) 自我羞耻情绪的诱发。屏幕呈现一张素描图片，同时被试佩戴的耳机中播放图片对应的故事情境的语音。指导语已经要求被试充分想象自己就是故事情境中的主人公，从而获得充分的羞耻情绪体验。语音音频结束后，图片也随之消失。平均时长大约 41 s。(3) 自我羞耻情绪的调节。屏幕出现提示，被试按照一定方式对自己的羞耻情绪进行调节。一个 block 里只有一种调节方式。调节策略包括重新计划、自我责备、未调节，用简单的短语指示被试操作，时间为 5 s。(4) 亲社会行为的评定。屏幕上出现一句话，即亲社会行为量表的项目内容，如"当别人心情很不好的时候，我常常帮助他们"，指导语已经要求被试自我评定"此刻我觉得自己在多大程度上符合这句话"。同时屏幕上采用视觉图形化的 4 级计分：1 最不符合，4 最符合。被试通过按键完成评定，按键之后屏幕内容消失。从量表中选取的 6 个项目，在区组内随机化呈现。(5) 放松阶段。屏幕呈现中性图片，同时耳机播放放松音乐，让被试放松情绪状态。

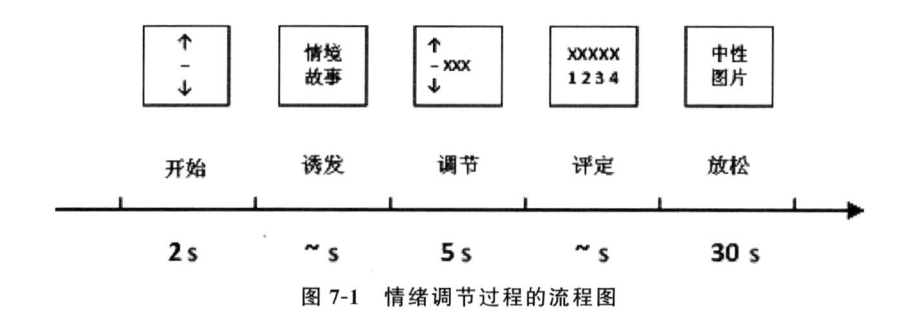

图 7-1 情绪调节过程的流程图

三、研究结果

根据被试在亲社会行为自我评定期间的反应时筛选数据。按照以下标准保留数据：反应时大于 300 ms 且小于 20000 ms，三种调节策略下数据均没有缺失。最终数据有效率为65%。

(一) **总体情境下自我羞耻调节对外显亲社会行为的影响**

以调节策略、羞耻情境为自变量,青少年调节后的外显亲社会行为评分为因变量进行重复测量方差分析。结果显示,调节策略主效应不显著,$F(2,306)=1.35, p>0.05$。羞耻情境主效应也不显著,$F(5,153)=0.44, p>0.05$。调节策略与羞耻情境的交互作用也不显著,$F(10,306)=1.17, p>0.05$。这表明调节策略、羞耻情境不能独立或共同地影响青少年的外显亲社会行为评分。具体评分情况见表7-1。

表7-1 不同情境下自我羞耻调节后的外显亲社会行为评分

调节策略	羞耻情境	M	SD
未调节	个性/吃饭发出声音	3.17	0.93
	行为/考试舞弊行为	3.32	0.75
	身体/身体体味难闻	3.48	0.74
	能力/学业成绩不佳	3.21	0.93
	家庭/家庭关系不和	3.12	0.88
	行为/随地乱扔垃圾	3.26	0.98
	总计	3.26	0.87
重新计划	个性/吃饭发出声音	3.34	0.72
	行为/考试舞弊行为	3.08	0.95
	身体/身体体味难闻	3.17	0.89
	能力/学业成绩不佳	3.25	0.90
	家庭/家庭关系不和	3.44	0.65
	行为/随地乱扔垃圾	3.30	0.93
	总计	3.26	0.85
自我责备	个性/吃饭发出声音	2.83	1.00
	行为/考试舞弊行为	3.12	0.97
	身体/身体体味难闻	3.21	0.86
	能力/学业成绩不佳	3.33	0.76
	家庭/家庭关系不和	3.32	0.75
	行为/随地乱扔垃圾	3.00	0.88
	总计	3.13	0.88

(二)独特情境下自我羞耻调节对外显亲社会行为的影响

在青少年独特情境方面,以调节策略、羞耻情境为自变量,以青少年的外显亲社会行为评分为因变量进行重复测量方差分析。分析结果显示,调节策略主效应不显著,$F(2,150)=0.72, p>0.05$,表明不同调节策略的运用,不会影响青少年随后的外显亲社会行为的评价。羞耻情境主效应不显著,$F(2,75)=0.43, p>0.05$。调节策略与羞耻情境的交互作用不显著,$F(4,150)=0.95, p>0.05$。具体评分情况见表7-2。

表7-2 青少年独特情境下自我羞耻调节后的外显亲社会行为评分

调节策略	羞耻情境	M	SD
未调节	个性/吃饭发出声音	3.17	0.93
	行为/考试舞弊行为	3.32	0.75
	能力/学业成绩不佳	3.21	0.93
	总计	3.23	0.87
重新计划	个性/吃饭发出声音	3.34	0.72
	行为/考试舞弊行为	3.08	0.95
	能力/学业成绩不佳	3.25	0.90
	总计	3.23	0.85
自我责备	个性/吃饭发出声音	2.83	1.00
	行为/考试舞弊行为	3.12	0.97
	能力/学业成绩不佳	3.33	0.76
	总计	3.08	0.94

(三)相同情境下自我羞耻调节对外显亲社会行为的影响

在青少年相同情境方面,以调节策略、羞耻情境为自变量,以青少年的外显亲社会行为评分为因变量进行重复测量方差分析。分析结果显示,调节策略主效应不显著,$F(2,156)=0.64, p>0.05$,表明不同调节策略的运用,不会影响青少年随后的外显亲社会行为的评价。羞耻情境主效应不显著,$F(2,78)=0.31, p>0.05$。调节策略与羞耻情境的交互作用不显著,$F(4,156)=1.47, p>0.05$。具体评分情况见表7-3。

表 7-3　青少年相同情境下自我羞耻调节后的外显亲社会行为评分

调节策略	羞耻情境	M	SD
未调节	行为/随地乱扔垃圾	3.26	0.98
	身体/身体体味难闻	3.48	0.74
	家庭/家庭关系不和	3.12	0.88
	总计	3.30	0.87
重新计划	行为/随地乱扔垃圾	3.30	0.95
	身体/身体体味难闻	3.17	0.89
	家庭/家庭关系不和	3.44	0.65
	总计	3.30	0.84
自我责备	行为/随地乱扔垃圾	3.00	0.88
	身体/身体体味难闻	3.21	0.86
	家庭/家庭关系不和	3.32	0.75
	总计	3.17	0.83

四、分析与讨论

无论是处于青少年独特情境还是相同情境,青少年对自我羞耻情绪不调节、进行重新计划策略调节、进行自我责备策略调节后的外显亲社会行为没有显著差异。已有关注羞耻情绪与亲社会行为关系实证研究发现:与中性诱发材料组比较,中学生的羞耻情绪不能直接促进道德行为,只有了解捐助对象的条件下,羞耻情绪组的青少年(九年级学生)才会捐出更多的款项,产生实际的亲社会行为(杜灵燕,2012);内源性羞耻可以促进大学生自我实现的、着眼于人际良好合作的亲社会行为(de Hooge, Breugelmans, Zeelenberg, 2008)。不过,与这些被试间设计、不涉及个体的自我调节作用的研究不同,本节研究增加了个体的自我调节。不同的个体具有不同的自我评价标准。被试间设计中,由于羞耻情绪的内涵依赖于个体基于内化的标准所进行的自我评价,当介入策略的自我调节时,在具体的情境中,个体会产生不同程度的情绪体验,并持有不同标准的自我调节。与此不同,本节研究采用被试内设计,实现基于个体内相同的自我标准进行自我评价。实验结果显示,采用特定策略调节自我羞耻情绪后,不影响青少年的外显亲社会行为。虽然两种策略分别关注前提或关注反应,但是该自我干预不能直接作用到个体的亲社会行为。根据承诺装置理论(Frank,1988),羞耻情绪与亲社会行为建立联系是借助于个体在羞耻事件中产生的补偿动机。实验中被试采用的自我调节的策略不能影响青少年的补偿动机,从而无法作用于外显亲社会倾向。

五、结论

行为实验结果显示,与不调节条件相比较,重新计划与自我责备策略对青少年自我羞耻情绪的调节不会影响青少年的外显亲社会行为。

第二节 青少年转移性羞耻调节影响外显亲社会行为的研究

一、研究目的

探索采用不同调节策略调节转移性羞耻情绪是否影响外显亲社会行为。(1)自变量调节策略为被试内变量。调节策略与实验6.1一致,包括重新计划、自我责备、不调节,在实验过程中分别表述为更为具体、明确的指示。①自我责备,表述为"我责备着自己",比如:我应该被责备;我要对发生过的事承担责任;在这种情况下的错误是我造成的;事情发生的主要原因是我自己。②重新计划,表述为"我设法做得更好",比如:我想怎样能做得更好;我想怎样最好地应对这些情况;我想怎样去改变这种情况;我想一个怎样做得更好的计划。③未调节,指被试什么都不要做,只是视线停留在屏幕上的指示语"不调节"。当电脑提示需要运用某方法时,被试可以想象或心里默念对应的具体的方法。(2)自变量羞耻亚类为被试内变量。羞耻亚类依托到成人独特和相同的情境类型。成人独特的故事情境类型对应于个性羞耻、行为羞耻、身体羞耻,相同的故事情境类型对应于行为羞耻、身体羞耻、家庭羞耻。每个羞耻亚类有一个具体的故事情境。(3)自变量性别为被试间变量,被试自我评定的亲社会行为评分为因变量。

二、研究方法

(一)被试

48名七年级学生参加实验,有效被试46名,年龄 $M=13.72$ 岁,$SD=0.67$

岁,男生 22 名,女生 24 名。

(二)材料

转移性羞耻情绪的诱发材料采用实验 6.2 的故事情境。放松图片、放松音乐采用实验 6.1 的材料。青少年亲社会行为测量的材料与实验 7.1 一致。

(三)程序

实验程序大致与实验 6.1 相似,但是有些部分存在差异。实验内容包括两个部分,分别是诱发—调节部分、行为倾向测量部分,两个部分合在同一个程序里完成。整个实验也包括练习阶段和正式实验阶段。练习阶段包括被试感知实验程序流程,以及理解调节策略具体做法。

转移性羞耻的成人独特故事情境包括个性羞耻情境、行为羞耻情境、身体羞耻情境。相同故事情境包括行为羞耻情境、身体羞耻情境、家庭羞耻情境。独特情境和相同情境共 6 个故事情境组成一个 block,3 套故事情境为 3 个 block,同一类故事情境的 3 个故事情境随机分到某个 block。因此,一个 block 内有 6 个 trial,3 个 block 共 18 个 trial。令 block 之间的呈现顺序随机化,block 内的故事情境也是随机呈现。每个 block 要求被试只采用一种调节策略,block 之间有 120 s 的放松音乐和 3 min 的休息时间。

试验程序具体包括以下步骤,一个 trial 具体程序与实验 7.1 相似(见图 7-1)。(1)开始。屏幕中央显示向上或向下或短横符号,提示该次试验中需要被试采用相应的重新计划、自我责备或者不调节策略,时间持续 2 s。(2)转移性羞耻情绪的诱发。屏幕呈现一张素描图片,同时被试佩戴的耳机中播放图片对应的故事情境的语音。指导语已经要求被试充分想象故事情境中的主人公就是自己的母亲,从而获得充分的羞耻情绪体验。语音音频结束后,图片也随之消失。平均时长大约 43 s。(3)转移性羞耻情绪的调节。屏幕出现提示,被试按照一定方式对自己的羞耻情绪进行调节。一个 block 里只有一种调节方式。调节策略包括重新计划、自我责备、未调节,用简单的短语指示被试操作,时间为 5 s。(4)亲社会行为的评定。屏幕上出现一句话,即亲社会行为量表的项目内容,如"当别人心情很不好的时候,我常常帮助他们",指导语已经要求被试自我评定"此刻我觉得自己在多大程度上符合这句话"。同时屏幕上采用视觉图形化的 4 级计分:1 最不符合,4 最符合。被试通过按键完成评定,按键之后屏幕内容消失。从量表中选取的 6 个项目,在区组内随机化呈现。(5)放松阶段。屏幕呈现中性图片,同时耳机播放放松音乐,让被试放松情绪状态,时间为 30 s。

三、研究结果

根据被试在亲社会行为自我评定期间的反应时筛选数据。按照以下标准保留数据:反应时大于 300 ms 且小于 20000 ms,三种调节策略下数据均没有缺失。数据有效率为 83%。

(一)总体情境下转移性羞耻调节对亲社会行为的影响

以调节策略、羞耻情境、性别为自变量,以青少年的外显亲社会行为评分为因变量进行重复测量方差分析。分析结果显示,调节策略主效应不显著, $F(2,936)=0.69, p>0.05$,表明不同的调节策略不会独立影响青少年自我评定的外显亲社会行为。情境主效应不显著, $F(5,468)=0.91, p>0.05$,表明转移性羞耻亚类(情境)不会独立影响外显亲社会行为评分。性别主效应显著, $F(1,468)=8.373, p<0.01, \eta^2=0.02$,女生的外显亲社会行为评分(M=3.41,SE=0.05)显著高于男生(M=3.20,SE=0.06)。

调节策略与性别的交互作用显著, $F(2,936)=6.54, p<0.01, \eta^2=0.014$。调节策略、羞耻情境、性别的交互作用显著, $F(10,936)=3.45, p<0.001, \eta^2=0.04$,表明三变量能够共同影响青少年的外显亲社会行为。

进一步简单简单效应分析,从调节策略角度分析显示,女生的个性转移性羞耻经不同策略调节后,其外显亲社会行为评分存在显著差异, $F(2,936)=6.59, p=0.001$,女生的个性转移性羞耻经过重新计划、自我责备两种调节策略调节后,其外显亲社会行为评分均显著高于未调节条件的评分, $ps<0.05$。女生的随地乱扔垃圾的行为转移性羞耻经不同策略调节后,其外显亲社会行为评分存在边缘显著差异, $F(2,936)=2.61, p=0.074$,女生的重新计划、自我责备两种策略下的评分均显著高于不调节条件下的评分, $ps<0.001$。男生的家庭转移性羞耻经不同策略调节后,其外显亲社会行为评分存在显著差异, $F(2,936)=4.65, p=0.01$,自我责备策略后的外显亲社会行为评分显著高于未调节条件下的评分, $p<0.05$。

从性别角度分析显示,对个性转移性羞耻采用重新计划调节时,女生的外显亲社会行为评分显著高于男生, $F(1,473)=8.56, p<0.01$;对家庭转移性羞耻采用重新计划调节时,女生的外显亲社会行为评分显著高于男生, $F(1,473)=5.82, p<0.05$;对行为转移性羞耻(随地乱扔垃圾)采用重新计划调

节时,女生的外显亲社会行为评分边缘显著高于男生,$F(1,473)=3.19$,$p=0.075$。对个性转移性羞耻采用不调节时,男生的外显亲社会行为评分显著高于女生,$F(1,473)=8.56$,$p<0.05$;对家庭转移性羞耻采取不调节时,女生的外显亲社会行为评分显著高于男生,$F(1,473)=7.57$,$p<0.01$。见表7-4。

表7-4 不同情境、不同性别的转移性羞耻调节后外显亲社会行为评分

调节策略	羞耻情境	性别	M	SD
未调节	个性/生性过于懦弱	男	3.42	0.83
		女	2.95	1.23
	行为/当众与人吵架	男	3.24	1.08
		女	3.43	0.89
	身体/步行姿势不雅	男	3.26	0.92
		女	3.48	0.92
	身体/身体体味难闻	男	3.24	1.02
		女	3.18	1.08
	家庭/家庭关系不和	男	2.94	1.13
		女	3.57	0.91
	行为/随地乱扔垃圾	男	3.33	0.89
		女	3.29	0.94
重新计划	个性/生性过于懦弱	男	2.74	1.18
		女	3.43	0.97
	行为/当众与人吵架	男	3.38	0.96
		女	3.57	0.89
	身体/步行姿势不雅	男	3.26	1.03
		女	3.57	0.91
	身体/身体体味难闻	男	3.06	1.13
		女	3.23	1.10
	家庭/家庭关系不和	男	3.06	1.18
		女	3.62	0.91
	行为/随地乱扔垃圾	男	3.17	1.08
		女	3.57	0.91

续表

调节策略	羞耻情境	性别	M	SD
自我责备	个性/生性过于懦弱	男	3.16	1.10
		女	3.38	0.96
	行为/当众与人吵架	男	3.19	1.19
		女	3.48	0.89
	身体/步行姿势不雅	男	3.11	0.98
		女	3.43	0.91
	身体/身体体味难闻	男	3.24	0.96
		女	3.27	0.97
	家庭/家庭关系不和	男	3.41	0.78
		女	3.43	0.80
	行为/随地乱扔垃圾	男	3.28	1.00
		女	3.57	0.91

(二)独特情境下转移性羞耻调节对外显亲社会行为的影响

以调节策略、羞耻情境、性别为自变量,以青少年的外显亲社会行为评分为因变量进行重复测量方差分析。分析结果显示,调节策略主效应不显著,$F(2,484)=0.19$,$p>0.05$,表明不同的调节策略不会独立影响青少年自我评定的外显亲社会行为。情境主效应不显著,$F(2,242)=1.37$,$p>0.05$,表明转移性羞耻情境不会独立影响外显亲社会行为评分。性别主效应显著,$F(1,242)=4.15$,$p<0.05$,$\eta^2=0.02$,女生的外显亲社会行为评分(M=3.41,SE=0.07)显著高于男生(M=3.20,SE=0.08)。

调节策略与性别的交互作用显著,$F(2,484)=6.60$,$p=0.01$,$\eta^2=0.027$。调节策略、羞耻情境、性别的交互作用显著,$F(4,484)=5.02$,$p=0.001$,$\eta^2=0.04$,表明三变量能够共同影响青少年的外显亲社会行为。

进一步简单简单效应分析,从调节策略角度分析显示,女生的个性转移性羞耻经不同策略调节后,其外显亲社会行为评分存在显著差异,$F(2,484)=6.76$,$p=0.001$,女生经过重新计划、自我责备两种调节策略调节后的外显亲社会行为评分均显著高于未调节条件的评分,$ps<0.05$。男生的个性转移性羞耻经不同策略调节后,其外显亲社会行为评分存在显著差异,$F(2,484)=10.59$,$p<0.001$,重新计划策略后外显亲社会行为评分显著低于未调节条件

下的评分，$p<0.01$，也显著低于采用自我责备策略后的评分，$p<0.05$，而经自我责备策略后的评分边缘显著低于未调节下的评分，$p=0.067$。

从性别角度分析显示，对个性转移性羞耻采用重新计划调节后，女生的外显亲社会行为评分显著高于男生，$F(1,244)=8.90$，$p<0.01$。对个性转移性羞耻采用未调节时，男生的外显亲社会行为评分显著高于女生，$F(1,244)=4.73$，$p<0.05$。见表7-5。

表7-5 成人独特情境下转移性羞耻调节后外显亲社会行为评分

调节策略	羞耻情境	性别	M	SD
未调节	个性/生性过于懦弱	男	3.42	0.83
		女	2.95	1.23
	行为/当众与人吵架	男	3.24	1.08
		女	3.43	0.89
	身体/步行姿势不雅	男	3.26	0.92
		女	3.48	0.92
重新计划	个性/生性过于懦弱	男	2.74	1.18
		女	3.43	0.97
	行为/当众与人吵架	男	3.38	0.96
		女	3.57	0.89
	身体/步行姿势不雅	男	3.26	1.03
		女	3.57	0.91
自我责备	个性/生性过于懦弱	男	3.16	1.10
		女	3.38	0.96
	行为/当众与人吵架	男	3.19	1.19
		女	3.48	0.89
	身体/步行姿势不雅	男	3.11	0.98
		女	3.43	0.91

(三) 相同情境下转移性羞耻调节对外显亲社会行为的影响

以调节策略、羞耻情境、性别为自变量，以青少年的外显亲社会行为评分为因变量进行重复测量方差分析。分析结果显示，调节策略主效应不显著，$F(2,452)=1.63$，$p>0.05$，表明不同的调节策略不会独立影响青少年自我评定的外显亲社会行为。情境主效应不显著，$F(2,226)=0.89$，$p>0.05$，表明转移性羞耻情境不会独立影响外显亲社会行为评分。性别主效应显著，$F(1,226)=4.24, p<0.05, \eta^2=0.02$，女生的外显亲社会行为评分（M=3.41，SE=0.07）显著高于男生（M=3.19，SE=0.08）。

调节策略、羞耻情境、性别的交互作用显著，$F(4,452)=2.63, p<0.05, \eta^2=0.023$，表明三变量能够共同影响青少年的外显亲社会行为。

进一步简单简单效应分析，从调节策略角度分析显示，女生的行为转移性羞耻经不同策略调节后，其外显亲社会行为评分存在边缘显著差异，$F(2,452)=2.54, p=0.080$，女生经过重新计划、自我责备两种调节策略调节后，其外显亲社会行为评分均显著高于未调节条件的评分，$ps<0.001$。男生的家庭转移性羞耻经不同策略调节后，其外显亲社会行为评分存在显著差异，$F(2,452)=4.53, p<0.05$，自我责备策略边缘显著高于未调节后评分，$p=0.058$。

从性别角度分析显示，对家庭转移性羞耻采用重新计划调节后，女生的外显亲社会行为评分显著高于男生，$F(1,228)=5.62, p<0.05$。对行为转移性羞耻采用重新计划调节后，女生的外显亲社会行为评分显著高于男生，$F(1,228)=3.09, p=0.08$。对家庭转移性羞耻采用未调节时，女生的外显亲社会行为评分显著高于男生，$F(1,228)=7.58, p<0.01$。见表7-6。

表7-6 成人相同情境下转移性羞耻调节后的外显亲社会行为评分

调节策略	羞耻情境	性别	M	SD
未调节	身体/身体体味难闻	男	3.24	1.02
		女	3.18	1.08
	家庭/家庭关系不和	男	2.94	1.13
		女	3.57	0.91
	行为/随地乱扔垃圾	男	3.33	0.89
		女	3.29	0.94
重新计划	身体/身体体味难闻	男	3.06	1.13
		女	3.23	1.10
	家庭/家庭关系不和	男	3.06	1.18
		女	3.62	0.91
	行为/随地乱扔垃圾	男	3.17	1.08
		女	3.57	0.91

续表

调节策略	羞耻情境	性别	M	SD
自我责备	身体/身体体味难闻	男	3.24	0.96
		女	3.27	0.97
	家庭/家庭关系不和	男	3.41	0.78
		女	3.43	0.80
	行为/随地乱扔垃圾	男	3.28	1.00
		女	3.57	0.91

四、分析与讨论

总体上不考虑情境的特异性时,女生的个性转移性羞耻经过重新计划、自我责备两种调节策略调节后,其外显亲社会行为评分均显著高于不调节条件的评分;女生的随地乱扔垃圾的行为转移性羞耻经过重新计划、自我责备两种调节策略调节后,其外显亲社会行为评分均高于未调节条件的评分。对与母亲相关的个性转移性羞耻进行补救型或者反应型策略调节后,为了补偿由此带来的羞耻体验,策略的调节带来了更高的亲社会行为评分。

不同类型的调节策略对青少年外显亲社会行为的影响在不同的羞耻情境下是不同的。成人独特情境下,女生的个性转移性羞耻经过重新计划、自我责备两种调节策略调节后,其外显亲社会行为评分均显著高于未调节条件下的评分;男生个性转移性羞耻经重新计划策略调节后,其外显亲社会行为评分显著低于不调节、采用自我责备策略调节后评分,而采用自我责备策略后评分只是具有低于未调节时评分的趋势。成人相同情境下,女生行为转移性羞耻经过重新计划、自我责备两种调节策略调节后,其外显亲社会行为评分均显著高于未调节条件下的评分,男生的家庭转移性羞耻经过自我责备策略调节后,其外显亲社会行为评分只是具有高于未调节时评分的趋势。对家庭转移性羞耻、行为转移性羞耻采用重新计划调节后,女生的外显亲社会行为评分显著高于男生;对家庭转移性羞耻采用未调节时,女生的外显亲社会行为评分显著高于男生。

母亲在公共场合表现得个性过于懦弱,具有高移情特点的女生采用策略调节由此诱发自己的转移性羞耻情绪,根据承诺装置理论的补偿性(Frank,

1988），女生通过对他人、社会产生亲社会行为来补偿自身体验到的、因母亲个性懦弱引发的羞耻情绪，由此产生独特情境下的女性个性转移性羞耻对外显亲社会行为的增强效应。但是对于同样的母亲个性懦弱的羞耻情境，低移情的男生采用重新计划策略调节转移性羞耻情绪后，呈现最低的外显亲社会行为。

性别差异方面，总体上，女生的外显亲社会行为评分显著高于男生；对个性转移性羞耻、家庭转移性羞耻采用重新计划调节后，女生的外显亲社会行为评分显著高于男生；对个性转移性羞耻采用未调节时，男生的外显亲社会行为评分显著高于女生，对家庭转移性羞耻采取未调节时，女生的外显亲社会行为评分显著高于男生。成人独特情境下，对个性转移性羞耻采用不调节时，男生的外显亲社会行为评分显著高于女生，而进行重新计划调节后，发生逆转，女生的外显亲社会行为评分显著高于男生。成人相同情境下，对家庭转移性羞耻、行为转移性羞耻采用重新计划调节后，女生的外显亲社会行为评分显著高于男生；对家庭转移性羞耻采用不调节时，女生的外显亲社会行为评分显著高于男生。

外显亲社会行为的性别差异随调节策略、羞耻情境而不同，与性别心理特点有关。女生比男生更加关注人际关系与交往，移情水平也比男生更高（苏彦捷，黄翯青，2014）。面临与母亲相关的个性懦弱、家庭关系不和、随地乱扔垃圾等具体的羞耻情境时，重新计划策略可以促使女生假想通过具有亲社会行为的补偿行为，应对可能带来的转移性羞耻，因而呈现出更高的外显亲社会行为评分。

未调节条件下，与母亲相关的生性懦弱诱发的转移性羞耻，促使男生通过补偿，表现出更高的外显亲社会行为评分。而因母亲而家庭关系不和的情境下，重视关系型人际、重视女性在家庭的特殊角色的女生会有更强烈的动机去采用补偿性行为，处理自身体验到的转移性羞耻，因而表现出更高的外显亲社会行为评分。

五、结论

经过自我调节后的青少年转移性羞耻情绪随性别、羞耻情境而不同程度地影响了随后的外显亲社会行为倾向。具体而言，与未调节条件比较，转移性羞耻经过调节后会增强其外显亲社会行为倾向，体现在总体情境和成人独特情境下的女生个性转移性羞耻、成人相同情境下的女生行为转移性羞耻。女生的外显亲社会行为评分高于男生,分别涉及总体上的个性与家庭转移性羞耻,独特情境里的个性转移性羞耻,相同情境的家庭与行为转移性羞耻。

第三节 自我羞耻与转移性羞耻调节影响外显亲社会行为的比较

一、研究目的

本节研究(实验7.3)的目的是直接比较调节自我羞耻和转移性羞耻后的外显亲社会行为,所以是基于实验7.1和实验7.2的数据。自变量调节策略为被试内变量,重新计划、自我责备、不调节。自变量羞耻主类为被试间变量,包括自我羞耻和转移性羞耻。自变量羞耻亚类为被试内变量,是相同情境类型中的行为羞耻、身体羞耻、家庭羞耻。自变量性别为被试间变量。因变量为被试自我评定的外显亲社会行为评分。

二、研究方法

(一)被试

一共95名七年级学生参加实验,有效被试共83名。其中,自我羞耻情绪组被试37名,男生18名,女生19名。转移性羞耻情绪组被试46名,男生22名,女生24名。总体的年龄情况为 $M=13.89$ 岁,$SD=0.62$。

(二)材料

虚拟羞耻故事情境采用实验7.1和7.2中"相同情境"部分。自我羞耻的相同情境中,主人公为"我",而转移性羞耻的相同情境中,主人公为"我的妈妈"。一共包括行为、身体、家庭方面的羞耻,3套3类羞耻一共18个故事情境。所有故事情境都转化为音频,配上相应的图片。

放松图片和放松音乐同实验7.1和实验7.2。

(三)程序

程序与实验7.1、实验7.2一致。

三、研究结果

关注在相同情境中自我羞耻和转移性羞耻的比较。以调节策略、羞耻主类为自变量,以青少年在相同情境中经过调节后的外显亲社会行为评分为因变量进行重复测量方差分析。结果显示,调节策略主效应不显著,$F(2,1274)=1.00,p>0.05$。羞耻主类主效应不显著,$F(1,637)=1.76,p>0.05$。调节策略与羞耻主类交互作用边缘显著,$F(2,1274)=2.37,p=0.09,\eta^2=0.004$。简单效应分析显示,采用自我责备策略调节转移性羞耻后的外显亲社会行为评分显著高于调节自我羞耻后的外显亲社会行为评分,$F(1,637)=5.79,p<0.05$。经重新计划策略调节、未调节自我羞耻与转移性羞耻,外显亲社会行为评分均不存在显著差异,$Fs<1,ps>0.05$。具体评分情况见表7-7。

表7-7 相同情境下自我羞耻与转移性羞耻调节后的外显亲社会评分

调节策略	羞耻主类	M	SD
未调节	自我羞耻	3.26	0.87
	转移性羞耻	3.28	1.00
重新计划	自我羞耻	3.26	0.85
	转移性羞耻	3.32	1.04
自我责备	自我羞耻	3.13	0.88
	转移性羞耻	3.33	0.96

四、分析与讨论

在随地乱扔垃圾、身体体味难闻、家庭关系不和等相同故事情境里,故事主角分别为自己或者母亲时,青少年采用自我责备策略调节自己的羞耻情绪,结果显示,调节转移性羞耻后的外显亲社会行为评分显著高于调节自我羞耻后的评分。这与转移性羞耻概念特点、个体自我归因有关。转移性羞耻的事件中,母亲是羞耻事件的当事人,青少年是羞耻情绪的体验者。客观上,转移性羞耻牵涉个体与母亲之间的人际关系,而外显亲社会行为是个体在人际互动中作出有利于他人的意向,本质上是与他人有关。因此,转移性羞耻与外显亲社会行为之间具有一定的契合性,从与他人互动的角度看,与自我羞耻比较,转移性羞耻与外显亲社会行为有更多的共享空间。

另外,因母亲与自己的亲缘血缘关系,青少年在这些与母亲相关的事件中,同在与自己相关事件中相比较,显得更加无助和不可控,这种不可控、无助情感与自我责备策略更具匹配性,自我责备策略具有自我指向性,根据自我意识情绪的归因模型(Lewis,2008;Muris,Meesters,2013),将导致青少年更强的羞耻情绪。当青少年为此进行自我责备时,需要采用某种方式进行补偿,因此,外显亲社会行为是青少年面临与母亲相关的羞耻事件而无能为力时的补偿的体现。

五、结论

自我责备策略调节下,转移性羞耻比自我羞耻更加能增强青少年的外显亲社会行为倾向。

第四节　青少年自我羞耻调节影响内隐亲社会行为的研究

一、研究目的

探索自我羞耻情绪是否存在内隐亲社会行为,以及自我羞耻经自我责备策略调节后是否影响亲社会行为的内隐性。

二、研究方法

(一)被试

将124名七年级学生随机分到不调节组、自我责备调节组。62名七学生参加不调节组内隐实验。按照下述数据处理的标准,删除正确率低于0.8的13名被试,实际有效被试为49名,年龄 $M=13.88$ 岁, $SD=0.67$,男生23名,女生26名。62名七学生参加自我责备调节组实验。按照下述数据处理的标准,删除正确率低于0.8的16名被试,实际有效被试为46名,年龄 $M=14.09$

岁,SD=0.46,男生19名,女生27名。

(二)材料

1.自我羞耻情绪诱发材料

从实验6.1中评定好的故事情境里选取了一个故事情境"考试舞弊行为"。该故事情境在实验6.1已经被评定,效果良好。同时,故事情境的主题"考试舞弊"比较贴近青少年学生生活的主题。

2.情绪调节调节材料

采用实验6.1中的一种调节策略——自我责备。自我责备,表述为"我责备着自己",比如:我应该被责备;我要对发生过的事承担责任;在这种情况下的错误是我造成的;事情发生的主要原因是我自己。对于未调节组,被试只需要静静看着电脑屏幕,不需要做任何操作。

3.IAT内隐亲社会性测验材料

采用IAT内隐联想测验范式。IAT内隐亲社会性测验材料直接参考已有内隐亲社会行为研究的实验材料(蒋达等,2008;何宁,朱云莉,2016)。目标概念为自我概念,自我概念维度包括"自我"维度和"他人"维度各5个词。属性概念为亲社会性,亲社会性维度包括"亲社会"属性形容词和"非亲社会"属性形容词各5个。见表7-8。

表7-8 内隐亲社会测验材料

类型	词汇
"自我"维度	自己、自我、我的、我是、我
"他人"维度	别人、他人、他的、他是、他
"亲社会"属性	关爱、奉献、支持、帮助、保护
"非亲社会"属性	攻击、辱骂、拒绝、欺骗、蔑视

(三)程序

整个实验包括两个阶段,分别是诱发-调节阶段、IAT内隐亲社会性测验阶段。整个实验完成后均播放一段古典音乐,以便平复被试的情绪状态。

1.诱发-调节阶段

试验程序具体包括以下步骤,一个trial具体程序如下(见图7-2)。(1)开始。对于自我责备调节组,屏幕中央显示"↑",提示该次试验中需要被试采用自我责备策略。对于不调节组,屏幕中央显示"—",提示不需要采用调节策略。时间持续 2 s。(2)自我羞耻情绪诱发。屏幕呈现一张素描图片,同时被试佩戴的耳机中播放图片对应的"考试舞弊行为"故事情境的语音。指导语已经要求被试充分想象自己就是故事情境中的主人公,从而获得充分的羞耻情绪体验。语音音频结束后,图片也随之消失。平均时长大约 49 s。(3)羞耻情绪调节。屏幕出现提示,被试按照一定方式对自己的羞耻情绪进行调节。对于自我责备调节组,屏幕呈现的指示语为"↑ 我责备着自己"。对于未调节组,屏幕呈现的指示语为"— 不调节"。被试按照实验前的指导语进行相应的自我调节。时间为 5 s。(4)羞耻情绪的评定。为了让被试进一步体验到自身的情绪体验,让被试采用 4 级计分方法评定自己当前的羞耻情绪体验。被试选择的数字越大,表示体验到的羞耻感越强。被试通过按键完成评定,按键之后屏幕内容消失。该评分分数不参与统计分析,主要目的是暗示、提醒被试充分体验自身的情绪。

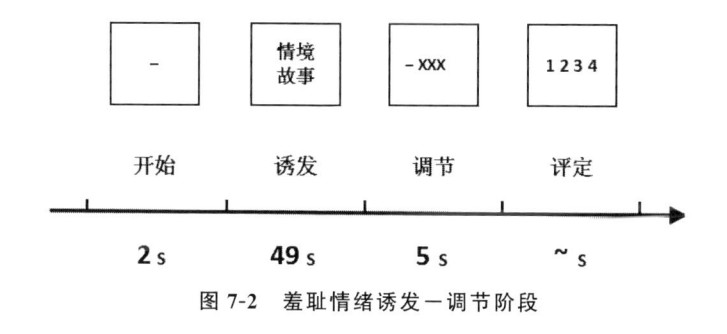

图 7-2 羞耻情绪诱发—调节阶段

2.IAT 实验阶段

IAT 程序总共有七个步骤,包括五个练习任务和两个测试任务。第一步练习,尽量快速正确地分辨目标概念词,把属于"自我"词归类并按"D"键反应,把属于"他人"词归类并按"K"键反应。第二步练习,尽量快速正确地分辨属性概念词,把属于"亲社会"词归类并按"D"键反应,把属于"非亲社会"词归类并按"K"键反应。第三步练习,对前两个步骤所呈现的所有刺激词进行联合辨认,把属于"自我"词与"亲社会"词归类并按"D"键反应,把属于"他人"词与"非亲社会"词归类并按"K"键反应。第四步与第三步要求一样,只是第四步是正式测试,需要记录反应时和正确率。第五步,相反目标概念辨别练习,与第一步相反,把属于"他人"词归类并按"D"键反应,把属于"自我"词归并类按"K"键反应。第六步练习,不相容联合任务辨别,把属于"他人"词与"亲社会"词归类并按"D"键反应,把属于"自我"词与"非亲社会"词归类并按"K"键反应。第七步与第六步要求一样,只是第七步是正式测试,需要记录反应时和正确率。按键方式在被试间平衡。见表7-9。

表7-9 内隐亲社会测验步骤与材料呈现

测验步骤	任务描述	D键反应对象	K键反应对象	任务数
1	目标概念词(练习)	自我	他人	20
2	属性概念词(练习)	亲社会	非亲社会	20
3	相容联合任务(练习)	自我+亲社会	他人+非亲社会	20
4	相容联合任务(测验)	自我+亲社会	他人+非亲社会	40
5	相反目标词辨别(练习)	他人	自我	20
6	不相容联合任务(练习)	他人+亲社会	自我+非亲社会	20
7	不相容联合任务(测验)	他人+亲社会	自我+非亲社会	40

三、研究结果

Greenwald 等研究者(2003)对内隐自尊研究的数据处理方式,后来被广泛运用到内隐联想测验(IAT 任务)的数据处理规则中,包括内隐道德自我的研究(周树芝,2015)。本实验也采用该标准整理内隐亲社会评分的数据,具体如下:(1)删除正确率不到 0.8 的被试。(2)将反应时低于 300 ms 的记为 300 ms,高于 3000 ms 的记为 3000 ms。(3)无论是正确反应还是错误反应的反应时,均参与统计分析。(4)对相容反应时("自我"与"亲社会",或"他人"与"非亲社会")、不相容反应时("他人"与"亲社会",或"自我"与"非亲社会")取自然对数。(5)将不相容任务的平均反应时减去相容任务的平均反应时,得到 IAT 效应值及其对数值。

对于未调节组,配对样本 t 检验结果显示,青少年对相容任务与不相容任务的反应时存在显著差异,$t(48)=8.50$,$p<0.001$,Cohen's d$=1.214$,IAT 任务的对数值也存在显著差异,$t(48)=9.32$,$p<0.001$,Cohen's d$=1.331$,对不相容任务的反应显著慢于对相容任务的反应,说明存在显著的 IAT 效应。见表 7-10。

表 7-10　未调节组 IAT 任务的反应时和对数值

指标	任务	M	SD	t
反应时(ms)	相容任务	851.88	181.18	8.50***
	不相容任务	1172.68	281.49	
	IAT 效应	320.80	264.22	
对数值	相容任务	6.7254	0.2121	9.32***
	不相容任务	7.0399	0.2347	
	IAT 效应	0.3145	0.2363	

注：* $p<0.05$，** $p<0.01$，*** $p<0.001$。本章下同。

对于自我责备调节组，配对样本 t 检验结果显示，青少年对相容任务与不相容任务的反应时存在显著差异，$t(45)=8.54$，$p<0.01$，Cohen's $d=1.243$，IAT 任务的对数值也存在显著差异，$t(45)=8.68$，$p=0.01$，Cohen's $d=1.279$，对不相容任务的反应显著慢于对相容任务的反应，证实了显著的 IAT 效应的存在。见表 7-11。

表 7-11　自我责备调节组 IAT 任务的反应时和对数值

指标	任务	M	SD	t
反应时(ms)	相容任务	796.02	169.10	8.54***
	不相容任务	1086.00	226.50	
	IAT 效应	289.98	233.15	
对数值	相容任务	6.6574	0.2151	8.68***
	不相容任务	6.9693	0.2071	
	IAT 效应	0.3119	0.2438	

对以上自我责备调节组、非调节组的反应时的 IAT 效应、对数值的 IAT 效应进行独立样本 t 检验，结果显示，$ts(93)<1$，$ps>0.05$。

四、分析与讨论

本实验探讨了自我羞耻情绪调节后亲社会行为的内隐性，以及自我责备策略的使用对内隐亲社会行为的影响。内隐联想测验结果发现，自我责备调节组、未调节组均显示，亲社会行为存在显著的 IAT 效应，表明自我与亲社会性联系更加紧密，青少年评价自我为更具有亲社会性，青少年的亲社会行为具有内隐倾向性。该亲社会行为的内隐倾向性在调节策略上没有出现显著差异，无论是否采用自我责备策略加以干预，青少年的内隐倾向性一致。

考试舞弊行为是青少年学习与生活中比较典型的、独特的生活事件，与一般的行为羞耻事件不同。内隐亲社会性倾向是发生在前意识层面的、与做出亲社会行为倾向相关的决策的快速心理活动。但是当面临考试舞弊行为的羞耻事件时，青少年有意识地、主动地采用自我责备策略干预自身体验到的羞耻情绪，不能影响到前意识层面涉及亲社会行为的心理加工，而是表现出与未调节后的内隐亲社会行为一致的结果。内隐亲社会行为是基于个体过去生活经验所形成的一种自动化的心理加工，是一种内隐的心理结构，具有相对的稳定性。单纯地采用自我责备的、防御性即时调节策略干预，不足以改变、影响这种稳定的内隐心理结构。

两组被试无论是否采用调节策略，经相同的考试舞弊羞耻情境刺激后，青少年的自我羞耻情绪得到诱发，引起了亲社会性加工的内隐偏向，产生相似的亲社会行为的内隐倾向性。

五、结论

本实验采用内隐联想测验发现，被诱发自我羞耻情绪的青少年在自我责备策略调节下，与未调节组比较，其内隐亲社会行为不存在显著差异，表明青少年的内隐亲社会行为不随自我羞耻情绪的调节与否而发生变化。

第五节　青少年转移性羞耻调节影响内隐亲社会行为的研究

一、研究目的

探索转移性羞耻情绪是否存在内隐亲社会行为，以及转移性羞耻经自我责备策略调节后是否影响内隐亲社会行为。

二、研究方法

(一)被试

120 名七年级学生随机分到未调节组、自我责备调节组(以下简称调节组)。59 名七年级学生参加未调节组的实验。按照下述数据处理的标准,删除正确率低于 0.8 的 9 名被试,实际有效被试为 50 名,年龄 $M=14.08$ 岁,$SD=0.40$,男生 23 名,女生 27 名。61 名七年级学生参加调节组的实验。按照下述数据处理的标准,删除正确率低于 0.8 的 7 名被试,实际有效被试为 54 名,年龄 $M=14.13$ 岁,$SD=0.52$,男生 24 名,女生 30 名。

(二)材料

1. 转移性羞耻情绪诱发材料

从实验 6.2 中评定好的故事情境里选取了一个故事情境"当众与人吵架"。该故事情境在实验 6.2 已被评定,效果良好。同时,故事情境的主题"当众与人吵架"比较贴近女性成人生活事件。

2. 情绪调节调节材料

采用实验 6.2 中的一种调节策略——自我责备。自我责备,表述为"我责备着自己",比如:我应该被责备;我要对发生过的事承担责任;在这种情况下的错误是我造成的;事情发生的主要原因是我自己。对于未调节组,被试只需要静静看着电脑屏幕,不需要做任何操作。

3. IAT 内隐亲社会测验材料

采用 IAT 内隐联想测验范式。整个程序与实验 7.4 一致。自我概念维度包括自我维度和他人维度各 5 个词。亲社会性维度包括亲社会属性形容词和非亲社会属性形容词各 5 个。见表 7-8。

(三)程序

整个实验包括两个阶段,分别是诱发-调节阶段、IAT 内隐亲社会测验阶段。整个实验完成后均播放一段古典音乐,以便平复被试情绪状态。

1. 诱发-调节阶段

试验程序与实验 7.4 一致,一个 trial 具体程序包括开始、转移性羞耻情绪诱发、羞耻情绪调节、羞耻情绪的评定(见图 7-2)。其中转移性羞耻故事情境时长 60 s。

2. IAT 实验阶段

IAT 实验程序与实验 7.4 一致。IAT 程序总共有七个步骤,包括五个练习任务和两个测试任务。第一步练习,尽量快速正确地分辨目标概念词,把属于"自我"词归类并按"D"键反应,把属于"他人"词归类并按"K"键反应。第二步练习,尽量快速正确地分辨属性概念词,把属于"亲社会"词归类并按"D"键反应,把属于"非亲社会"词归类并按"K"键反应。第三步练习,对前两个步骤所呈现的所有刺激词进行联合辨认,把属于"自我"词与"亲社会"词归类并按"D"键反应,把属于"他人"词与"非亲社会"词归类并按"K"键反应。第四步与第三步要求一样,只是第四步是正式测试,需要记录反应时和正确率。第五步,相反目标概念辨别练习,与第一步相反,把属于"他人"词归类并按"D"键反应,把属于"自我"词归并类按"K"键反应。第六步练习,不相容联合任务辨别,把属于"他人"词与"亲社会"词归类并按"D"键反应,把属于"自我"词与"非亲社会"词归类并按"K"键反应。第七步与第六步要求一样,只是第七步是正式测试,需要记录反应时和正确率。按键方式在被试间平衡。见表 7-9。

三、研究结果

本实验也采用该标准整理内隐亲社会评分的数据,具体如下:(1)删除正确率不到 0.8 的被试数据。(2)将反应时低于 300 ms 的记为 300 ms,高于 3000 ms 的记为 3000 ms。(3)无论是正确反应还是错误反应的反应时,均参与统计分析。(4)对相容反应时("自我"与"亲社会",或"他人"与"非亲社会")、不相容反应时("他人"与"亲社会",或"自我"与"非亲社会")取自然对数。(5)将不相容任务的平均反应时减去相容任务的平均反应时,得到 IAT 效应值及其对数值。

(一)不同调节下转移性羞耻影响内隐亲社会行为

对于未调节组,配对样本 t 检验结果显示,青少年对相容任务与不相容任务的反应时存在显著差异,$t(49)=7.80$,$p<0.001$,Cohen's d$=1.103$,IAT 任务的对数值也存在显著差异,$t(49)=8.20$,$p<0.001$,Cohen's d$=1.160$,对不相容任务的反应显著慢于对相容任务的反应,说明存在 IAT 效应。见表 7-12。

表 7-12　未调节组 IAT 任务的反应时和对数值

指标	任务	M	SD	t
反应时(ms)	相容任务	863.96	212.50	7.80***
	不相容任务	1137.88	245.94	
	IAT 效应	273.93	248.25	
对数值	相容任务	6.7337	0.2362	8.20***
	不相容任务	7.0132	0.2238	
	IAT 效应	0.2795	0.2409	

对于调节组,配对样本 t 检验结果显示,青少年对相容任务与不相容任务的反应时存在显著差异,$t(53)=8.81,p<0.001$,Cohen's d$=1.120$,IAT 任务的对数值也存在显著差异,$t(53)=9.02,p<0.001$,Cohen's d$=1.228$,对不相容任务的反应显著快于对相容任务的反应,证实了 IAT 效应的存在。见表 7-13。

表 7-13　调节组 IAT 任务的反应时和对数值

指标	任务	M	SD	t
反应时(ms)	相容任务	829.35	243.25	8.81***
	不相容任务	1070.34	299.55	
	IAT 效应	240.99	200.99	
对数值	相容任务	6.6720	0.3353	9.02***
	不相容任务	6.9314	0.3200	
	IAT 效应	0.2594	0.2114	

对以上调节组、未调节组的反应时的 IAT 效应、对数值的 IAT 效应进行独立样本 t 检验,结果显示,$ts(102)<1,ps>0.05$。

(二)自我羞耻与转移性羞耻调节影响内隐亲社会行为的比较

对未调节组的自我羞耻和转移性羞耻的 IAT 效应值(对数值)进行独立样本 t 检验,结果显示,转移性羞耻的 IAT 效应值与自我羞耻的 IAT 效应值不存在显著差异,$t(97)=0.91,p>0.05$。对调节组的自我羞耻和转移性羞耻的 IAT 效应值(对数值)进行独立样本 t 检验,结果显示,转移性羞耻的 IAT 效应值与自我羞耻的 IAT 效应值不存在显著差异,$t(98)=1.15,p>0.05$。

四、分析与讨论

本实验探讨了转移性羞耻情绪调节后亲社会行为的内隐性,以及不同调节策略的使用影响内隐亲社会行为的差异。内隐联想测验的实验结果显示,调节组、未调节组均显示,亲社会行为存在显著的 IAT 效应,自我与亲社会性联系更加紧密,青少年将自我评价为更具有亲社会性,表明亲社会行为具有内隐倾向性。该亲社会行为的内隐倾向性在调节策略上没有出现显著差异,无论采用自我责备策略,还是不调节,内隐倾向性一致。

内隐亲社会行为作为一种内隐的心理结构,具有相对稳定性。实验 7.4 结果显示,当事件行为人是青少年自己时,采用外显的、具有即时性效果的、主动有意识的自我责备策略,不能影响内隐亲社会行为。然而,与实验 7.4 的自我羞耻条件不同,本实验里,与母亲相关的当众与人吵架的羞耻情境,所诱发的具有血缘亲缘关系的青少年的自身羞耻体验,能形成补偿效果,产生亲社会行为的内隐倾向效应。

另外,无论调节还是未调节条件下,自我羞耻与转移性羞耻之间的 IAT 效应没有显著差异。亲社会行为的内隐效应,不会因为羞耻事件的行为主体不同而发生变化,因为无论是青少年自身因素,还是与母亲相关的因素,最终羞耻体验主体是青少年自身,无论该羞耻情绪是否得到调节,都不能影响到相对稳定的内隐性心理结构。自我策略的调节不足以影响到亲社会性的潜在、内隐的心理结构。

五、结论

本实验采用内隐联想测验,研究发现:(1)与未调节组比较,采用自我责备策略调节转移性羞耻后,青少年内隐亲社会行为没有显著差异,表明亲社会行为的内隐倾向性不会随转移性羞耻情绪是否调节而发生变化;(2)亲社会的内隐倾向性不随羞耻情绪的类型改变(自我羞耻、转移性羞耻情绪)而发生变化。

第六节 总讨论

本章研究发现，重新计划策略与自我责备策略对青少年自我羞耻情绪的调节不会影响其随后的外显亲社会行为，也不影响其亲社会行为的内隐倾向性；自我羞耻情绪经调节后，对青少年外显与内隐亲社会行为的作用一致。可见，青少年自我羞耻情绪的自我调节不影响亲社会性，本书模拟的罗盘扩展模型（见图4-1）中的"一极正面"（亲社会性）不适用于自我羞耻情绪调节方面。虽然羞耻情绪与亲社会行为或亲社会行为关系密切（俞国良，赵军燕，2009；姚薇，王柳生，李皓，2019；杜灵燕，2012），甚至羞耻可以抑制刑满释放人员的再犯行为的发生（Tangney，Stuewig，Martinez，2014）。但是本章研究结果显示，当介入自我调节策略调节自我羞耻情绪时，调节与否之间的外显与内隐亲社会行为均没有发生变化。基于自我重塑理论，羞耻情绪与亲社会行为的关系取决于个体的补偿因素。无论是前提关注还是反应关注的调节策略，触发青少年采用补偿行为的动机不足，无法引发其后续对他人的帮助意愿和亲社会行为。

本章研究还发现，经过调节后的青少年转移性羞耻情绪随性别、羞耻情境而不同程度地影响了随后的外显亲社会行为。总体情境与成人独特情境下的个性转移性羞耻、相同情境下的行为转移性羞耻经过调节后，会增强女生的外显亲社会行为。总体情境的个性与家庭转移性羞耻、独特情境的个性转移性羞耻、相同情境的家庭与行为转移性羞耻方面，女生的外显亲社会行为评分高于男生。而内隐加工任务上，亲社会行为的内隐倾向性不会随转移性羞耻情绪是否调节而发生变化。可见，外显与内隐亲社会行为存在不同。因此，模拟的罗盘扩展模型中"一极正面"（亲社会性）适用于女性青少年转移性羞耻情绪的调节方面。在诸如母亲生性过于懦弱、随地乱扔垃圾等羞耻情境下，女生采用策略调节自己体验到的转移性羞耻情绪后，引发补偿动机（Frank，1988），体现为外在的帮助他人等亲社会行为，从而平衡自己的情绪。性别差异方面，由于女生的关系定向特点（周详，曾晖，2017）、高移情特性（朱丹，李丹，2005；苏彦捷，黄翯青，2014），当涉及母亲的生性过于懦弱、家庭关系不和、随地乱扔垃圾等羞耻事件发生，女生差异策略调整引发的补偿动机会比男生更加强烈，表现为更高的外显亲社会行为评分。同时,移情作用使女生转移性羞耻情绪的自我卷入更深,而青少年自我情感的卷入是助人行为与动机的影响因素之一(朱丹,李丹,2005)。但是这些策略的作用,不足以触及亲社会性中比较稳定的内隐性心理结构。

  本章研究结果显示,经自我责备策略调节后,转移性羞耻比自我羞耻更加能增强青少年的外显亲社会行为,而亲社会的内隐倾向性不随自我或转移性羞耻情绪类型的改变而发生变化。另外,无论羞耻情绪是否得到调节,自我羞耻与转移性羞耻情境下的亲社会行为均存在内隐倾向性,青少年将自我评价为更具有亲社会性。在相同的羞耻情境里,涉及身体体味难闻、家庭关系不和、随地乱扔垃圾等情境,当青少年采用自我责备策略调节自己体验到的羞耻情绪,羞耻事件的当事人为母亲比羞耻事件当事人为青少年自身,调节后的外显亲社会行为评分更高。这是因为转移性羞耻情绪的内涵特点与亲社会行为的特点有关。转移性羞耻情绪由于行为主体与体验主体不一致,凸显出两个主体之间的人际交互性,而亲社会行为也是人与人之间的互动关系。此外,调节差异也与个体的自我归因有关。当青少年归因为自己的责任时,具有高可控性;而当母亲为事件当事人时,青少年更难以将其后果归因为自身,具有低可控性,从而引发高挫折感、无助感等羞耻情绪,具有高动机去补偿羞耻事件的后果,从而表现出更多的帮助他人、有益于他人的亲社会行为或行为。然而,无论是自我羞耻情境,还是转移性羞耻情境,调节策略的作用具有有限性,都无法改变亲社会行为的内隐性。不过,不考虑调节策略问题下,只要置身于两类羞耻情境中,无助感、无价值感、挫折感等羞耻情绪的体验,揭示出青少年的潜意识层面里,更乐于去帮助他人、倾向于表现亲社会性的一面。

  采用情绪诱发-调节范式与内隐联想测验相结合,研究发现:(1)重新计划策略与自我责备策略对青少年自我羞耻情绪的调节不会影响其随后的外显亲社会行为,也不影响其亲社会行为的内隐倾向性;可见,自我羞耻情绪经调节后,对青少年外显与内隐亲社会行为的作用一致。(2)经过调节后的青少年转移性羞耻情绪随性别、羞耻情境而不同程度地影响其随后的外显亲社会行为。总体情境与成人独特情境下的个性转移性羞耻、相同情境下的行为转移性羞耻经过调节后,会增强女生的外显亲社会行为。总体情境的个性与家庭转移性羞耻、独特情境的个性转移性羞耻、相同情境的家庭与行为转移性羞耻方面,女生的外显亲社会行为评分高于男生。而内隐加工任务上,亲社会行为的内隐倾向性不会随转移性羞耻情绪是否调节而发生变化。(3)经自我责备策略调节后,转移性羞耻比自我羞耻更加能增强青少年的外显亲社会行为,而亲社会的内隐倾向性不随自我或转移性羞耻情绪类型的改变而发生变化。因此,本章预期的羞耻情绪罗盘扩展模型的"一极正面"(亲社会性)适用于青少年的转移性羞耻情绪,不适用于自我羞耻情绪。

第八章 青少年羞耻调节影响攻击性的实验研究

在 Nathanson(1992)的罗盘模型里,攻击自我和攻击他人是羞耻情绪的典型反应之一。进化适应功能观、挫折—侵犯理论、羞耻—愤怒理论从不同视角解释了羞耻可以导致人的攻击性。羞耻情绪与攻击性之间存在关联,已有研究发现,羞耻与攻击行为呈正性相关(Stuewig,Tangney,2007;Åslund et al.,2009b;Stuewig et al.,2015),与其他冒险性行为相联系(Hundt,Holohan,2012),羞耻感与敌意关系密切(Velotti et al.,2016)。儿童和青少年的追踪研究也显示,儿童的高羞耻可以预测其后期的敌意(Heaven,Ciarrochi,Leeson,2009),另外,违法青少年会体验更少的羞耻(Schalkwijk et al.,2014)。已有研究也发现,羞耻与攻击性之间的关系受到一些因素影响,通过问卷测量的研究发现,这些影响因素包括性别与依恋类型(Thomaes et al.,2011),责备外化策略(Stuewig et al.,2010),自我责备与责备他人、逃避等策略(张帆,张道芬,黄喜珊,2013),敌意(杨坤,刘勇,2017)。根据模拟的罗盘扩展模型(图 4-1),攻击性是对应于亲社会性的负面极。然而,羞耻与攻击性关系是否受个体自我调节的影响,罗盘扩展模型中的该局部模型是否成立,仍需要行为实验进一步提供证据支持。本章研究的目的是探索不同类型的羞耻情绪经调节之后,如何影响攻击性。本章研究包括 5 个分实验,依次是青少年采用特定策略自我调节自我羞耻情绪、转移性羞耻情绪,分析青少年的外显和内隐攻击性。

根据 Anderson 等的研究(2000),攻击性是个体发生攻击行为的心理特征,是人格中具有攻击的内在可能性(谢熹瑶,毕重增,罗跃嘉,2010)。根据 Buss 等(1992)关于攻击性的一般结构和定义,攻击性一般包括身体攻击、言语攻击、愤怒、敌意,前两者属于攻击的行为表现,愤怒属于情绪,敌意属于认知上(刘俊升,周颖,顾文瑜,2009)。就本章研究而言,侧重于攻击性的愤怒与敌意部分。理论和实验研究均揭示，个体的攻击性具有内隐性（戴春林，杨治良，吴明证，2005），并且可以通过内隐联想测验（IAT）进行测量。

第一节 青少年自我羞耻调节影响外显攻击性的研究

一、研究目的

探索采用不同调节策略调节自我羞耻情绪是否影响外显攻击性。（1）自变量调节策略为被试内变量。调节策略与实验 6.1 一致，包括重新计划、自我责备、不调节，在实验过程中分别表述为更为具体、明确的指示。①自我责备，表述为"我责备着自己"，比如：我应该被责备；我要对发生过的事承担责任；在这种情况下的错误是我造成的；事情发生的主要原因是我自己。②重新计划，表述为"我设法做得更好"，比如：我想怎样能做得更好；我想怎样最好地应对这些情况；我想怎样去改变这种情况；我想一个怎样做得更好的计划。③不调节，指被试什么都不要做，只是视线停留在屏幕上的指示语"不调节"。当电脑提示需要运用某方法时，被试可以想象或心里默念对应的具体的方法。（2）自变量羞耻亚类为被试内变量。羞耻亚类依托青少年独特和相同的情境类型。青少年独特的故事情境类型对应于个性羞耻、行为羞耻、能力羞耻，包括吃饭发出声音、考试舞弊行为、学业成绩不佳。相同的故事情境类型对应于行为羞耻、身体羞耻、家庭羞耻，包括随地乱扔垃圾、身体体味难闻、家庭关系不和。每个羞耻亚类有一个具体的故事情境。（3）自变量性别为被试间变量，被试自我评定的外显攻击性评分为因变量。

调节后对行为倾向的影响，采用了当前的实验设计。以攻击性为例，为什么不采用前后测比较的设计，因为该设计不能保证测量的是情绪调节后的即时影响。尤其是本书研究的诱发羞耻情绪，并不是重度羞耻情绪，诱发强度没有达到重度，只有采用即时性的评定才有最大可能获得当前情绪体验对后续行为或行为倾向的影响。

二、研究方法

(一) 被试

91名七年级学生参加实验。有效被试87名,年龄 M=13.52岁,SD=0.80岁,男生42名,女生45名。

(二) 材料

1. 自我羞耻情绪诱发材料与放松材料

自我羞耻情绪的诱发材料采用实验6.1的故事情境材料。放松图片、放松音乐采用实验6.1的材料。

2. 青少年外显攻击性测量

根据Buss等(1992)关于攻击性的一般结构和定义,攻击性一般包括身体攻击、言语攻击、愤怒、敌意,前两者属于攻击的行为表现,愤怒属于情绪,敌意属于认知上(刘俊升,周颖,顾文瑜,2009)。本实验采用Buss-Perry攻击性量表的青少年修订版(周颖,2007;刘俊升,周颖,顾文瑜,2009),根据研究目的,选取其中的愤怒分量表、敌意分量表共6个项目(见附录6)。愤怒的项目如"我难以控制自己发脾气",敌意的项目如"我觉得别人的运气总是很好"。

(三) 程序

实验程序大致与实验6.1相似,但是有些部分存在差异。实验内容包括两个部分,分别是诱发-调节部分、外显攻击性测量部分,两个部分合在同一个程序里完成。整个实验也包括练习阶段和正式实验阶段。练习阶段包括被试感知实验程序流程,以及理解调节策略具体做法。

自我羞耻的青少年独特故事情境包括个性羞耻情境、行为羞耻情境、能力羞耻情境。相同故事情境包括行为羞耻情境、身体羞耻情境、家庭羞耻情境。独特情境和相同情境共6个故事情境组成一个block,3套故事情境为3个block,同一类故事情境的3个故事情境随机分到某个block。因此,一个block内有6个trial,3个block共18个trial。令block之间的呈现顺序随机化,block内的故事情境也是随机呈现。每个block要求被试只采用一种调节策略,block之间有120 s的放松音乐和3 min的休息时间。

试验程序具体包括以下步骤,一个trial具体程序如下(见图8-1)。(1)开始。屏幕中央显示向上或向下或短横符号,提示该次试验中需要被试采用相应的重新计划、自我责备或者不调节策略,时间持续 2 s。(2)自我羞耻情绪的诱发。屏幕呈现一张素描图片,同时被试佩戴的耳机中播放图片对应的故事情境的语音。指导语已经要求被试充分想象自己就是故事情境中的主人公,从而获得充分的羞耻情绪体验。语音音频结束后,图片也随之消失。平均时长大约 41 s。(3)自我羞耻情绪的调节。屏幕出现提示,被试按照一定方式对自己的羞耻情绪进行调节。一个 block 里只有一种调节方式。调节策略包括重新计划、自我责备、不调节,用简单的短语指示被试操作,时间为 5 s。(4)外显攻击性的评定。屏幕上出现一句话,即攻击性量表的项目内容,如"我难以控制自己发脾气",指导语已经要求被试自我评定"此刻我觉得自己在多大程度上符合这句话"。同时屏幕上采用视觉图形化的 4 级计分:1 最不符合,4 最符合。被试通过按键完成评定,按键之后屏幕内容消失。从量表中选取的 6 个项目,在区组内随机化呈现。(5)放松阶段。屏幕呈现中性图片,同时耳机播放放松音乐,让被试放松情绪状态。

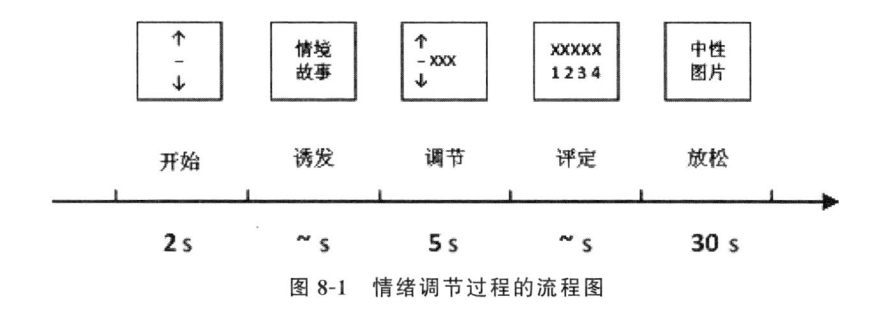

图 8-1 情绪调节过程的流程图

三、研究结果

根据被试在外显攻击性自我评定期间的反应时筛选数据。按照以下标准保留数据:反应时大于 300 ms 且小于 20000 ms,且三种调节策略下数据均没有缺失。数据有效率为 87%。

(一)总体情境下自我羞耻调节影响外显攻击性

以调节策略、羞耻情境、性别为自变量,以青少年的外显攻击性评分为因变量进行重复测量方差分析。分析结果显示,调节策略主效应显著,$F(2,459)=5.46$,$p<0.01$,$\eta^2=0.023$,表明采用不同调节策略后,青少年的外显攻击性评分存在不同。多重比较发现,采用重新计划、自我责备两种调节策略后的外显攻击性评分均显著高于未调节条件下的外显攻击性,$ps<0.05$;而自我责备策略

后的外显攻击性评分也边缘显著高于重新计划策略后的外显攻击性评分，$p=0.054$（见表8-1）。

性别主效应显著，$F(1,460)=3.88$，$p<0.05$，$\eta^2=0.01$，女生的外显攻击性评分（M=2.22,SE=0.05）显著高于男生的评分（M=2.08,SE=0.05）。羞耻情境主效应不显著，所有交互作用均不显著，$ps>0.05$。

表8-1　不同策略调节自我羞耻后外显攻击性评分

调节策略	M	SD	F
未调节	2.08	0.96	
重新计划	2.14	1.00	5.46**
自我责备	2.24	1.06	

(二) 青少年独特情境下自我羞耻调节影响外显攻击性

对于青少年独特情境，以调节策略、性别为自变量，以青少年的外显攻击性评分为因变量进行重复测量方差分析。分析结果显示，调节策略主效应显著，$F(2,464)=3.54$，$p<0.05$，$\eta^2=0.02$，表明不同调节策略的运用，会影响青少年随后对自身外显攻击性的评价。见表8-2。进一步多重比较发现，自我责备调节策略后的外显攻击性评分显著高于重新计划策略、未调节下的外显攻击性，$ps<0.05$。性别主效应、交互作用均不显著，$ps>0.05$。

表8-2　青少年独特、相同情境下不同策略调节自我羞耻后外显攻击性评分

调节策略	独特情境			相同情境		
	M	SD	F	M	SD	F
未调节	2.03	0.95		2.13	0.96	
重新计划	2.05	1.00	3.54*	2.24	1.00	2.63±
自我责备	2.20	1.03		2.27	1.09	

注：± $p<0.10$。

(三) 相同情境下自我羞耻调节影响外显攻击性

对于相同情境，以调节策略、性别为自变量，以青少年的外显攻击性评分为因变量进行重复测量方差分析。分析结果显示，调节策略主效应只达到边缘显著，$F(2,235)=2.63$，$p=0.07$，$\eta^2=0.022$。见表8-2。进一步多重比较发现，自我责备调节策略后的外显攻击性评分显著高于未调节下的评分，$p<0.05$。交互作用不显著，$F(2,235)=0.18$，$p>0.05$。

(四)各类情境下自我羞耻调节影响外显攻击性的调节效果

以 Cohen's d 效应量为策略的调节效果指标,重新计划策略的调节效果弱,而自我责备策略的调节效果,无论是在总体情境下,还是在青少年的独特情境下,均接近中等效应水平。见表 8-3。

表 8-3 策略影响自我羞耻对外显攻击性的调节效果

调节策略	情境	Cohen's d
重新计划	总体情境	0.06
	独特情境	0.02
自我责备	总体情境	0.16
	独特情境	0.17

四、分析与讨论

总体情境下,经过重新计划、自我责备策略调节后的自我羞耻增强外显攻击性,其中自我责备策略调节效果更大;青少年独特情境下,自我责备策略的调节发生作用,而相同情境里,策略的影响只出现一种趋势。该研究结果与已有研究一致。有关羞耻与攻击性两者关系的已有研究认为,羞耻体验可以增加青少年的敌意(Heaven, Ciarrochi, Leeson, 2009),羞耻经历与攻击性行为正性强相关(Åslund et al., 2009b),羞耻可以导致出现更多攻击性行为(Schoenleber et al., 2015)。而且,自我责备策略是羞耻与攻击性之间的部分中介变量(张帆,张道芬,黄喜珊,2013)。

Nathanson(1992)的罗盘模型中,攻击自我与攻击他人是羞耻情绪典型的反应之一。攻击自我与攻击他人伴随着个体的自我厌恶和愤怒,涉及个体与自我和他人的关系。其中,自我责备策略对应于罗盘模型中的攻击性反应脚本(Elison, Lennon, Pulos, 2006a)。尤其是在和青少年生活与学习更加密切的独特情境里,包括吃饭发出声音、考试舞弊行为、学业成绩不佳等羞耻情境,青少年采用自我责备策略调节自己的羞耻情绪时,由于自我责备策略对应于罗盘模型中的攻击自我的反应脚本,自我导向性的自我责备策略成为引导羞耻情绪反应偏向攻击性维度的线索。自我责备策略与羞耻情绪典型反应的双重作用叠加,导致青少年外显攻击性增强。

总体情境下，重新计划策略虽然增强了青少年外显攻击性，但是其调节效果很小，调节影响的作用比较微弱。重新计划策略关注羞耻事件发生之前的调控，但这是一种假设性的操作，对于已经处于该羞耻事件中的青少年而言，反而引发自我无助和消极，令其产生攻击性。

五、结论

本实验采用诱发—调节范式，发现自我羞耻情绪在自我责备策略调节下，青少年的外显攻击性显著高于未调节条件，表明自我责备策略对自我羞耻情绪的调节会增强青少年的外显攻击性。

第二节　青少年转移性羞耻调节影响外显攻击性的研究

一、研究目的

探索采用不同调节策略调节转移性羞耻情绪是否影响外显攻击性。（1）自变量调节策略为被试内变量。调节策略与实验 6.1 一致，包括重新计划、自我责备、不调节。（2）自变量羞耻亚类为被试内变量。羞耻亚类依托成人独特和相同的情境类型。成人独特的故事情境类型对应于个性羞耻、行为羞耻、身体羞耻。相同的故事情境类型对应于行为羞耻、身体羞耻、家庭羞耻。每个羞耻亚类一个具体的故事情境。（3）自变量性别为被试间变量，被试自我评定的外显攻击性评分为因变量。

二、研究方法

(一) 被试

47 名七年级学生参加实验。有效被试 45 名，年龄 $M=13.88$ 岁，$SD=0.51$ 岁，男生 23 名，女生 22 名。

(二)材料

转移性羞耻情绪的诱发材料采用实验 6.2 的故事情境材料。放松图片、放松音乐采用实验 6.1 的材料。青少年外显攻击性测量工具和内容与实验 8.1 一致。

(三)程序

实验程序与实验 8.1 基本一致。实验内容包括两个部分,分别是诱发—调节部分、外显攻击性测量部分,两个部分合在同一个程序里完成。整个实验也包括练习阶段和正式实验阶段。练习阶段包括被试感知实验程序流程,以及理解调节策略具体做法。

转移性羞耻的成人独特故事情境包括个性羞耻情境、行为羞耻情境、身体羞耻情境。相同故事情境包括行为羞耻情境、身体羞耻情境、家庭羞耻情境。独特情境和相同情境共 6 个故事情境组成一个 block,3 套故事情境为 3 个 block,同一类故事情境的 3 个故事情境随机分到某个 block。因此,一个 block 内有 6 个 trial,3 个 block 共 18 个 trial。令 block 之间的呈现顺序随机化,block 内的故事情境也是随机呈现。每个 block 要求被试只采用一种调节策略,block 之间有 120 s 的放松音乐和 3 min 的休息时间。

试验程序具体包括以下步骤,一个 trial 具体程序如下(见图 8-1)。(1)开始。屏幕中央显示向上或向下或短横符号,提示该次试验中需要被试采用相应的重新计划、自我责备或者不调节策略,时间持续 2 s。(2)转移性羞耻情绪的诱发。屏幕呈现一张素描图片,同时被试佩戴的耳机中播放图片对应的故事情境的语音。指导语已经要求被试充分想象故事情境中的主人公就是自己的母亲,从而获得充分的羞耻情绪体验。语音音频结束后,图片也随之消失。平均时长大约 13 s。(3)转移性羞耻情绪的调节。屏幕出现提示,被试按照一定方式对自己的羞耻情绪进行调节。一个 block 里只有一种调节方式。调节策略包括重新计划、自我责备、未调节,用简单的短语指示被试操作,时间为 5 s。(4)外显攻击性的评定。屏幕上出现一句话,即攻击性量表的项目内容,如"我难以控制自己发脾气",指导语已经要求被试自我评定"此刻我觉得自己在多大程度上符合这句话"。同时屏幕上采用视觉图形化的 4 级计分:1 最不符合,4 最符合。被试通过按键完成评定,按键之后屏幕内容消失。从量表中选取的 6 个项目,在区组内随机化呈现。(5)放松阶段。屏幕呈现中性图片,同时耳机播放放松音乐,让被试放松情绪状态。

三、研究结果

根据被试在外显攻击性自我评定期间的反应时筛选数据。按照以下标准保留数据：反应时大于 300 ms 且小于 20000 ms，且三种调节策略下数据均没有缺失。数据有效率为 86%。

(一) 总体上转移性羞耻调节影响外显攻击性

以调节策略、性别、羞耻情境为自变量，以青少年转移性羞耻调节后的外显攻击性评分为因变量进行重复测量方差分析。结果显示，调节策略主效应不显著，$F(2,452)=0.24, p>0.05$。性别主效应不显著，$F(1,226)=2.53, p>0.05$。羞耻情境主效应也不显著，$F(5,226)=0.24, p>0.05$。这表明调节策略、性别、羞耻情境不能独立地影响青少年的外显攻击性评分。

调节策略与性别的交互作用显著，$F(2,452)=3.63, p<0.05, \eta^2=0.02$，表明调节策略与性别能够共同作用于青少年的外显攻击性。简单效应分析结果显示，未调节条件下，女生的外显攻击性评分显著高于男生，$F(1,236)=9.05, p<0.001$，其他调节策略条件下的外显攻击性评分不存在性别差异，$ps>0.05$。对于男生，重新计划、自我责备的调节策略条件下外显攻击性评分显著高于未调节条件的评分，$F(2,472)=3.11, p<0.05$，而女生的三种调节策略下外显攻击性评分不存在显著差异，$F(2,472)=0.99, p>0.05$。具体评分情况见表 8-4。

表 8-4 不同策略、不同性别调节转移性羞耻后的外显攻击性评分

调节策略	性别	M	SD
未调节	男	1.97	1.18
	女	2.42	1.10
	总	2.20	1.16
重新计划	男	2.24	1.30
	女	2.26	1.07
	总	2.25	1.19
自我责备	男	2.21	1.26
	女	2.30	1.09
	总	2.26	1.17

(二) 独特情境下转移性羞耻调节影响外显攻击性

在成人独特情境方面，以调节策略、性别为自变量，以青少年的外显攻击性评分为因变量进行重复测量方差分析。分析结果显示，调节策略主效应不显著，$F(2,230)=0.04$，$p>0.05$，表明不同调节策略的运用，不会影响青少年随后对自身外显攻击性的评价。性别主效应显著，$F(1,115)=4.07$，$p<0.05$，$\eta^2=0.03$。进一步多重比较发现，女生的外显攻击性评分（M=2.40，SE=0.12）显著高于男生（M=2.06，SE=0.12），$p<0.05$。具体评分情况见表8-5。

表8-5 不同策略、不同性别调节成人独特情境中转移性羞耻后的外显攻击性评分

调节策略	性别	M	SD
未调节	男	1.84	1.11
	女	2.58	1.05
	总	2.21	1.14
重新计划	男	2.17	1.30
	女	2.29	1.13
	总	2.23	1.21
自我责备	男	2.17	1.23
	女	2.32	1.11
	总	2.25	1.17

调节策略与性别的交互作用显著，$F(2,230)=4.30$，$p<0.05$，$\eta^2=0.04$，表明调节策略与性别能够共同作用于青少年的外显攻击性。简单效应分析结果显示，未调节条件下，女生的外显攻击性评分显著高于男生，$F(1,115)=13.43$，$p<0.001$，其他调节策略条件下的外显攻击性评分不存在性别差异，$ps>0.05$。对于男生，重新计划、自我责备的调节策略条件下外显攻击性评分边缘显著高于未调节条件的评分，$F(2,230)=2.54$，$p=0.081$，而女生的三种调节策略下外显攻击性评分不存在显著差异，$F(2,230)=1.79$，$p>0.05$。

(三) 相同情境下转移性羞耻调节影响外显攻击性

在成人相同情境方面，以调节策略、性别为自变量，以青少年的外显攻击性评分为因变量进行重复测量方差分析。分析结果显示，调节策略主效应不显著，$F(2,238)=0.36$，$p>0.05$，表明不同调节策略的运用，不会影响青少年

随后对自身外显攻击性的评价。性别主效应不显著，$F(1,119)=0.07, p>0.05$。调节策略与性别的交互作用也不显著，$F(2,238)=0.55, p>0.05$。具体评分情况见表8-6。

表8-6　不同策略和性别调节成人相同情境中转移性羞耻后的外显攻击性评分

调节策略	性别	M	SD
未调节	男	2.10	1.25
	女	2.27	1.13
	总	2.18	1.19
重新计划	男	2.31	1.30
	女	2.23	1.02
	总	2.27	1.16
自我责备	男	2.25	1.29
	女	2.28	1.08
	总	2.26	1.18

四、分析与讨论

总体上，男生的转移性羞耻经重新计划、自我责备策略调节后，其外显攻击性评分显著高于未调节条件下的评分。成人独特情境未调节条件下，女生的外显攻击性评分高于男生；男生在重新计划、自我责备的调节策略条件下，外显攻击性评分具有高于未调节条件下的评分的趋势。

有相关型设计的研究认为，羞耻不仅可以直接作用于攻击性，而且可以通过自我责备来影响攻击性，自我责备策略是青少年的羞耻和攻击性之间的部分中介变量(张帆，张道芬，黄喜珊，2013)。当个体采用自我责备策略调节羞耻情绪时，该作用叠加到原有的羞耻与攻击性的作用路径上，增强了外显攻击性。

本节研究结果显示，调节作用发生于男生，而不是女生，该结果与攻击性的性别差异、羞耻情绪加工的性别差异有关。已有研究发现，中学男生的攻击性显著强于女生(刘俊升，周颖，顾文瑜，2009)。由于社会角色的期待要求，与女性相比较，男生更多地被赋予保护弱者和女性的角色任务。当与母亲相关的羞耻事件发生时，男生的保护意识会更加强烈；当采用重新计划策略不能改变现状,或者采用自我责备策略时,男生会出现更强的攻击性。此外,Scheff 和 Retzinger 的研究(1991)深入分析羞耻－愤怒理论后指出,与女性相比较,男生的羞耻情绪加工是羞耻－愤怒反馈环路,男生因羞耻而愤怒,又因沉浸在愤怒中更加羞耻,循环往复,最终导致男生经历羞耻情绪后表现出更强烈的愤怒和攻击性。

重新计划策略是为了避免当前羞耻情境的影响,自我假设某种新的情况出现,从而避免当前羞耻事件。因此重新计划策略具有反事实思维的特点,反事实思维强调与事实相反的结果,形成"如果……,那么……"的思维路线。已有研究发现反事实思维与青少年的羞耻情绪存在联系(高学德,周爱保,宿光平,2008)。当青少年运用新的方法无法改变当前事实存在的羞耻情境时,反而会表现出更强的攻击性。

五、结论

本实验发现,总体情境下,对转移性羞耻使用重新计划、自我责备策略进行调节,可以增强男生的外显攻击性。

第三节　自我羞耻与转移性羞耻调节影响外显攻击性的比较

一、研究目的

为了比较调节自我羞耻和转移性羞耻后的外显攻击性,实验 8.3 是基于实验 8.1 和实验 8.2 的数据。自变量调节策略为被试内变量,重新计划、自我责备、未调节。自变量羞耻主类为被试间变量,包括自我羞耻和转移性羞耻。自变量羞耻亚类为被试内变量,是相同情境类型中的行为羞耻、身体羞耻、家庭羞耻。自变量性别为被试间变量。因变量为被试自我评定的外显攻击性评分。

二、研究方法

(一)被试

一共 138 名七年级学生参加实验。根据数据整理标准,有效被试 87 名参加自我羞耻情绪组实验,年龄 M=13.52 岁,SD=0.80 岁,男生 42 名,女生 45 名,数据有效率为 87%;有效被试 45 名参加转移性羞耻情绪组实验,年龄 M=13.88 岁,SD=0.51 岁,男生 23 名,女生 22 名,数据有效率为 86%。

(二)材料

虚拟羞耻故事情境采用实验 8.1 和 8.2 中"相同情境"部分。自我羞耻的相同情境中,主人公为"我",而转移性羞耻的相同情境中,主人公为"我的妈妈"。一共包括行为、身体、家庭方面的羞耻,3 套 3 类羞耻一共 18 个故事情境。所有故事情境都转化为音频,配上相应的图片。

放松图片和放松音乐同实验 8.1 和 8.2。

(三)程序

程序与实验 8.1、实验 8.2 一致。

三、研究结果

关注在相同情境中自我羞耻和转移性羞耻的比较。以调节策略、性别、羞耻情境、羞耻主类为自变量,以青少年在相同情境下经过调节后的外显攻击性评分为因变量进行重复测量方差分析。结果显示,调节策略主效应不显著,$F(2,346)=2.22, p>0.05$。性别主效应不显著,$F(1,347)=1.77, p>0.05$。羞耻情境主效应不显著,$F(2,347)=0.18, p>0.05$。羞耻主类主效应不显著,$F(1,347)=0.11, p>0.05$。

调节策略、羞耻情境、羞耻主类三者的交互作用显著,$F(4,694)=3.72, p<0.001, \eta^2=0.021$。简单效应分析显示,从羞耻主类角度,调节策略条件下的各羞耻情境下,自我羞耻与转移性羞耻之间不存在显著差异,$ps>0.05$。从调节策略角度,行为羞耻情境下不同调节策略条件下的转移性羞耻存在显著差异,$F(2,706)=4.09, p<0.05$;经重新计划调节、自我责备调节后的外显攻击性评分均显著高于未调节条件下,$ps<0.05$。行为羞耻情境下不同调节策略条

件下的自我羞耻存在边缘显著差异，$F(2,706)=2.85$，$p=0.059$；经自我责备调节后的外显攻击性评分显著高于经重新计划调节后的外显攻击性评分，$p<0.05$。具体评分情况见表 8-7。

表 8-7 相同情境下不同羞耻类型调节后的外显攻击性评分

调节策略	羞耻情境	羞耻主类	M	SD
未调节	行为/随地乱扔垃圾	自我羞耻	2.07	0.94
		转移性羞耻	2.23	1.19
	身体/身体气味难闻	自我羞耻	2.20	0.97
		转移性羞耻	1.98	1.11
	家庭/家庭关系不和	自我羞耻	2.10	0.96
		转移性羞耻	2.35	1.27
重新计划	行为/随地乱扔垃圾	自我羞耻	2.34	1.05
		转移性羞耻	2.00	1.09
	身体/身体气味难闻	自我羞耻	2.19	1.01
		转移性羞耻	2.37	1.18
	家庭/家庭关系不和	自我羞耻	2.19	0.95
		转移性羞耻	2.45	1.20
自我责备	行为/随地乱扔垃圾	自我羞耻	2.34	1.09
		转移性羞耻	2.53	1.15
	身体/身体气味难闻	自我羞耻	2.19	1.09
		转移性羞耻	2.20	1.23
	家庭/家庭关系不和	自我羞耻	2.28	1.09
		转移性羞耻	2.08	1.14

四、分析与讨论

总体上，经任意策略调节自我羞耻与转移性羞耻后的外显攻击性之间不存在显著差异。对行为转移性羞耻进行重新计划调节、自我责备调节后的外显攻击性评分均显著高于未调节条件下。行为自我羞耻情境下经自我责备调节后的外显攻击性评分显著高于经重新计划调节后的外显攻击性评分。

在调节后的外显攻击性上，自我羞耻情境与转移性羞耻情境之间没有差异,可见调节策略不因羞耻类型而影响外显攻击性。实验设置的相同的羞耻情境里,唯一区别是该事件中的行为主体为青少年自身还是母亲。当采用相同的调节策略调节自己体验到的羞耻情绪时,羞耻事件主体的差异不足以影响后续青少年自身的外显攻击性。羞耻与攻击性的关系,从进化的适应功能观看,具有先天的自我防御性质(Fonagy,2004),也是一种适应性反应(Elison,Garofalo,Velotti,2014)。而且与西方文化背景不同,中国文化下的自我与母亲的关系极其密切(Zhu et al.,2007;Zhu,Han,2008;Han,Humphreys,2016)。因此,相同策略调节下,自我羞耻、转移性羞耻分别与外显攻击性的关系相似。

五、结论

对两类羞耻情绪的调节进行直接比较,结果显示,总体上,对自我羞耻和转移性羞耻使用策略进行调节,随后的外显攻击性之间没有差异。

第四节　青少年自我羞耻调节影响内隐攻击性的研究

一、研究目的

探索自我羞耻经自我责备策略调节后是否影响内隐攻击性。

二、研究方法

(一)被试

将95名七年级学生随机分到未调节组、自我责备调节组。46名七年级学生参加自我责备调节组实验。按照数据处理的标准,删除正确率低于0.8的2名被试,实际有效被试为44名,平均年龄为 $M=14.48$ 岁,$SD=0.63$,男生17名,女生27名。49名七年级学生参加未调节组实验。按照数据处理的标准,删除正确率低于0.8的11名被试,另外有2名被试因操作不当导致数据采集不全,也被删除,实际有效被试为 36 名,平均年龄为 M=14.06 岁,SD=0.63,男生 15 名,女生 21 名。

(二) 材料

1. 自我羞耻情绪诱发材料

从实验 6.1 中评定好的故事情境里选取了一个故事情境"考试舞弊行为"。该故事情境在实验 6.1 已经被评定,效果良好。同时,故事情境的主题"考试舞弊行为"比较贴近青少年学生生活的主题。

2. 情绪调节调节材料

采用实验 6.1 中的一种调节策略——自我责备。自我责备,表述为"我责备着自己",比如:我应该被责备;我要对发生过的事承担责任;在这种情况下的错误是我造成的;事情发生的主要原因是我自己。对于未调节组,被试只需要静静看着电脑屏幕,不需要做任何操作。

3. IAT 内隐攻击性测验材料

采用 IAT 内隐联想测验范式。IAT 内隐攻击性测验材料直接采用已有内隐攻击性研究的实验材料(谢熹瑶,毕重增,罗跃嘉,2010),该研究材料在相关研究中也得到使用,效果良好(阳威,2012)。目标的自我概念维度包括"自我"维度和"他人"维度各 5 个词。攻击性的联想属性维度包括攻击性形容词和非攻击性形容词各 5 个。见表 8-8。

表 8-8 内隐攻击性测验材料

类型	词汇
"自我"维度	我、自己、本人、俺、我们
"他人"维度	他、他们、外人、他人、他
"攻击性"属性	攻击、搏斗、战争、对抗、袭击
"非攻击性"属性	和平、温和、信任、合作、友善

(三) 程序

整个实验包括两个阶段,分别是诱发-调节阶段、IAT 内隐攻击性测量阶段。整个实验完成后均播放一段古典音乐,以便平复被试情绪状态。

1. 诱发-调节阶段

试验程序具体包括以下步骤,一个 trial 具体程序如图 8-2。(1)开始。对于自我责备调节组,屏幕中央显示"↑",提示该次试验中需要被试采用自我责备策略。对于未调节组,屏幕中央显示"一",提示不需要采用调节策略。时间持续2 s。(2)自我羞耻情绪诱发。屏幕呈现一张素描图片,同时被试佩戴的耳机中播放图片对应的"考试舞弊行为"故事情境的语音。指导语已经要求被试充分想象自己就是故事情境中的主人公,从而获得充分的羞耻情绪体验。语音音频结束后,图片也随之消失。平均时长大约49 s。(3)羞耻情绪调节。屏幕出现提示,被试按照一定方式对自己的羞耻情绪进行调节。对于自我责备调节组,屏幕呈现的指示语为"↑ 我责备着自己"。对于未调节组,屏幕呈现的指示语为"— 不调节"。被试按照实验前的指导语进行相应的自我调节。时间为5 s。(4)羞耻情绪的评定。为了让被试进一步体验到自身的情绪体验,让被试采用4级计分方法评定自己当前的羞耻情绪体验。被试选择的数字越大,表示体验到的羞耻感越强。被试通过按键完成评定,按键之后屏幕内容消失。

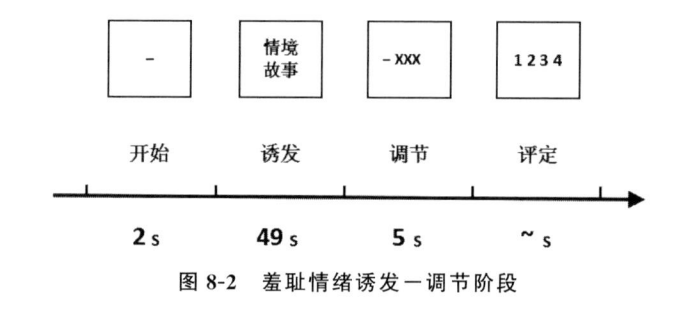

图 8-2 羞耻情绪诱发—调节阶段

2.IAT 实验阶段

IAT 程序总共有七个步骤,包括五个练习任务和两个测试任务。第一步练习,尽量快速正确地分辨目标概念词,把属于"自我"词归类并按"D"键反应,把属于"他人"词归类并按"K"键反应。第二步练习,尽量快速正确地分辨属性概念词,把属于"攻击性"词归类并按"D"键反应,把属于"非攻击性"词归类并按"K"键反应。第三步练习,对前两个步骤所呈现的所有刺激词进行联合辨认,把属于"自我"词与"攻击性"词归类并按"D"键反应,把属于"他人"词与"非攻击性"词归类并按"K"键反应。第四步与第三步要求一样,只是第四步是正式测试,需要记录反应时和正确率。第五步,相反目标概念辨别练习,与第一步相反,把属于"他人"词归类并按"D"键反应,把属于"自我"词归并类按"K"键反应。第六步练习,不相容联合任务辨别,把属于"他人"词与"攻击性"词归类并按"D"键反应,把属于"自我"词与"非攻击性"词归类按"K"键反应。第七步与第六步要求一样,只是第七步是正式测试需要记录反应时和正确率。按键方式在被试间平衡。见表8-9。

表8-9 内隐攻击性测验步骤与材料呈现

测验步骤	任务描述	D键反应对象	K键反应对象	任务数
1	目标概念词(练习)	自我	他人	20
2	属性概念词(练习)	攻击性	非攻击性	20
3	相容联合任务(练习)	自我+攻击性	他人+非攻击性	20
4	相容联合任务(测验)	自我+攻击性	他人+非攻击性	40
5	相反目标词辨别(练习)	他人	自我	20
6	不相容联合任务(练习)	他人+攻击性	自我+非攻击性	20
7	不相容联合任务(测验)	他人+攻击性	自我+非攻击性	40

三、研究结果

Greenwald等研究者(2003)对内隐自尊研究的数据处理方式,后来被广泛运用到内隐联想测验(IAT任务)的数据处理规则。本实验也采用该标准整理内隐攻击性评分的数据,具体如下:(1)删除正确率不到0.8的被试。(2)将反应时低于300 ms的记为300 ms,高于3000 ms的记为3000 ms。(3)无论是正确反应还是错误反应的反应时,均参与统计分析。(4)对相容反应时("自我"与"攻击性",或"他人"与"非攻击性")、不相容反应时("他人"与"攻击性",或"自我"与"非攻击性")取自然对数。(5)将不相容任务的平均反应时减去相容任务的平均反应时,得到IAT效应值及其对数值。

对于未调节组,配对样本t检验结果显示,青少年对相容任务与不相容任务的反应时不存在显著差异,$t(35)=1.49$,$p>0.05$,IAT任务的对数值也不存在显著差异,$t(35)=1.73$,$p>0.05$,说明显著的IAT效应并不存在。见表8-10。

表 8-10　未调节组 IAT 任务的反应时和对数值

指标	任务	M	SD	t
反应时(ms)	相容任务	1077.33	227.47	1.49
	不相容任务	998.89	277.07	
	IAT 效应	−78.44	316.31	
对数值	相容任务	6.9605	0.2121	1.73
	不相容任务	6.8667	0.2981	
	IAT 效应	−0.0938	0.3283	

对于自我责备调节组，配对样本 t 检验结果显示，青少年对相容任务与不相容任务的反应时存在显著差异，$t(43)=2.74$，$p<0.01$，Cohen's d $=0.414$，IAT 任务的对数值也存在显著差异，$t(43)=2.96$，$p<0.01$，Cohen's d $=0.446$，对不相容任务的反应显著快于对相容任务的反应，证实了显著的 IAT 效应的存在。见表 8-11。

表 8-11　自我责备调节组 IAT 任务的反应时和对数值

指标	任务	M	SD	t
反应时(ms)	相容任务	1125.39	324.25	2.74**
	不相容任务	1029.12	304.97	
	IAT 效应	−96.27	232.72	
对数值	相容任务	6.9893	0.2682	2.96**
	不相容任务	6.8991	0.2704	
	IAT 效应	−0.0902	0.2021	

四、分析与讨论

攻击性的内隐倾向性随自我羞耻情绪的调节而不同，自我羞耻情绪不调节，其后的攻击性不存在内隐倾向性，而经自我责备调节后，"自我－非攻击性"显著比"自我－攻击性"加工更加快速，自我与非攻击性联结更加紧密。

由于本实验的设计中，相容任务指"自我"与"攻击性"，或"他人"与"非攻击性"联合的反应任务，不相容任务指"他人"与"攻击性"，或"自我"与"非攻击性"联合的反应任务。与未调节组相比较，调节条件下的 IAT 效应为负值，即 IAT 效应发生逆转。按照该任务的设计方式，经过自我责备策略调节后的攻击性的内隐倾向性,即"自我"与"攻击性"联结更为微弱,青少年将自我评价为更不具有攻击性。根据 Nathanson(1992)的罗盘模型,羞耻情绪的典型反应之一是攻击性(对内攻击自我、对外攻击他人)。当个体主动采用自我责备策略调节自己的羞耻情绪时,根据羞耻的认知归因理论,认知上将个体感受到的羞耻情绪归因为自己,将考试舞弊行为归因为自己的责任。而已有研究也显示,自我责备是羞耻感与攻击性之间的中介变量(张帆,张道芬,黄喜珊,2013)。自我责备策略减缓了个体内隐的攻击性,表现为评价自己更不具有攻击性。

五、结论

采用内隐联想测验,研究发现,青少年自我羞耻情绪使用自我责备策略调节后,"自我－非攻击性"显著比"自我－攻击性"加工更加快速,自我与非攻击性联结更加紧密,表明青少年将自我评价为更不具有攻击性。

第五节 青少年转移性羞耻调节影响内隐攻击性的研究

一、研究目的

探索转移性羞耻经自我责备策略调节后是否影响内隐攻击性。

二、研究方法

(一)被试

107 名七年级学生随机分到未调节组、自我责备调节组(以下简称调节组)。53 名七年级学生参加未调节组实验。按照数据处理的标准,删除正确率低于 0.8 的 11 名被试,实际有效被试为 42 名,年龄 M＝14.21 岁,SD＝0.68 岁,男生 17 名,女生 25 名。54 名七年级学生参加调节组实验。按照数据处理的标准,删除正确率低于 0.8 的 14 名被试,实际有效被试为 40 名,年龄 M＝14.15 岁,SD＝0.62 岁,男生 23 名,女生 17 名。

(二)材料

1.转移性羞耻情绪诱发材料

从实验6.2中评定好的故事情境里选取了一个故事情境"当众与人吵架"。该故事情境在实验6.2已经被评定,效果良好。同时,故事情境的主题"当众与人吵架"比较贴近女性成人生活事件。

2.情绪调节调节材料

采用实验6.2中的一种调节策略——自我责备。自我责备,表述为"我责备着自己",比如:我应该被责备;我要对发生过的事承担责任;在这种情况下的错误是我造成的;事情发生的主要原因是我自己。对于未调节组,被试只需要静静看着电脑屏幕,不需要做任何操作。

3.IAT内隐攻击性测验材料

采用IAT内隐联想测验范式。IAT内隐攻击性测验材料直接采用已有内隐攻击性研究的实验材料(谢熹瑶,毕重增,罗跃嘉,2010),实验材料同实验8.4。该研究材料在相关研究中也得到使用,效果良好(阳威,2012)。目标的自我概念维度包括自我维度和他人维度各5个词。攻击性的联想属性维度包括攻击性形容词和非攻击性形容词各5个。见表8-8。

(三)程序

整个实验包括两个阶段,分别是诱发－调节阶段、IAT内隐攻击性测量阶段。整个实验完成后均播放一段古典音乐,以便平复被试情绪状态。

1.诱发－调节阶段

试验程序具体包括以下步骤,一个trial具体程序与实验8.4一致(见图8-2)。(1)开始。对于调节组,屏幕中央显示"↑",提示该次试验中需要被试采用自我责备策略。对于未调节组,屏幕中央显示"－",提示不需要采用调节策略。时间持续2 s。(2)转移性羞耻情绪诱发。屏幕呈现一张素描图片,同时被试佩戴的耳机中播放图片对应的"考试舞弊行为"故事情境的语音。指导语已经要求被试充分想象故事情境中的主人公就是自己的母亲,从而获得充分的羞耻情绪体验。语音音频结束后,图片也随之消失。平均时长大约60 s。(3)羞耻情绪调节。屏幕出现提示,被试按照一定方式对自己的羞耻情绪进行调节。对于调节组,屏幕呈现的指示语为"↑ 我责备着自己"。对于未调节组,屏幕呈现的指示语为"－ 不调节"。被试按照实验前的指导语进行相应的自我调节。时间为5 s。(4)羞耻情绪的评定。为了让被试进一步体验到自身的情绪体验,让被试采用4级计分方法评定自己当前的羞耻情绪体验。被试选择的数字越大,表示体验到的羞耻感越强。被试通过按键完成评定,按键之后屏幕内容消失。

2.IAT实验阶段

IAT程序总共有七个步骤,材料和程序同实验8.4(见表8-9),包括五个练习任务和两个测试任务。第一步练习,尽量快速正确地分辨目标概念词,把属于"自我"词归类并按"D"键反应,把属于"他人"词归类并按"K"键反应。第二步练习,尽量快速正确地分辨属性概念词,把属于"攻击性"词归类并按"D"键反应,把属于"非攻击性"词归类并按"K"键反应。第三步练习,对前两个步骤所呈现的所有刺激词进行联合辨认,把属于"自我"词与"攻击性"词归类并按"D"键反应,把属于"他人"词与"非攻击性"词归类并按"K"键反应。第四步与第三步要求一样,只是第四步是正式测试,需要记录反应时和正确率。第五步,相反目标概念辨别练习,与第一步相反,把属于"他人"词归类并按"D"键反应,把属于"自我"词归并类按"K"键反应。第六步练习,不相容联合任务辨别,把属于"他人"词与"攻击性"词归类并按"D"键反应,把属于"自我"词与"非攻击性"词归类按"K"键反应。第七步与第六步要求一样,只是第七步是正式测试需要记录反应时和正确率。按键方式在被试间平衡。

三、研究结果

本实验也采用该标准整理内隐攻击性评分的数据,具体如下:(1)删除正确率不到0.8的被试。(2)将反应时低于300 ms的记为300 ms,高于3000 ms的记为3000 ms。(3)无论是正确反应还是错误反应的反应时,均参与统计分析。(4)对相容反应时("自我"与"攻击性",或"他人"与"非攻击性")、不相容反应时("他人"与"攻击性",或"自我"与"非攻击性")取自然对数。(5)将不相容任务的平均反应时减去相容任务的平均反应时,得到IAT效应值及其对数值。

(一)转移性羞耻调节影响内隐攻击性

对于未调节组,配对样本t检验结果显示,青少年对相容任务与不相容任务的反应时存在显著差异,$t(41)=4.294$,$p<0.001$,Cohen's $d=0.663$,IAT任务的对数值也存在显著差异,$t(41)=4.420$,$p<0.001$,Cohen's $d=0.682$,对不相容任务的反应显著快于相容任务的反应,说明存在IAT效应。见表8-12。

表 8-12 未调节组 IAT 任务的反应时和对数值

指标	任务	M	SD	t
反应时(ms)	相容任务	1066.13	305.62	4.29***
	不相容任务	882.00	236.60	
	IAT 效应	−184.13	277.87	
对数值	相容任务	6.9318	0.2868	4.42***
	不相容任务	6.7491	0.2585	
	IAT 效应	−0.1828	0.2680	

对于调节组,配对样本 t 检验结果显示,青少年对相容任务与不相容任务的反应时存在显著差异,$t(39)=3.29$,$p<0.01$,Cohen's d$=0.520$,IAT 任务的对数值也存在显著差异,$t(39)=3.67$,$p=0.01$,Cohen's d$=0.581$,对不相容任务的反应显著快于相容任务的反应,证实了 IAT 效应的存在。见表 8-13。

表 8-13 调节组 IAT 任务的反应时和对数值

指标	任务	M	SD	t
反应时(ms)	相容任务	1058.99	253.20	3.29**
	不相容任务	897.92	230.56	
	IAT 效应	−161.07	309.94	
对数值	相容任务	6.9393	0.2268	3.67**
	不相容任务	6.7719	0.2338	
	IAT 效应	−0.1674	0.2882	

对调节组、未调节组的反应时 IAT 效应、对数值效应值分别进行独立样本 t 检验,检验结果显示,调节组反应时 IAT 效应显著小于未调节组,$t(80)=-5.32$,$p<0.001$,Cohen's d$=1.189$;调节组对数值 IAT 效应也显著小于不调节组,$t(80)=-5.70$,$p<0.001$,Cohen's d$=1.275$。

(二) 自我羞耻与转移性羞耻调节影响内隐攻击性的比较

对未调节组的自我羞耻和转移性羞耻的 IAT 效应值(对数值)进行独立样本 t 检验,结果显示,转移性羞耻的 IAT 效应值显著大于自我羞耻的 IAT 效应值,$t(76)=2.86$,$p<0.01$,Cohen's d$=0.655$。对调节组的自我羞耻和转移性羞耻的 IAT 效应值(对数值)进行独立样本 t 检验,结果显示,转移性羞耻的 IAT 效应值显著大于自我羞耻的 IAT 效应值,$t(82)=2.81$,$p<0.01$,Cohen's d$=0.621$。

四、分析与讨论

攻击性存在反转的内隐倾向性,且对于转移性羞耻情绪是否得到调节都存在。经过自我责备策略调节后的反转的攻击性内隐倾向性显著小于未调节后的反转的攻击性内隐倾向性。

反转的攻击性内隐倾向性,表示他人与攻击性联结更强,青少年将自我评价为更不具有攻击性。与未调节相比较,采用自我责备策略调节的被试,增强了自我与攻击性的联结强度,相对而言,青少年将自我评价为更具有攻击性,可见,当众与人吵架的羞耻事件中行为者的不同,会影响青少年内隐攻击性倾向。中国文化下的自我与母亲在自我概念内涵中联系极其密切(Zhu et al., 2007; Zhu, Han, 2008; Han, Humphreys, 2016),亲子关系促使青少年在面临母亲羞耻事件时,被诱发了愤怒与攻击性进行自我防卫。而自我责备策略成为一种催化剂,叠加到羞耻与攻击性的关系里,增强了原有的攻击性水平。

无论是否得到调节,转移性羞耻的攻击性的反转内隐倾向性显著大于自我羞耻的攻击性的反转内隐倾向性。当羞耻事件与母亲相关时,青少年将自我评价为更不具有攻击性,而当羞耻事件与自己相关时,青少年将自我评价为更具有攻击性。因此,羞耻事件发生在当事人身上会比发生在重要他人(甚至是母亲)身上,对青少年个体具有更大的影响,使其更容易产生内隐攻击性。

五、结论

研究发现,对转移性羞耻进行自我责备策略调节后,"自我-攻击性"显著比"自我-非攻击性"加工更加快速,自我与攻击性联结更加紧密,表明青少年将自我评价为更具攻击性。

结合自我羞耻和转移性羞耻的实验结果发现,与转移性羞耻攻击性内隐效应比较,青少年在自我羞耻情境下将自我评价为更具有攻击性。

第六节 总讨论

自我羞耻情绪经自我责备策略调节后,会增强青少年在独特与总体情境下的外显攻击性,减弱青少年在独特情境下攻击性的内隐倾向性,将自我评价为更不具有攻击性。可见,采用自我责备策略调节自我羞耻情绪后,对外显和内隐的攻击性的影响不同。因此,模拟的罗盘扩展模型(见图 4-1)中的局部,关于"一极负面"攻击性的预期在自我羞耻情绪方面成立。已有实证研究显示,羞耻情绪与攻击性关系密切,羞耻会诱发攻击性及其行为(Åslund et al., 2009b; Heaven, Ciarrochi, Leeson, 2009; Schoenleber et al., 2015)。罗盘模型里,攻击性自我与攻击他人是羞耻的典型反应之一(Nathanson, 1992)。而羞耻的相关理论,如进化适应功能观(Elison, Garofalo, Velotti, 2014)、挫折—侵犯理论(Anderson et al., 2000)、羞耻—愤怒理论(Sinha, 2017),从不同的视角阐释了羞耻情绪可以影响个体的攻击性。所以在没有对羞耻情绪进行干预和调节时,羞耻与攻击性存在密切联系。自我责备策略是一种防御型策略,会维持会加剧羞耻事件对青少年个体自我认同的破坏,也是对应于罗盘模型中攻击自我的反应脚本。羞耻情绪与攻击性之间的原有关系,叠加自我责备策略的外加影响,在短期内可以发生即时性效果,从而增强了青少年在羞耻情境下的外显攻击性。然而,进行内隐攻击性任务加工时,青少年习惯于自己已有的归因风格进行认知归因。基于自我意识情绪的认知归因理论,当采用自我责备策略应对羞耻情境中发生的羞耻事件时,青少年将个体感受到的羞耻情绪归因为自己,将考试舞弊行为归因为自己的责任,因而表现为自我评价为更不具有攻击性,从而呈现自我羞耻情境经调节后对外显与内隐攻击性的影响不同。

转移性羞耻经重新计划、自我责备策略调节后,可以增强青少年总体情境下外显攻击性,经自我责备策略调节后,增强攻击性的内隐倾向性,青少年将自我评价为更具有攻击性。可见,自我责备策略调节转移性羞耻情绪后,对外显和内隐的攻击性的影响一致。因此,模拟的罗盘扩展模型(见图 4-1)中的局部,关于"一极负面"攻击性的预期在转移性羞耻情绪方面成立。与自我羞耻的研究一致,当调节羞耻情绪后,虽然羞耻情境当事人为母亲,但是转移性羞耻的体验人依然是青少年自己,因而呈现增强外显攻击性的结果。不过,转移性羞耻经调节后进行的攻击性内隐加工,与自我羞耻的内隐攻击性任务加工结果不同。在当众与人吵架的羞耻事件中,行为当事人为母亲,青少年自身只是作为羞耻情绪的体验主体,即使采用自我责备策略,无法改变羞耻事件发生的基本情况,进行自我归因时,将母亲的"过错"归因为自己的责任,只能导致归因失败,产生挫折感。根据 Scheff(2012)的羞耻-愤怒螺旋理论,羞耻与愤怒、攻击性之间是相互作用、循环发展的。青少年经过自我责备策略调节受挫后,觉察自身羞耻将会诱发自己更强的羞耻情绪,即"羞耻-害怕/愤怒-羞耻"的循环,导致出现暴力、攻击性,甚至在社会的某些情况下引起极端的暴力和战争(Scheff,2014)。因此,转移性羞耻情绪经自我责备策略调节后,增强了攻击性的内隐倾向性,青少年将自我评价为更具有攻击性,从而出现对外显攻击性与内隐攻击性相同的作用。

调节自我羞耻与转移性羞耻对青少年的外显攻击性的影响没有差异,而内隐认知加工任务方面,自我羞耻比转移性羞耻下的反转的攻击性内隐效应更小,青少年在自我羞耻情境下将自我评价为更具有攻击性。设置了相同的羞耻事件,如随地乱扔垃圾、身体体味难闻、家庭关系不和,只是将羞耻情境中当事人分别设置为青少年自己或者母亲,这样的两种水平下进行比较比较合理。外显攻击性的测量是主观报告,青少年就羞耻情境下做出调节后对自己的敌意、愤怒等情绪直接做出自我评定。由于中国文化下亲子关系的特殊性,青少年的"自我"容纳了母亲在内(Zhu et al.,2007;Zhu,Han,2008;Han,Humphreys,2016),同时两种羞耻中的羞耻情绪体验主体均是青少年自身,因此对外显攻击性的影响一致。而攻击性的内隐认知任务加工中,与行为主体是母亲相比较,在行为主体为青少年自身的自我羞耻情境里,自我责备策略的调节可以使责任的自我归因发生直接作用,增强羞耻情绪的典型反应之一的攻击性。

采用情绪诱发-调节范式与内隐联想测验相结合,研究发现:(1)自我羞耻情绪经自我责备策略调节后,会增强青少年在总体与独特情境下的外显攻击性,减弱青少年在独特情境下攻击性的内隐倾向性,将自我评价为更不具有攻击性。可见,自我责备策略调节自我羞耻情绪后,对外显和内隐的攻击性的影响不同。(2)转移性羞耻经重新计划、自我责备策略调节后,可以增强青少年总体情境下的外显攻击性,经自我责备策略调节后,增强攻击性的内隐倾向性,青少年将自我评价为更具有攻击性。可见,自我责备策略调节转移性羞耻情绪后,对外显和内隐的攻击性的影响一致。(3)调节自我羞耻与转移性羞耻对青少年的外显攻击性的影响没有差异,而与转移性羞耻条件相比较,青少年在自我羞耻条件下将自我评价为更具有攻击性。因此,模拟的罗盘扩展模型中的局部,关于"一极负面"攻击性的预期适用于青少年自我羞耻和转移性羞耻情绪调节方面。

第九章　羞耻类型与强度影响亲社会行为的实验研究

第一节　羞耻类型影响亲社会行为的研究

一、研究目的

为了厘清羞耻对亲社会行为影响的争议,本书研究设置实验考察羞耻情绪的来源(内源性羞耻与外源性羞耻)是否可以影响大学生的亲社会行为。同时将亲社会行为细化,设置为日常助人型与捐赠型亲社会行为,前者只需要被试付出举手之劳,后者则需要被试捐出自己的零花钱。为因变量设置了两类指标,分别是个体对他人做出亲社会行为意愿的自主评分,以及该决策考虑的时间。前者揭示个体亲社会行为的认知结果,后者代表个体亲社会行为的加工过程。

二、研究方法

(一)被试

142 名大学生参加正式实验。依据做出亲社会行为的思考时间三个标准差标准、羞耻情绪诱发标准进行数据筛选,120 名被试的数据进入分析。年龄 M=20.34 岁,SD=2.08 岁,男生 62 人。其中中性情绪组 41 人,内源性羞耻组 37 人,外源性羞耻组 42 人。另外有 113 名大学生参与实验材料的评定。

(二) 工具

1.羞耻情绪材料

故事情境选用大学生常见、易理解的生活事件,包括学习能力情境、当众出丑情境和课堂错误回答问题。随机选取 55 名大学生对羞耻情绪材料进行 7 级评分(1~7 分),男 28 名。同时,随机选取 40 名大学生对羞耻情绪材料进行羞耻强度评分和内疚强度评分,男生 20 名。最终,将考试失败($M=6.18$,$SD=1.05$)、在公共场所乱扔垃圾($M=5.85$,$SD=1.00$)、课堂错误回答问题($M=4.61$,$SD=1.61$)分别作为羞耻情绪的诱发材料。中性与羞耻材料的羞耻评分的独立样本 t 检验结果显示,羞耻评分差异显著,$ps<0.05$。

2.中性情绪材料

经上述初步筛选材料后,选择均值最小的三个中性情绪材料,主题为建筑物介绍($M=1.58$,$SD=1.15$)、产品说明书($M=1.60$,$SD=1.07$)和歌曲介绍($M=1.62$,$SD=1.05$)。

3.亲社会行为问卷

亲社会行为材料根据助人事件改编(Watkins et al., 2006;马佳宝,2017),包括求助考试复习资料的日常助人情境和地震捐款的亲社会情境。

4.放松音乐

根据本实验的目的,选择 *Dancing with the Neon Light* 这一心理咨询常用作舒缓的歌曲作为放松音乐,时长为 120 s。

(三) 研究程序

整个实验过程包括情绪诱发与亲社会行为两个连续部分(如图 9-1)。实验开始前,令所有被试静听同一首舒缓乐曲《舞随光动》1 min 片段,使被试在实验中保持稳定的情绪。

情绪诱发阶段,被试被随机分配到中性情绪组、内源性羞耻组和外源性羞耻组。在指导语后,一个红色"+"出现在电脑屏幕的中心,持续 500 ms,接着屏幕呈现引起情绪的文字材料。中性组阅读中性材料,内源性羞耻组和外源性羞耻组阅读羞耻情绪材料,并想象自己是故事中的主角,阅读后采用 4 级评分(1~4 分)即时评定自身的羞耻情绪,数字越大,强度越大。

亲社会行为任务为在红色"+"持续 500 毫秒后,被试阅读一个自己先前受到帮助的事件(涉及日常帮助和捐款)。接着,随机呈现日常助人和捐赠故事,故事中恩人和陌生人会向被试求助。内源性羞耻组中恩人和陌生人知道被试所经历的羞耻事件,外源性羞耻组相反。所有被试均需要完成"是否愿意帮助"的选择和"在多大程度上愿意帮助"的5级评分(1~5分),前者记录反应时,作为被试助人决策时间,后者记录自主评分,作为被试助人意愿。

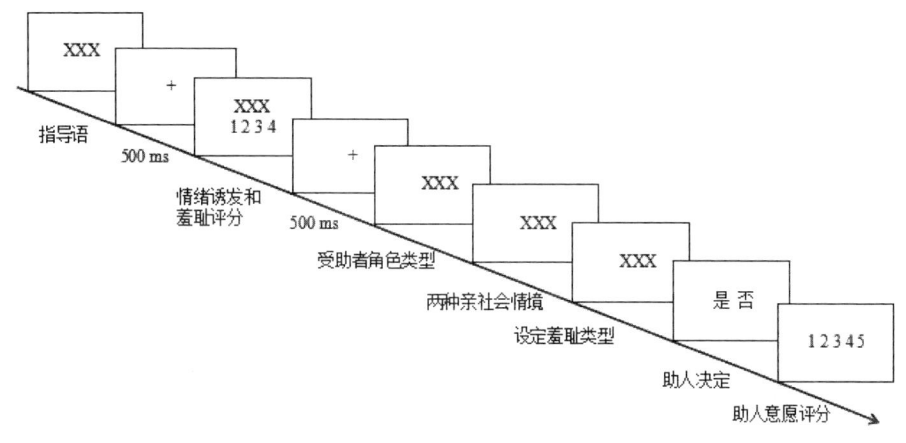

图 9-1 实验流程图

三、研究结果

羞耻自我评分的单因素方差分析结果显示,$F(2,117)=196.39$,$p<0.001$,$\eta^2=0.77$,表明情绪类型之间存在显著差异。多重比较发现,中性情绪羞耻评分($M=1.19$,$SD=0.31$)显著低于内源性羞耻($M=3.11$,$SD=0.51$)和外源性羞耻($M=2.97$,$SD=0.59$),内源性羞耻和外源性羞耻没有差异。

对日常助人型亲社会行为意愿的自主评分进行重复方差分析,结果显示,$F(2,117)=13.25$,$p<0.001$,$\eta^2=0.18$,外源性羞耻组($M=4.05$,$SE=0.18$)的日常助人意愿显著高于中性情绪组($M=2.84$,$SE=0.17$)和内源性羞耻组($M=3.32$,$SE=0.17$),而内源性羞耻组的日常助人意愿又显著高于中性情绪组。求助者角色的主效应也显著,$F(1,117)=63.65$,$p<0.001$,$\eta^2=0.35$,帮助恩人($M=3.97$,$SD=1.20$)的意愿显著高于帮助陌生人($M=2.80$,$SD=1.62$)的意愿。简单效应分析显示,当求助者是陌生人时,外源性羞耻组比中性情绪组和内源性羞耻组更愿意进行日常助人,而内源性羞耻组又比中性情绪组更愿意进行日常助人,$F(2,117)=16.07$,$p<0.001$,$\eta^2=0.22$。

对捐赠型亲社会行为意愿的自主评分进行重复方差分析,结果显示,$F(2,117)=4.49$,$p<0.05$,$\eta^2=0.07$,外源性羞耻组($M=3.49$,$SE=0.17$)的

捐款意愿显著高于中性情绪组（M=2.82,SE=0.16）和内源性羞耻组（M=2.96,SE=0.16）。求助者角色的主效应也显著，$F(1,117)=106.19, p<0.001, \eta^2=0.48$。向恩人捐款（M=3.83,SD=1.20）的意愿显著高于向陌生人捐款（M=2.32,SD=1.48）的意愿。简单效应分析显示，当求助者是陌生人时，外源性羞耻组比中性情绪组和内源性羞耻组更愿意捐款，$F(2,117)=10.00, p<0.001, \eta^2=0.15$。

对日常助人型亲社会行为的决策时间进行方差分析，$F(2,117)=0.45, p>0.05$，在捐赠型亲社会行为方面，$F(2,117)=0.95, p>0.05$，表明羞耻的类型不影响学生做出亲社会行为的考虑时间（见表9-1）。

表 9-1 不同条件下被试的助人意愿与助人决策时间（$N=120$）

情绪类型	求助者角色	日常助人意愿		日常助人决策时间（ms）		捐赠意愿		捐赠决策时间（ms）	
		M	SD	M	SD	M	SD	M	SD
中性	恩人	3.73	1.50	6007.32	4584.78	3.71	1.35	6915.07	3757.84
	陌生人	1.95	1.53	6987.56	5652.09	1.93	1.54	8085.88	5472.42
内源性羞耻	恩人	4.35	0.82	6975.81	6162.39	3.95	1.22	8338.70	5864.31
	陌生人	3.81	1.24	7586.00	7873.87	3.14	1.06	7132.14	6130.81
外源性羞耻	恩人	3.98	1.20	6105.24	4877.75	3.98	0.95	6338.67	3591.95
	陌生人	2.74	1.53	6997.03	6283.12	1.95	1.46	6622.86	4594.41

四、分析与讨论

研究发现，求助者是恩人以及外源性羞耻条件都与更高的帮助意愿相关。外源性羞耻条件下对向陌生人展现亲社会行为倾向的积极影响与已有研究相似（de Hooge, Breugelmans, Zeelenberg, 2008），内源性羞耻（即与当前决策相关）激励了"自我主义者"（天生倾向于自私的人）的亲社会行为，但外源性羞耻（即与当前决策不相关）则没有。本节研究专注于社交环境中对陌生人的亲社会行为倾向，而 de Hooge 等（2008）则专注于"自我主义者"或"亲社会者"在困境中的行为。同时，de Hooge 等（2018）研究显示内源性羞耻和外源性羞耻对社交接近有类似效应，而本节研究的结果与其不符。de Hooge 研究中社会接近含义与本节研究中的日常帮助和捐钱不完全相同。前者关注的是对撤退/接近的选择，后者指的是直接帮助他人，更接近亲社会行为的定义。此外，在本节研究中,内源性羞耻对亲社会行为的影响并未以反应时间为代价,满足了速度-准确性权衡的要求。不同的羞耻在不同的亲社会情境中对积极行为有不同的影响,这主要取决于羞耻的恢复动机的贡献。

研究结果支持外源性羞耻与更高的帮助意愿相关,可以用羞耻的功能性来解释。Fessler(2007)提出,羞耻表达的两大主要社会功能是寻求他人的批准和防止社会排斥。羞耻源于缺陷的暴露,通过实际评估他人或内化他人的评价,从而引发自我评价,因此产生羞耻(Sznycer et al., 2016)。而当一个人关心他人对自身行为的看法和评论时,羞耻会更有可能产生。因此,羞耻使人们更加关注他人眼中自己的积极形象和良好声誉。羞耻会对社会自我形象构成威胁,为了维护积极的自我形象,个人必须采取行动修复自己受损的自我形象,例如,限制有关自己的负面信息传播,防止由此导致自我贬值或负面评价他人(Tangney, Stuewig, Mashek, 2007),这为羞耻促进亲社会行为提供了一个可能的解释。当违反社会规则并感到羞耻时,个体会遵守群体标准。此外,这也向他人表明,自身仍然是一个有潜在价值的合作伙伴,是完全融入群体中的一员。在这种情况下,个人更愿意遵守社会规则。

在外源性羞耻条件下,亲社会情境中的求助者知道个体曾经的羞耻经历。当羞耻经历在人际互动中暴露给伙伴时,它会触发更强烈的恢复动机,令个体采取互补策略,如亲社会行为,以确认积极的自我形象。特别是在中国,社会伦理特别强调保护家庭和社区公共荣誉的重要性,这是社会控制的核心框架,鼓励用符合公共的形象来掩盖内源性羞耻经历。只要将羞耻经历隐藏在公众的视线之外,这些经历就可以被忍受。这一荣辱的框架木质上是与公私二分法相联系的,它通过不断重复和重申可接受的身份认同来限制除规范性身份之外的所有身份的表现(Butler, 1990)。社会对外源性羞耻感的看法与积极寻求帮助的态度有着独特的关系。个体可能从其亲近的人那里收到积极和消极的信息,因此外源性羞耻感可能更加普遍,并更清楚地传达出寻求帮助的积极信息。此外,随着时间的推移,社会对寻求帮助的外源性羞耻感也必然会朝着积极的方向改变。亲社会行为是经历羞耻感的人恢复受损自我的最佳方式,可以在公众面前创造更好的印象并保持它,或者保护其受损的自我免受进一步伤害。

最重要的是,本节研究发现,外源性羞耻对亲社会行为倾向的增强效果仅在求助者是陌生人时出现。在亲社会情境中,求助者的角色,即恩人或是陌生人,对于经历羞耻感的人有不同的含义。与帮助陌生人相比,如果一个经历外源性羞耻的人帮助其恩人,那么亲社会行为更常被视为偿还和回报。这种亲社会行为强调了中国文化中尊崇的人际关系和谐,遵循人际交往中的基本原则"互惠利他主义"(Leimgruber,2018;Delmas,Lew,Zanutto,2019;肖凤秋,郑志伟,陈英和,2014),导致羞耻的恢复效果相对减弱。另一方面,对陌生人的亲社会行为是消除负面情绪、确认积极自我、实现羞耻恢复动机的更好方式。当个体处于内源性羞耻的条件,即羞耻经历没有暴露给陌生人时,他们没有被陌生人贬低或轻视的风险。在这种情况下,一个人可以在陌生人面前维持积极的自我形象,并对陌生人表现得更加友好。

研究结果还显示,在日常助人情境和捐款情境中,内源性羞耻对向陌生人表现出亲社会行为倾向的模式类似。通常,捐款比日常帮助成本更高,因为涉及成本-效益分析(Sommerville et al.,2018)。捐款确实对儿童意味着很多(Wang,Pan,Zhang,2020)。然而,对于大学生来说,捐款并不意味着重大的损失,也不会影响日常生活。因此,在亲社会情境中,无论是日常助人情境还是捐款情境,对成年人的亲社会行为都不是一个有影响力的因素。

第二节 羞耻强度影响亲社会行为的研究

一、研究目的

本研究设置实验进行考察羞耻情绪的强度是否可以影响亲社会行为。同时将亲社会行为细化,设置为日常助人型与捐赠型亲社会行为。因变量分别是个体对他人做出亲社会行为意愿的自主评分,以及考虑的时间。

二、研究方法

(一)被试

231名五年级学生参加正式实验。依据做出亲社会行为的思考时间三个标准差标准、羞耻情绪诱发标准进行数据筛选,119名被试的数据进入分析。年龄 $M=11.29$ 岁,$SD=0.58$ 岁,女生59人。其中中性情绪组33人,中强度羞耻组35人,高强度羞耻组51人。另外有78名儿童参与实验材料的评定。

(二) 材料

故事情境选用小学儿童常见、易理解的生活事件,包括校园地图介绍、随地乱扔垃圾、偷盗同学物品。故事情境材料经小学语文任课教师润色。78 名小学五年级儿童对三个故事所诱发的自身羞耻情绪强度进行 9 级评分(1~9 分),女 43 名。方差分析结果显示,$F(2,154)=447.39$,$p<0.001$,且故事评分两两差异显著。因此,将校园地图介绍($M=2.18$,$SD=1.45$)、随地乱扔垃圾($M=5.91$,$SD=1.91$)、偷盗同学物品($M=8.55$,$SD=0.86$)分别作为中性情绪、中强度羞耻、高强度羞耻的诱发材料。

经 100 名小学儿童对列出的各种行为进行评选,得到频率最高的两类亲社会行为情境,分别是借笔给同学、给受灾的人捐款,前者代表日常助人型亲社会行为,后者代表捐赠型亲社会行为。

(三) 研究程序

被试在练习阶段熟悉流程后,首先阅读羞耻或中性情境故事,并对自己的羞耻情绪强度进行 9 级评分。接着依次阅读两个亲社会行为情境。每个亲社会行为情境之后,要求被试采用 9 级计分,评定自我帮助该情境中求助人的意愿程度,同时记录思考时间。两个亲社会行为情境的呈现顺序在被试间平衡。

三、研究结果

根据实验中自我羞耻强度的评分筛选被试,保留中性情绪组中评分为 1~3 分,中强度羞耻组中评分为 4~7 分,高强度羞耻组中评分为 8~9 分的被试。方差分析结果显示,不同强度情绪组的羞耻评分存在显著差异,$F(2,116)=931.07$,$p<0.001$,中性组($M=1.73$,$SD=0.80$)、中强度羞耻组($M=5.77$,$SD=0.97$)、高强度羞耻组($M=8.76$,$SD=0.43$)两两差异显著,可见,三组被试的情绪诱发符合实验需要。

对日常助人型亲社会行为意愿的自主评分进行方差分析,结果显示,$F(2,116)=2.75$,$p>0.05$,表明羞耻的强度不影响儿童日常助人型亲社会行为意愿。在捐赠型亲社会行为方面,$F(2,116)=6.18$,$p<0.01$,$\eta^2=0.096$,多重比较结果显示,中强度与高强度羞耻组儿童的亲社会行为意愿评分均显著高于中性情绪组,$ps<0.05$(见表 9-2)。

对日常助人型亲社会行为的考虑时间进行方差分析,结果显示,$F(2,116)=$

0.44，$p>0.05$，表明羞耻的强度不影响儿童做出亲社会行为的考虑时间。在捐赠型亲社会行为方面，$F(2,116)=4.74$，$p<0.01$，$\eta^2=0.076$，多重比较结果显示，中强度羞耻组儿童的亲社会行为考虑时间显著小于中性情绪组，$p<0.05$（见表9-2）。

表9-2 不同强度的羞耻组亲社会行为的自主评分与作出考虑时间

亲社会行为	情绪强度	自主评分			考虑时间		
		M	SD	F	M(ms)	SD(ms)	F
日常助人型	中性情绪	8.06	1.00	2.75	15526.76	10106.26	0.44
	中强度羞耻	8.49	1.01		15087.57	7997.29	
	高强度羞耻	8.53	0.86		16677.73	6774.78	
捐赠型	中性情绪	7.21	1.85	6.18**	17509.36	10019.64	4.74**
	中强度羞耻	8.03	1.29		12002.89	7029.07	
	高强度羞耻	8.25	0.96		15433.73	5677.21	

四、分析与讨论

Tangney(1992)对羞耻的研究结果表明，当个体感到羞耻时，往往会产生负面的情绪，并对外部环境缺乏安全感，同时也会出现心跳加快等表现。Nathanson(1992)提出罗盘模型理论，将个体在羞耻情绪状态下的应对方式区分为"逃避"、"退缩"、"攻击他人"和"攻击自我"。根据罗盘模型理论，个体在感到羞耻情绪时，通常是产生逃避等行为，即拒绝与他人接触等行为。本节研究中，羞耻情绪诱发组的个体的亲社会行为决策受到抑制与罗盘模型理论结果相一致。

已有文献研究显示，羞耻影响亲社会行为的结果并不完全一致。关于羞耻情绪对亲社会行为的影响，有两种完全相反的观点，其一认为，感受到羞耻的个体通常有着渺小感、无助感和无能感的体验，并有隐藏、逃避的行为(Parrott, 1999)。其二认为，羞耻属于道德情感，因此具有促进道德行为的作用(俞国良，赵军燕，2009)。根据罗盘模型理论，个体在感到羞耻情绪时，通常是产生逃避等行为，即拒绝与他人接触等行为，所以本研究中儿童的亲社会行为会受到抑制。当个体处于中强度的羞耻情绪状态下，倾向于做出亲社会行为决策，同本章研究结果相反。结果佐证两种对羞耻情绪作用的观点，当施加的羞耻情绪刺激适当时，会使个体的亲社会行为倾向增加。承诺装置理论（Frank，1988）认为，内疚、羞耻等道德情绪会作为一种承诺装置促使个体做出亲社会行为，即在该强度状态下个体的补偿动机最强，因而更有利于亲社会行为；而当强度过高或者没有时，亲社会行为倾向则会受到抑制。

另外，研究中还具体分析羞耻情绪对亲社会决策时间的影响。羞耻情绪状态下做出亲社会行为决策所花时间更短，说明羞耻情绪对小学生亲社会行为及决策时间有影响。成功诱发羞耻情绪的小学生是出于一种负性情绪状态下，情绪具有先行作用；而当个体处于平静无情绪状态下，情绪的先行作用消失，先进行认知调节作用。根据双重加工理论（Rhodes，Pivik，2011），当个体处于羞耻情绪状态时，情绪首先进行先行作用，因而所用决策时间更短；而当个体处于平静无情绪状态时，会对情境进行认知加工处理，因而所耗时间更长。情绪强度对认知加工过程有一定的影响，某一程度强度对加工过程影响最大。情绪强度对个体的情绪调节策略、推理和风险决策都有一定的影响，即情绪强度可以影响个体对情绪的加工过程。不同强度羞耻情绪状态下，个体对情绪的加工过程也会有所不同，所需要耗费的时间也会有差异。个体在中强度的羞耻情绪状态下，做出亲社会行为的决策时间最短，即中强度的羞耻情绪状态下情绪加工效率最高。

第十章　羞耻类型与强度影响攻击自我与攻击他人的实验研究

羞耻类型对攻击性的作用需要进一步考察。在已有的羞耻感与攻击性的研究中，有不少关于特质羞耻与攻击性的相关研究，如羞耻能够预测青少年的暴力行为(Velotti, Elison, Garofalo, 2014)。Tangeny 等(1996)也发现羞耻与攻击行为有显著的正向联系。羞耻情绪与攻击行为呈正相关(刘勇，孟庆新，赵建芳，2017)，中学生羞耻倾向可直接影响攻击行为，也可通过敌意、愤怒间接影响攻击行为(杨坤，刘勇，2017)。羞耻与不安全性行为、酒驾等危险行为呈正相关，羞耻感与言语攻击、身体攻击、愤怒及敌意均呈正相关(张帆，张道芬，黄喜珊，2013)。此外也有较少关于状态羞耻的实验研究，钱铭怡等(2003)研究特质羞耻与状态羞耻，发现有着不同羞耻易感性的个体的羞耻应对方式存在差异，而羞耻易感性个体的区别在于他们感受到的羞耻强度是不同的，由此可以看出羞耻情绪强度会导致不同的个体行为。羞耻对亲社会行为的影响研究发现，存在羞耻类型效应，即内源性羞耻与外源性羞耻的作用不同(de Hooge, Breugelmans, Zeelenberg, 2008；张琛琛，2010；杜灵燕，2012)，因此，作为亲社会行为对立面的攻击行为，也需要考虑到羞耻类型对其作用。但是在羞耻与攻击性的研究中，涉及羞耻类型的研究不足。对愤怒而非直接攻击研究中发现，当被试的羞耻事件被他人意识到时，个体对他人的愤怒会增加(Harper et. al., 2016)。内源性羞耻将会降低个体对不公平事件的愤怒程度，外源性羞耻则反之(Zhu et. al., 2019)。本章研究直接聚焦攻击性，探究不同类型的羞耻如何影响攻击性。

根据罗素提出的情绪分类的环状模式，情绪可划分为愉悦度和强度两个维度。基本情绪的研究中，情绪强度对心理与行为发生影响，呈现效价强度效应。比如，消极情绪的强度对初中生情绪调节策略的偏好产生显著影响(范才伟，2015)，也会影响对其名词的词性判断，削弱名词加工的优势效应(朱丽萍，袁加锦,李红,2011)。消极情绪强度也影响类比推理的反应。羞耻情绪作为一种消极情绪,羞耻强度可能也将影响个体的行为。因此,本章研究将考察不同强度的羞耻对攻击性的影响。

在羞耻与攻击性的绝大多数研究中,例如上述提到的一些相关或者实验研究中,如 Hundt 和 Holohan(2012)发现羞耻情绪在亲密伴侣暴力中通过激励人们用攻击的方式来抵御羞耻感发挥着重要作用;Velotti 等(2014)提到了一系列关于羞耻能够预测青少年的暴力行为的研究,这些研究几乎都将攻击行为默认指向攻击他人的方向。而攻击包括攻击自我与攻击他人,例如弗洛伊德提出的死本能,死本能是一种朝向自己的破坏倾向,并且受到生本能的抑制与阻碍,从而引发攻击他人的行为。罗盘模型将攻击划分为攻击他人、攻击自我(Nathanson,1992)。因此,本章研究中的攻击性细分为攻击自我和攻击他人两方面。

现有的国内外羞耻与攻击性研究中,更多都是从主观评定如量表测量等方式来进行考察,使用与羞耻相关的量表可能是因为特质羞耻的特殊性,例如:在 Tangney 等(1996)等关于儿童、青少年和成人的研究中使用的是愤怒反应量表;在 Harper(2016)的一项研究内外源性羞耻与愤怒关系的研究中,使用特质愤怒表达量表;在张帆等(2013)关于羞耻与羞耻应对的相关研究中采用的是中学生羞耻感量表、羞耻应对量表及攻击性问卷;在刘勇等(2017)关于羞耻与攻击行为的研究中使用的是中学生羞耻感量表、Buss-Perry 攻击问卷。只有较少的涉及状态羞耻的研究才使用了情景模拟法等方式诱发个体的羞耻,如钱铭怡等(2003)一项关于羞耻易感性的研究中使用情景模拟法诱发羞耻,但是对于应对方式的测量依旧采用的是问卷法。

由于语义加工存在情感启动效应,当自身情感与目标词的情感一致时,被试在做出反应的时候加工会得到促进,即加工得更快和更准确(李小花,张钦,2004)。有实验发现由于情绪造成不同信息之间联结的差异,个体会对语义上与情绪唤醒相关的信息记忆得更好(赵浩远,2016)。因而羞耻是否影响到攻击性语义加工,是本章引入的新的研究点。因此,本章研究通过三个实验,在行为倾向性以及语义加工上考察羞耻情绪的类型效应与强度效应。

第一节　羞耻类型影响攻击自我与攻击他人的行为倾向研究

一、研究目的

已有一系列研究发现羞耻与攻击之间的相关性,如 Tangeny 等(1996)使用愤怒反应量表测量,发现儿童、青少年、成人羞耻与攻击行为有显著的正向联系。也有研究表明特质羞耻与言语攻击、身体攻击等呈正相关(张帆,张道芬,黄喜珊,2013)。但是尚无有关状态羞耻与不同方向的攻击性的研究,因此本章研究将攻击性分离为攻击自我与攻击他人。在状态羞耻的研究中,有研究从羞耻类型入手,考察了羞耻类型对于亲社会行为的影响(张琛琛,2010);也有研究考察了不同羞耻类型下愤怒的差异,发现羞耻类型这一变量会对愤怒产生影响,内源性羞耻将会降低个体对不公平事件的愤怒程度,外源性羞耻则反之(Zhu et al.,2019)。研究者认为当他人知道个体经历的羞耻事件时(此即内源性羞耻),羞耻在引发个体产生痛苦情绪的同时,会促使个人增加自己的社会价值。为了满足这种需求,个体会减少对他人的愤怒,准备忍受糟糕的对待;而为了减轻痛苦,个体会增加愤怒。这种冲突可能是内源性羞耻不会增加对他人的愤怒的原因。当他人不知道个体经历的羞耻事件时(外源性羞耻),个体的社会价值就不会降低,所以不需要向对方展现社会价值,因而羞耻只会使个体增加痛苦,痛苦引起个体对他人的愤怒和攻击行为。这就是外源性羞耻会增加个体的愤怒或攻击的原因。攻击行为作为亲社会行为的对立面,其与愤怒的倾向性结果可能也会与羞耻类型相关,但羞耻与攻击行为的研究中,没有涉及羞耻情绪类型这一变量,因此在本书研究中考察羞耻情绪类型对于攻击行为的影响。综上所述,本书研究探讨羞耻类型对于大学生攻击行为的影响,并且深入了解这种影响在攻击他人和攻击自我两个方向上是否存在差异。观察羞耻类型对攻击的影响是否与其对愤怒的影响一致。

为了实现研究目的,本实验采用单因素被试间设计,自变量为情绪类型,包括内源性羞耻、外源性羞耻、中性情绪,因变量为攻击自我和攻击他人,测量指标是自我评定与任务反应时。根据以往研究,本实验预期:与中性情绪比较,内源性羞耻增强攻击自我,外源性羞耻增强攻击他人。

二、研究方法

(一) 被试

103 名大学生参加实验材料评定。删除无效被试后,还剩 96 名有效被试数据,年龄在 18~26 岁,年龄 M=22.81 岁,SD=1.76 岁,其中男性被试 35 名,女性被试 61 名。208 名大学生参加正式实验。删除无效被试后,剩余有效被试 159 名,年龄在 19~28 岁,年龄 M=22.08 岁,SD=1.31 岁,其中男性被试 73 名,女性被试 86 名。

(二) 实验材料

采用羞耻材料与中性材料(见附录 7)。参考前面章节研究中的羞耻情境诱发材料,从中初步选择 25 个羞耻诱发材料,另外自编 8 个产品说明书作为中性材料,并对其进行语言润色。将这 33 个材料在 e-prime 中随机呈现,采用情境模拟法,让被试想象在材料所给的情境中体验羞耻,由 40 名学生进行 7 级主观评分,1 分表示羞耻强度最低或没有,7 分表示羞耻强度最高。得到一个中性情绪材料和一个羞耻情绪材料,主题分别是"产品说明书"和"当众被批评"。经独立样本 t 检验,羞耻材料的羞耻评分(M=5.90,SD=1.35)显著高于中性材料(M=1.22,SD=0.55),$t(38)=14.08$,$p<0.001$。

根据被试的评定结果,考虑到羞耻与内疚的相似性,对选出的羞耻情绪诱发材料同时进行内疚与羞耻的评分,并在问卷中表明羞耻与内疚的定义,与首次评分一样,采用 7 点量表的主观评分。回收 63 份问卷,共 56 份有效问卷。经配对样本 t 检验结果显示,该羞耻情绪诱发材料的羞耻分数(M=5.34,SD=1.69)显著高于内疚分数(M=3.36,SD=1.99),$t(55)=5.71$,$p<0.001$。

(三) 实验程序

采用情境模拟法诱发被试羞耻情绪,让被试阅读评定过的材料,有羞耻材料与中性材料两种,要求被试阅读完材料后对感受到的羞耻强度进行 7 点主观评分。羞耻诱发组被试再阅读内源性羞耻或外源性羞耻的指导语,内源性羞耻组的被试指导语为"接下的一部分实验你将和另一名被试一起参与,这名被试知道你刚刚经历过的羞耻事件",外源性羞耻组的被试所阅读的指导语为

"接下的一部分实验你将和另一名被试一起参与,这名被试不知道你刚刚经历过的羞耻事件"。

最后进行竞争性反应时游戏范式来测量被试的攻击性(Warburton, Bushman, 2019)。在实验中,主试安排被试和另一位假被试(真被试并不知情)玩一场游戏,要求他们在看到屏幕呈现"+"后,对随后随机位置出现的黑点刺激尽快做出按键反应,随后屏幕会呈现刚刚按键反应快慢的结果。其中,当被试按键比较慢的时候,被试要对自己选择强度进行电击惩罚(攻击自我),当对方按键比较慢的时候,被试需要对对方选择强度进行电击惩罚(攻击他人),两人速度一样时,不需要做出惩罚行为。1~5代表被试选择的电击等级,这里的电击惩罚是一种倾向性选择,不会给予真正的电刺激。在这个过程中,被试看到的按键快慢结果是程序设定好的,不管被试的反应如何,最后结果都是:被试按键快、慢、等时的次数各5、5、2次。整个流程见图10-1。

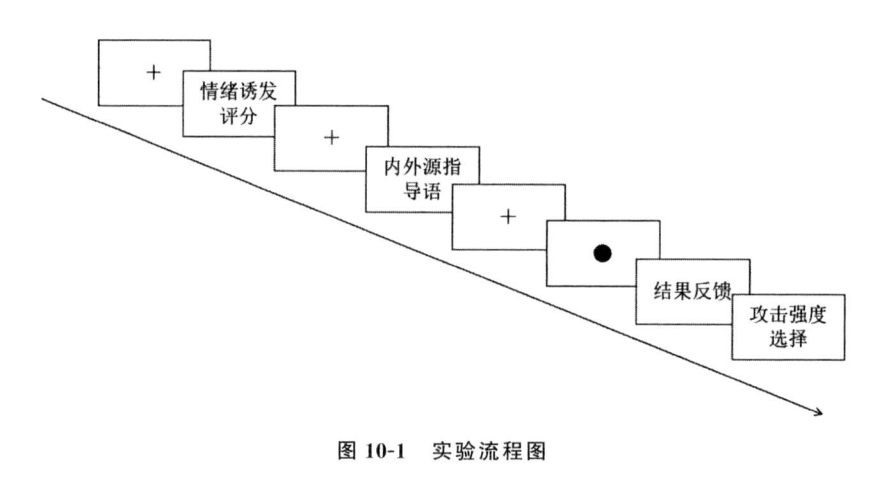

图 10-1　实验流程图

三、研究结果

内源性羞耻组,删除10名无效被试数据(自评分数低于4分),评分为4、5、6、7的被试数据保留;外源性羞耻情绪组,删除9名无效被试数据(自评分数低于4分),评分为4、5、6、7的被试数据保留;中性情绪组,删除30名无效被试数据(自评分数高于2分),评分为1、2的被试数据保留。剩余159名被试的数据进入统计分析。此外,分析时删除反应时在3个标准差之外的数据及其所对应的强度值数据,一共删去26个无效数据,占1.63%。

羞耻自评的单因素方差分析结果显示,情绪类型的评分存在显著差异,

$F(2,158)=410.45$，$p<0.001$，内源性羞耻组评分与外源性羞耻组评分都显著高于中性组评分，$p<0.001$；且外源性羞耻组与内源性羞耻组自评分无显著差异，$p>0.05$。具体评分情况见表 10-1。

表 10-1 不同类型情绪材料所诱发的羞耻强度的自我评分结果

情绪类型	M	SD
内源性羞耻	5.58	1.03
外源性羞耻	5.38	1.02
中性情绪	1.26	0.45

单因素方差分析结果显示，不同情绪类型的攻击他人强度存在显著差异，$F(2,158)=4.96$，$p<0.01$，$\eta^2=0.060$；多重比较结果显示，内源性羞耻组攻击他人强度显著高于中性组，$p<0.01$。单因素方差分析结果显示，不同情绪类型的攻击他人反应时不存在显著差异，$F(2,158)=2.65$，$p>0.05$。具体情况见表 10-2。

表 10-2 不同情绪类型下的攻击他人强度与反应时

情绪类型	攻击他人强度		攻击他人反应时(ms)	
	M	SD	M	SD
内源性羞耻	2.74	1.11	1641.47	795.54
外源性羞耻	2.41	1.02	1568.07	627.33
中性情绪	2.07	1.16	1350.25	593.84

单因素方差分析结果显示，不同情绪类型的攻击自我强度存在显著差异，$F(2,158)=12.97$，$p<0.001$，$\eta^2=0.143$；多重比较结果显示，内源性羞耻组、外源性羞耻组被试的攻击自我强度显著高于中性组，$ps<0.001$。单因素方差分析结果显示，不同情绪类型的攻击自我反应时存在显著差异，$F(2,158)=4.76$，$p<0.05$，$\eta^2=0.057$；多重比较结果显示，内源性羞耻组攻击自我反应时显著长于中性组，$p<0.01$。具体情况见表 10-3。

表 10-3 不同情绪类型下的攻击自我强度与反应时

情绪类型	攻击自我强度		攻击自我反应时(ms)	
	M	SD	M	SD
内源性羞耻	2.63	1.08	1656.79	837.89
外源性羞耻	2.48	0.92	1417.85	549.54
中性情绪	1.77	0.76	1241.68	668.24

四、分析与讨论

本节研究目的是考察羞耻类型对攻击自我与攻击他人的影响。实验发现,内源性羞耻组被试攻击他人、攻击自我的强度显著高于中性组。外源性羞耻组被试攻击自我的强度显著高于中性组。

实验结果表明,内源性羞耻情绪增强攻击他人与攻击自我,外源性羞耻增强攻击自我。这种内外源羞耻情绪在攻击对象上的差异则与之前研究结果不一致,即当别人知道个体发生过的羞耻事件时会降低个体对不公平事件的愤怒程度,外源性羞耻则反之(Zhu et. al., 2019)。本节研究中,内源性羞耻与攻击他人、攻击自我都相关联,在这两者的攻击强度上更高,而外源性情绪羞耻组与攻击自我更为相关。结果的不一致可能是由于以下原因:Zhu 等人(2018)的研究中,实验的因变量是愤怒而不是直接的攻击行为。这与之前 Stuewig 和 Tangney(2007)的说法相一致,羞耻与攻击之间的联系可能与羞耻与愤怒的联系不一致。

五、结论

羞耻对攻击性的影响存在类型效应。内源性羞耻增强个体的攻击自我与攻击他人,外源性羞耻只能增强个体的攻击自我。

第二节 羞耻类型影响攻击自我与攻击他人的语义加工研究

一、研究目的

本节研究将进一步从语义层面来考察羞耻类型与攻击性之间的关系。在本章第一节的实验基础上改变研究范式,在语义加工层面继续探讨羞耻情绪类型与攻击性的关系,观察第一节实验结果在语义加工层面是否得到重现。为了实现研究目的,本实验采用两因素混合设计,自变量为情绪类型和词汇类型,情绪类型包括内源性羞耻、外源性羞耻、中性情绪,词汇类型包括攻击自我词汇、攻击他人词汇、一般负性词汇、中性词汇,因变量为攻击自我和攻击他人,测量指标是词汇判断任务的正确率与反应时。根据上一节实验结果,本实验预期:与中性情绪比较,内源性羞耻促进"攻击他人"与"攻击自我"词汇语义加工,外源性羞耻促进"攻击自我"词汇语义加工。

二、研究方法

(一)被试

176名大学生参加实验材料评定。年龄在15~26岁,年龄M=21.23岁,SD=2.49岁,其中男性被试73名,女性被试103名。186名大学生参加正式实验。删除无效被试后,有效被试163名,年龄在18~26岁,年龄M=21.38岁,SD=1.78岁,其中男性被试76名,女性被试87名。

(二)实验材料

1.中性、羞耻材料。采用实验一中的主题分别为"电风扇产品说明书"和"课堂看小说被老师批评"的中性材料与羞耻情绪诱发材料。

2.实验词汇。从汉语情感词库(王一牛,周立明,罗跃嘉,2008)和《新华字典》中初步筛选出169个词,共由176名大学生对这些词汇分别就攻击性程度、愉悦度、熟悉度进行1~9级主观评分,1表示该词汇的攻击性程度、愉悦度、熟悉度最低,1~9强度逐渐增强。同时对初步区分出的"攻击他人""攻击自我""一般负性"三类词汇进行攻击方向的评分,词汇分别归类为"攻击他人""中""攻击自我"三者之一,"中"表示不能明确该词汇的攻击方向,次勾选记为1分,每个词产生"攻击他人""中""攻击自我"三个分数,筛选掉错误归类的词汇。

最终攻击他人、攻击自我、一般负性(无攻击含义的负性词汇)、中性四组词汇,每组各30个双字词入选,共120个双字词(见附录8)。经单因素方差分析结果显示,四组词汇的攻击性程度有显著差异,$F(3,119)=183.76$,$p<0.001$;攻击他人与攻击自我组词汇的攻击性程度显著高于一般负性及中性组,$p<0.001$;一般负性组词汇的攻击性显著高于中性组,$p<0.001$;攻击他人和攻击自我组词汇的攻击性程度无显著性差异,$p>0.05$。四组词汇的熟悉度差异性不显著,$F(3,119)=0.44$,$p>0.05$。具体评分情况见表10-4。

各组词汇的愉悦度评定结果差异显著,$F(3,119)=230.52$,$p<0.001$;中性组和一般负性组词汇的愉悦度显著高于攻击他人和攻击自我组,$p<0.001$;中性组词汇的愉悦度显著高于一般负性组词汇,$p<0.001$;攻击他人和攻击自我组词汇的愉悦度无显著性差异,$p>0.05$。

表 10-4 词汇的攻击性、熟悉度、愉悦度评定结果

词汇类型	攻击性		熟悉度		愉悦度	
	M	SD	M	SD	M	SD
攻击他人	6.28	0.93	4.84	0.43	2.88	0.32
攻击自我	6.55	1.09	4.91	0.58	2.86	0.43
一般负性	3.49	0.88	4.91	0.59	3.26	0.31
中性	2.28	0.25	4.99	0.33	4.97	0.38

所有负性词汇的攻击方向评定结果的方差分析结果显示,攻击他人词汇的攻击方向差异显著,$F(2,89)=818.40$,$p<0.001$,"攻击他人"方向评分显著高于"攻击自我""中"方向评分,$ps<0.001$。攻击自我词汇的攻击方向评分差异显著,$F(2,89)=534.72$,$p<0.001$,"攻击自我"的分数显著高于"攻击他人""中"方向评分,$ps<0.001$。一般负性词汇攻击性方向评分差异显著,$F(2,89)=1079.57$,$p<0.001$,"中"方向评分显著高于"攻击他人""攻击自我"方向评分,$ps<0.001$,"攻击他人"和"攻击自我"方向评分无显著差异,$p>0.05$。具体评分情况见表 10-5。

表 10-5 词汇攻击方向的评定结果

词汇类型	攻击他人词汇		一般负性词汇		攻击自我词汇	
	M	SD	M	SD	M	SD
"攻击他人"方向	32.27	4.12	3.07	3.25	1.30	1.15
"中"方向	5.73	3.59	31.47	4.11	4.10	3.42
"攻击自我"方向	1.00	1.17	4.47	3.96	33.60	3.70

考虑到材料诱发情绪的效果,选择 60 个由真字构成的假词作为干扰词,这样一共 180 个词汇作为实验材料。实验时,这 180 个刺激随机混合。

(三)实验程序

采用情境模拟法诱发被试羞耻情绪,让被试阅读前述评定过的材料,有羞耻材料与中性材料两种,要求被试阅读完材料后对感受到的羞耻强度进行 7

点主观评分。羞耻诱发组被试再阅读内源性羞耻或外源性羞耻的指导语,内源性羞耻组被试指导语为"词汇判断任务开始,请想象你正在和你的同班同学进行真假词的判断任务竞赛,你的同学都知道你刚刚经历过的羞耻事件"。外源性羞耻组被试的指导语为"真假词汇的判断任务开始,请想象你正在和你隔壁班的同学进行词汇判断任务竞赛,这位同学不知道你刚刚经历过的羞耻事件"。

之后被试进行词汇真假判断任务,需要又快又对地判断连续呈现的单个双字词是真词或是假词。本次实验共安排 2 个 block,正式实验前,被试要进行 6 个词汇的判断练习,包括 3 个真词与 3 个假词。2 个 block 随机呈现,每个 block 都包括 60 个真词(15 个攻击他人词汇、15 个攻击自我词汇、15 个一般负性词汇、15 个中性词)和 30 个假词。实验开始后,屏幕中央首先会呈现一个 500 ms "+" 注视点,之后是 500 ms 的一个空屏,随后便是需要判断的目标词汇,被试需要正确而又迅速地做出按键反应,如果是真词按"F"键,假词按"J"键,按键在被试内平衡,最后是 1200~1500 ms 的空屏,接着进行下一个 trail,整个实验 10~12 min(见图 10-2)。

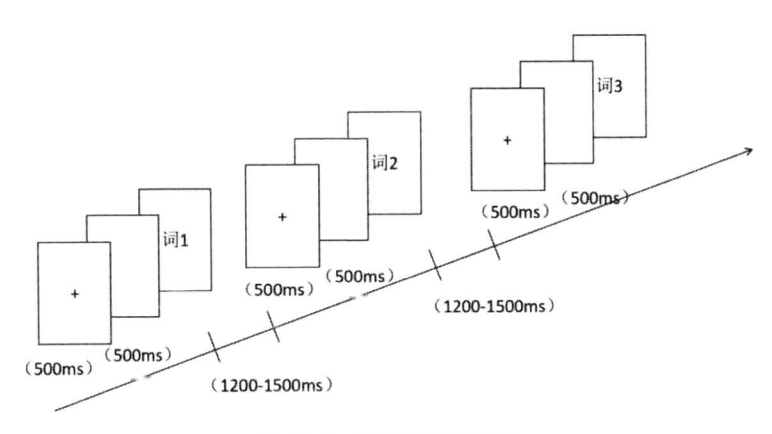

图 10-2 词汇判断流程图

三、研究结果

基于被试对于羞耻情境的自评分,内源性羞耻情绪组删除 7 名无效被试数据(自评分数低于 4 分),外源性羞耻情绪组删除 6 名无效被试数据(自评分数低于 4 分),中性情绪组删除 9 名无效被试数据(自评分数高于 2 分)。

此外,基于正确率筛选,保留正确率 80% 以上的被试数据,其中删除一名总体正确率低于80%(77.78%)的被试数据,剩余163名被试的数据进入统计分析。此外,反应时分析时首先剔除词汇判断错误的数据;其次分析时剔除对词汇反应时长于2000 ms和短于250 ms的数据(陈宝国,彭聃龄,1998;李惠娟,张积家,张瑞芯,2014),共删去234个数据,占总数据的0.08%。

羞耻自评的单因素方差分析结果显示,内、外源性羞耻组与中性组自评分有显著差异,$p<0.001$,内源性羞耻与外源羞耻组自评分无显著差异。具体评分情况见表10-6。

表10-6 不同类型情绪材料所诱发的羞耻强度自我评分结果

类型	M	SD
内源性羞耻	5.42	0.97
外源性羞耻	5.44	0.96
中性情绪	1.16	0.37

对于假词的结果分析表明,各情绪组的正确率与反应时之间都没有显著差异。

对词汇判断的正确率进行两因素重复测量方差分析,情绪类型的主效应显著,$F(2,160)=8.74$,$p<0.001$,$\eta^2=0.099$,内源性羞耻组(M=0.96,SD=0.04)与外源性羞耻组(M=0.96,SD=0.04)正确率显著高于中性组(M=0.94,SD=0.05),$ps<0.01$;词汇类型的主效应显著,$F(3,480)=18.76$,$p<0.001$,$\eta^2=0.105$,攻击他人词汇(M=0.97,SD=0.04)的判断正确率显著高于一般负性词(M=0.96,SD=0.05)与中性词(M=0.93,SD=0.05),$ps<0.01$,攻击自我词汇(M=0.96,SD=0.05)与一般负性词汇的判断正确率显著高于中性词汇,$ps<0.001$。

情绪类型与词汇类型交互作用显著,$F(6,480)=4.36$,$p<0.01$,$\eta^2=0.052$,表明情绪类型与词汇类型共同影响个体的词汇判断的正确率。简单效应结果显示,在内源性羞耻条件下,对不同词汇的判断正确率存在显著差异,$F(3,480)=15.64$,$p<0.001$,$\eta^2=0.378$,对于攻击他人词汇的判断的正确率显著高于一般负性词汇、中性词的正确率,$ps<0.01$;攻击自我词汇、一般负性词的判断正确率显著高于中性词的正确率,$ps<0.01$。在外源性羞耻条件下,对不同词汇的判断正确率存在显著差异,$F(3,480)=10.94$,$p<0.001$,$\eta^2=0.299$,对于攻击他人、攻击自我词汇的判断正确率显著高于中性词,$ps<0.001$;对一般负性词汇的判断正确率显著高于中性词,$p<0.05$。在中性情绪条

件下,对不同词汇类型的判断正确率无显著差异,$F(3,480)=0.40, p>0.05$。

如图 10-3,在攻击他人词汇条件下,不同情绪组词汇判断的正确率存在显著差异,$F(2,160)=14.96, p<0.001, \eta^2=0.220$,内源性羞耻与外源性羞耻组词汇判断的正确率显著高于中性情绪组,$ps<0.001$。在攻击自我词汇条件下,不同情绪类型组词汇判断的正确率存在显著差异,$F(2,160)=9.20, p<0.001, \eta^2=0.148$,外源性羞耻组的正确率显著高于中性情绪组,$p<0.001$。一般负性词条件下,不同情绪类型组词汇判断正确率没有显著差异,$F(2,160)=2.67, p>0.05$。在中性词条件下,不同情绪类型组词汇判断正确率没有显著差异,$F(2,160)=0.46, p>0.05$。正确率的具体情况见表 10-7。

表 10-7 不同情绪类型词汇判断正确率结果

单位:%

类型	攻击他人词		攻击自我词		一般负性词		中性词	
	M	SD	M	SD	M	SD	M	SD
内源性羞耻	98.40	2.66	96.32	5.66	96.09	4.12	92.87	5.23
外源性羞耻	97.39	3.40	97.85	2.89	96.17	4.32	93.63	5.06
中性情绪	94.39	5.34	93.84	5.76	94.39	5.15	93.73	5.05

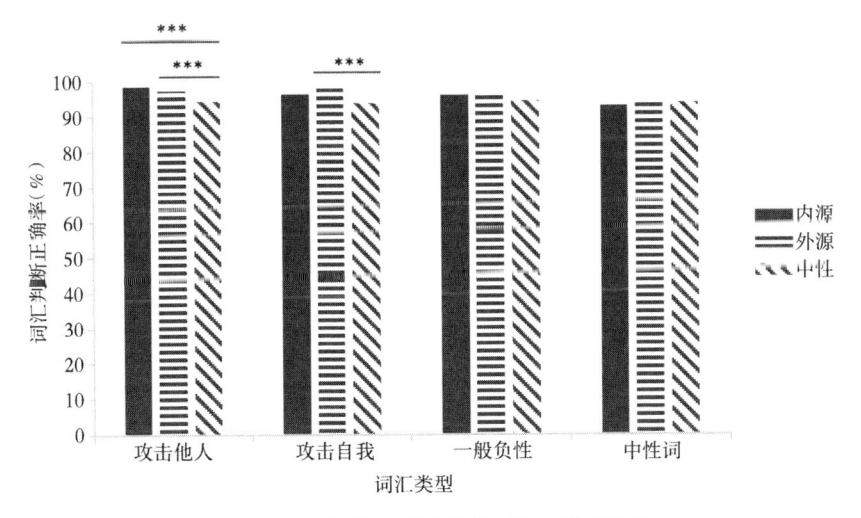

图 10-3 不同情绪类型词汇判断正确率结果

注:* $p<0.05$,** $p<0.01$,*** $p<0.001$。

对词汇判断的反应时进行两因素重复测量方差分析,情绪类型的主效应不显著,$F(2,160)=2.21, p>0.05$,词汇类型的主效应显著,$F(3,480)=$

$60.68, p < 0.001, \eta^2 = 0.275$，攻击他人词汇（M=683.65,SD=102.64）与攻击自我词汇（M=676.77,SD=90.04）的判断反应时显著短于一般负性词（M=724.68,SD=115.38）与中性词（M=747.99,SD=136.72），$ps < 0.001$，一般负性词的判断反应时也显著短于中性词，$p < 0.001$。

情绪类型与词汇类型的交互作用显著，$F(6,480)=14.84, p=0.000 < 0.001, \eta^2=0.156$，表明情绪类型与词汇类型共同影响个体的词汇判断的反应时。简单效应结果显示：内源性羞耻条件下，不同词汇的判断反应时存在显著差异，$F(3,480)=42.64, p=0.000 < 0.001, \eta^2=0.624$，对于攻击他人词汇的判断反应时显著短于一般负性词汇、中性词，$ps < 0.05$；对于攻击自我词汇的判断反应时显著短于一般负性词汇、中性词，$ps < 0.05$。外源性羞耻条件下，不同词汇的判断反应时存在显著差异，$F(3,480)=44.46, p < 0.001, \eta^2=0.634$，对攻击他人词汇的反应时显著短于中性词，$p < 0.01$，对攻击自我词汇的反应时显著短于一般负性词、中性词，$ps < 0.05$。在中性情绪条件下，不同词汇类型的判断反应时无显著差异，$F(3,480)=1.57, p > 0.05$。

如图10-4，在攻击他人词汇条件下，不同情绪组词汇判断的反应时存在显著差异，$F(2,160)=4.09, p < 0.05, \eta^2=0.072$，外源性羞耻组词汇判断反应时显著长于内源性羞耻组，$p < 0.05$。在攻击自我词汇条件下，不同情绪类型组词汇判断的反应时之间存在显著差异，$F(2,160)=5.42, p < 0.01, \eta^2=0.093$，内源性羞耻组词汇判断反应时显著短于中性组，$p < 0.01$。一般负性词条件下，情绪类型组词汇判断的反应时没有显著差异，$F(2,160)=1.72, p > 0.05$。在中性词条件下，不同情绪类型词汇判断的反应时之间存在显著差异，$F(2,160)=6.97, p < 0.01, \eta^2=0.116$，外源性羞耻组词汇判断反应时显著长于中性组，$p < 0.01$。反应时具体情况见表10-8。

表10-8 不同情绪类型词汇判断反应时结果

单位：ms

类型	攻击他人		攻击自我		一般负性		中性词	
	M	SD	M	SD	M	SD	M	SD
内源性羞耻	653.24	93.49	649.64	87.68	715.05	119.79	753.91	142.87
外源性羞耻	708.18	103.51	674.32	70.88	748.28	111.03	792.69	155.12
中性情绪	688.77	104.56	704.81	101.27	711.03	113.75	699.28	90.31

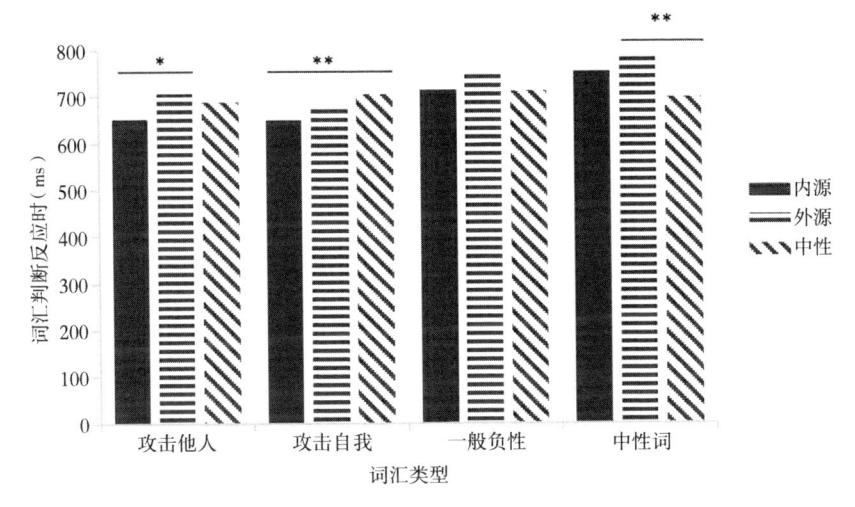

图 10-4　不同情绪类型词汇判断反应时结果

注：* $p<0.05$，** $p<0.01$。

四、分析与讨论

本节研究目的是考察在语义加工层面羞耻类型对攻击性的影响。研究结果显示，内源性羞耻组被试对攻击他人词汇的判断正确率显著高于中性情绪组，反应时显著短于外源性羞耻组，对攻击自我词汇的判断反应时显著短于中性组；外源性羞耻组被试对攻击他人、攻击自我词汇的判断正确率都显著高于中性情绪组。

本实验结果说明词汇加工受到羞耻情绪的影响。研究发现，在真假词判断任务中，词汇的情绪能影响判断的结果，当呈现的词汇与被试的行为倾向一致时，被试的加工速度更快，因此内源性羞耻与外源性羞耻都促进了攻击他人与攻击自我的语义加工，内源性羞耻较外源性羞耻存在语义加工偏好。

其余结果显示，内外源性羞耻组的被试对攻击他人词汇、攻击自我词汇、一般负性词汇的判断正确率都显著高于中性词汇，也就是说这三类词汇较中性词判断得更为准确。在反应时上的结果显示，内源性羞耻组与外源性羞耻组的被试对攻击他人与攻击自我词汇的反应显著快于中性词汇，对攻击自我词汇的反应也显著快于一般负性词汇。这些结果说明被试无论是在内源性或是外源性羞耻状态下，对于攻击词汇都更为敏感，因而加工的准确率更高、速度更快。

五、结论

内源性羞耻存在攻击他人与攻击自我语义加工偏向,对于攻击他人的偏向体现在语义加工的准确性和加工速度上,对于攻击自我的偏向体现在语义加工速度上。外源性羞耻存在攻击他人与攻击自我语义加工偏向,体现在语义加工的准确性上。与外源性羞耻相比,内源性羞耻存在更大的攻击他人语义加工偏向。

第三节　羞耻强度影响攻击自我与攻击他人的研究

一、研究目的

近年来的研究表明,羞耻是诱发个体攻击行为的一个重要因素。作为自我意识情绪之一的羞耻指的是个体由于能力不足或者品质出现偏差,感觉自我价值受到威胁时所体验到的一种负性情绪。个体在产生这种情绪后往往会做出一些倾向性行为反应来应对。

基本情绪的研究发现,情绪强度对心理与行为发生影响,呈现效价强度效应。比如,国外有研究发现,情绪强度会影响个体的任务表现。羞耻情绪作为负性情绪的一种,其强度可能也将影响个体的行为。在钱铭怡等(2003)研究中发现羞耻感的强度对个体的羞耻应对方式有影响,高羞耻感的个体通常会采用回避、自责等方式,低羞耻感的个体通常会寻求社会支持。此外,有实证研究发现,羞耻强度可以影响儿童的亲社会行为(Wang et al., 2020),也可以影响个体对网络色情词汇的再认加工(王颖,王柳生,2019)。由此,羞耻强度对攻击性也可能会存在影响,本节研究对此进行深入研究。

根据攻击的对象可以将攻击性分为相对的攻击自我与攻击他人。在精神分析理论中,弗洛伊德所提出的死本能即攻击自我,死本能是一种朝向自己的破坏倾向,并且受到生本能的抑制与阻碍,从而引发攻击他人的行为;Nathanson(1992)基于临床观察所提出的罗盘模型,认为羞耻会引发个体攻击他人和攻击自我。但是在羞耻与攻击性的绝大多数研究中,对象几乎都将愤怒或者攻击行为默认指向了攻击他人的方向。而对于攻击自我的研究较少,多数出现在精神分析相关理论研究中,只有极少数的研究探究了羞耻与自伤的关系,如相关研究发现羞耻感与自伤水平有正向联系,自伤源于羞耻。所以本书认为在研究羞耻对攻击性的影响时有必要将其细分为攻击自我和攻击他人两方面。

对于攻击的研究已经持续上百年,因而攻击一词的定义也是颇多。弗洛伊德与洛伦兹都认为攻击是一种本能,是天生且不可避免的。而习性学家洛伦兹从进化的角度来看待攻击,认为攻击是一种适应性行为,在人类的进化过程中,会逐渐发现攻击行为能够保护自己,为自己带来资源,因而攻击行为的需求也会逐渐增强。班杜拉认为攻击是一种通过观察学习和直接学习习得的社会行为。而在本节研究中,研究的对象是攻击性而非真实的攻击行为,攻击性只是个体发起攻击的心理特征,是一种人格中做出攻击行为的可能性。攻击性相对于攻击来说只是为攻击行为的实际发生创造了一种准备状态,并没有实际发生。

因此,本节研究通过行为实验研究羞耻强度对攻击自我与攻击他人的影响。

二、研究方法

(一)被试

招募在校大学生217名,其中47名被试情绪诱发失败,因此数据被剔除不作分析。剩余有效被试170名,高强度组59人,中强度组55人,低强度组56人,年龄在18~24岁,年龄 $M=21.05$ 岁,$SD=1.39$ 岁,其中男性被试80名,女性被试90名。另外,有42名大学生参加材料评定。

(二)材料

参考已有研究中的羞耻情境诱发材料,从中初步选择25个羞耻诱发材料,并且考虑到羞耻与内疚的相似性,由42名大学生对每个材料的羞耻与内疚强度进行7点量表主观评分,1表示羞耻程度最低或没有,7表示羞耻程度最高,最终根据评定结果,分别选出高、中、低强度羞耻诱发材料。其中高羞耻情绪组评分($M=5.76$,$SD=1.05$)显著高于中羞耻情绪组($M=3.83$,$SD=$

1.50），$p<0.001$，中羞耻情绪组评分显著高于低羞耻情绪组（M=2.76，SD=1.49），$p<0.001$。高、中、低组内疚评分皆无显著差异。高强度羞耻情绪诱发材料的羞耻分数显著高于内疚分数（M=2.07，SD=1.70），$t(41)=13.18$，$p<0.001$；中强度羞耻情绪诱发材料的羞耻分数显著高于内疚分数（M=1.76，SD=1.43），$t(41)=7.63$，$p<0.001$；低强度羞耻情绪诱发材料的羞耻分数显著高于内疚分数（M=1.74，SD=1.29），$t(41)=3.27$，$p<0.001$。三个材料主题分别为考试失败、字被议论、母亲普通话不标准（见附录9）。

（三）程序

采用单因素三水平被试间设计。首先采用情境模拟法诱发被试羞耻情绪，将被试分为三组，分别接受高、中、低羞耻情绪的诱发，要求被试阅读完材料后对感受到的羞耻强度进行评分。然后进行竞争性反应时游戏任务以测量被试的攻击性，主试安排被试和另一位假被试（被试并不知情）玩一场游戏，要求他们在某一个特定信号出现后尽快做出按键反应。其中，当被试按键比较慢的时候，被试要对自己进行电击惩罚（攻击自我），当对方按键比较慢的时候，被试需要对对方进行电击惩罚（攻击他人），两人速度一样时，不需要做出惩罚行为。按键1～5代表被试选择的电击等级，这里的电击惩罚是一种倾向性选择，不会给予真正的电刺激。在这个过程中，被试看到的按键快慢结果是程序设定好的，不管被试的反应如何，最后结果都是：被试按键快、慢、等时的次数各5、5、2次。

三、研究结果

本实验中，高羞耻情绪组自评分5～7分为有效被试，删除9名无效被试数据；中羞耻组自评分3～4分为有效被试，删除16名无效被试数据；低羞耻组自评分1～2分为有效被试，删除22名无效被试数据。最终共170名被试的数据进入统计分析。此外，分析时删除反应时在3个标准差之外的数据及其所对应的强度值数据，一共删去26个无效数据，占1.53%。

数据采用IBM SPSS 22软件进行统计分析，结果如下：

羞耻自评的单因素方差分析结果显示，三组强度被试的羞耻情绪自评分存在显著差异，$F(2,170)=593.88$，$p<0.001$。事后多重比较显示，高羞耻情绪组自评分显著高于中羞耻情绪组，$p<0.001$，中羞耻情绪组自评分显著高于低羞耻情绪组，$p<0.001$。具体评分情况见表10-9。

表 10-9　情绪材料自我评分结果

强度	M	SD
高	5.75	0.82
中	3.62	0.53
低	1.75	0.44

单因素方差分析结果显示，不同情绪强度的攻击他人强度存在显著差异，$F(2,169)=13.95, \eta^2=0.143, p<0.001$，多重比较结果显示，中羞耻组攻击他人强度显著高于高羞耻组和低羞耻组，$ps<0.001$。具体情况见表 10-10。

表 10-10　不同情绪强度下的攻击他人强度与反应时

羞耻强度	攻击他人强度		攻击他人反应时(ms)	
	M	SD	M	SD
高	2.15	0.84	1042.69	567.85
中	2.74	0.86	960.74	454.91
低	1.90	0.88	742.25	402.01

单因素方差分析结果显示，不同情绪强度的攻击自我强度存在显著差异，$F(2,169)=22.14, \eta^2=0.210, p<0.001$。多重比较结果显示，高、中强度羞耻组攻击自我强度显著高于低羞耻组，$ps<0.001$。具体情况见表 10-11。

表 10-11　不同情绪强度下的攻击自我强度与反应时

羞耻强度	攻击自我强度		攻击自我反应时(ms)	
	M	SD	M	SD
高	2.82	1.04	959.32	517.62
中	3.03	0.98	929.01	482.95
低	1.92	0.78	710.63	358.03

对不同情绪强度的攻击他人与攻击自我强度与反应时分别进行配对样本 t 检验（见表 10-12），结果显示，高、中羞耻情绪组的攻击他人强度都显著低于攻击自我强度。

表 10-12 攻击他人与攻击自我强度分数

强度	方向	M	SD	t
高	他人	2.15	0.84	6.58***
	自我	2.82	1.04	
中	他人	2.74	0.86	3.24**
	自我	3.03	0.98	

注：** $p<0.01$，*** $p<0.001$。

由此看来，羞耻对攻击性的影响存在强度效应。中强度羞耻增强攻击他人、攻击自我，高强度羞耻只增强攻击自我。攻击方向上，高、中强度羞耻更偏向于促进攻击自我，而非攻击他人。

四、分析与讨论

本研究采用竞争性反应时游戏任务考察羞耻强度对攻击自我与攻击他人倾向性的影响。结果发现羞耻对攻击性的研究存在强度效应，具体而言，中强度羞耻增强攻击他人、攻击自我；高强度羞耻只增强攻击自我。攻击方向上，高、中强度羞耻更倾向于促进攻击自我。

(一) 羞耻的强度效应

羞耻对攻击他人的影响存在强度效应，Berkowitz(2012)对挫折－侵犯理论进行修正，认为挫折只为攻击行为的实际发生创造一种准备状态。攻击行为的实际发生还需要一定的引发线索即情绪唤醒，当个体感受到的挫折感越大，其导致的攻击行为也越强。羞耻是当一个个体觉得自己不好或者不够好的时候，会产生的一种苦恼，涉及自我状态的情绪体验等，属于一种挫折感，因此羞耻的强度增大时，个体遭受的挫折感越大，攻击行为也越强。

钱铭怡等(2003)研究中也发现高羞耻感的个体对于羞耻事件更为敏感，羞耻事件引起的强烈负性情绪会使他们注意范围变窄，沉浸在对于羞耻事件糟糕后果的体验中，产生恐惧、焦虑以及后悔的负性情绪。于是为了减缓这种更大的痛苦，个体可能会去选择做出更为严重的攻击行为来应对。而低羞耻感的个体面对令自己羞耻的事件时，羞耻情绪较低甚至感受不到，由于没有产生强烈的负性情绪，也没有影响到自己的社会价值和自我评价，所以这种情况下的个体态度更为开放，更多去寻找解决问题的方式，如做出寻求社会支持等其他亲社会行为，而处于较高羞耻状态的个体通常不会采用积极的行为面对。

(二) 高、中强度羞耻增强攻击自我

高强度负性情绪的个体更容易做出伤害自己的行为。而本实验中也发现,高、中强度的羞耻都增强了攻击自我。此外,这与羞耻的特点密切相关,羞耻作为一种自我意识情绪,是自我挫败、自我价值遭到贬值时产生的,因此羞耻对于自我的损伤是极大的,当羞耻处于较高状态时,会影响个体的自我评价,固着于羞耻事件糟糕结果的情况下,个体更多的会反复回忆令自己感到羞耻的事件,过度思虑导致长久而又持续的自责,即产生攻击自我的倾向。这种倾向也可以帮助个体隐藏自己的情绪,减少外界对自己的关注,通过这种方式来调整情绪。

(三) 高、中、低强度羞耻诱发的攻击性差异

研究发现高强度羞耻没有引发对他人的攻击。个体在体验消极情绪时,可以采用不同的情绪调节策略。从信息加工的角度来看,相比于低强度消极情绪下的个体,高强度消极情绪的个体要占用更多的认知资源。根据Kahneman(1973)提出的注意资源分配模型,每个人只有有限的注意资源总量,个体可以选择分配这些资源至不同任务。而情绪和认知活动都会占用认知资源,因此当情绪占用了更多资源时,认知任务上则分得较少资源。为了调整消极情绪,个体会有计划地采用调节策略,认知重评与表达抑制是最常用的两种情绪调节策略。认知重评策略是指个体换个思路或者认知去看待情绪事件,尝试运用更积极的思维来面对;表达抑制策略指的是抑制即将要感受到的情绪,控制自身的各种行为。认知重评策略减少了管理情绪的认知资源,而表达抑制策略需要耗费更多认知资源。因此个体在高强度的羞耻情绪下更倾向于选择认知重评策略,而在低羞耻状态选择表达抑制这一调节策略。这也解释了为何高强度的羞耻没有促进攻击他人,低羞耻的个体没有表现出攻击性。

除此之外,基于耶基斯多德森的倒U形假说与唤醒理论(彭聃龄,2010),中等唤醒水平是临界点,低到中的唤醒过程中,个体的作业表现会提高,但是当过了临界点后,随着唤醒水平的增加,个体的表现反而下降,可见中等强度的羞耻对攻击性的促进作用是最大的,这也可以解释中等强度的羞耻情绪增强了攻击他人但是高强度羞耻并未增强攻击他人。这也与之前DeWall和Baumeister(2006)社会疼痛实验中发现的现象一致,实验发现极度的社会疼痛可以导致个体的疼痛敏感性降低,与身体疼痛中的镇痛或麻木现象类似,轻度的疼痛增加疼痛的敏感性,而极端的身体疼痛有时可能会关闭疼痛系统。

五、结论

羞耻对攻击性的影响存在强度效应。中强度羞耻增强攻击他人、攻击自我,高强度羞耻只增强攻击自我。攻击方向上,高、中强度羞耻更偏向于促进攻击自我,而非攻击他人。

第十一章　羞耻类型与强度影响人际趋近的实验研究

首先,羞耻与趋近的关系研究相对薄弱,已有研究得出的结论主要有两种,一是羞耻会减少趋近。羞耻作为负性情绪,会引发个体更多的退缩行为。个体体验到羞耻情绪后,会采取退缩回避的方式应对,以逃离这种情绪带来的不良影响(Tangney, 1992; Lewis, 1992; Haidt, 2003)。二是羞耻会促进趋近。羞耻会引发更多的社会性的人际合作,即羞耻会促进社会性的趋近,而不是社会性的退缩(Gausel et al., 2012)。de Hooge 等(2008)研究指出,特定的内源性羞耻才能促进亲自我个体人际合作行为。丁芳等(2013)也提出,内源性羞耻能够促进低羞耻情绪理解能力小学儿童的合作行为。de Hooge 等人(2018)研究结果显示,内源性羞耻和外源性羞耻对社会性趋近的影响不存在差异,且都会促进社会性趋近。已有研究结果存在不一致,可能是各研究对羞耻的内涵理解不同,也就是说不同研究中暗指的羞耻类型并不一致,也可能是羞耻类型的作用。为此,有必要进一步研究内源性羞耻和外源性羞耻的独特作用。本章研究提出第一个研究问题,不同羞耻类型如何影响趋近?

其次,羞耻作为一种自我意识情绪,其强度的研究不足,且羞耻强度对行为的影响也没有得到足够重视。已有的羞耻影响行为的研究中,虽然会通过被试对自己的羞耻情绪进行自我评定,得到情绪强度分数,但是羞耻的强度并没有被作为一个额外变量加以控制,更没有被视为自变量进行深入研究。在基本情绪研究中,已证实情绪强度对个体的行为具有十分深刻的影响,呈现效价强度效应。基于效价强度对基本情绪的影响研究,发现个体对负性情绪刺激强度具有敏感性(Leppänen et al., 2007)。基本情绪的效价强度研究发现,存在效价强度效应,情绪强度会影响词汇加工,尤其是中等和极端负性情绪会削弱人对刺激的行为反应(朱丽萍,袁加锦,李红,2011),该研究进一步指出情绪强度是个体面对正负性情绪刺激所体验的情绪程度的强弱。恐惧和厌恶的负性情绪产生不同的效价强度效应,且在情绪的不同处理阶段出现(Lu et al., 2016)。羞耻感研究发现,高羞耻易感性的个体更可能使用回避等消极的应付方法,低羞耻易感性的个体更可能采取寻求社会支持等积极的应对办法(钱铭怡,刘嘉,张哲宇,2003)。最近有研究发现,羞耻强度会影响小学生的亲社会行为(Wang, Pan, Zhang, 2020)。由此,本章提出第二个研究问题,即羞耻强度是否影响趋近?

最后,现有羞耻与趋近的关系研究中,研究方法可以进一步完善。de Hooge等(2018)的研究中,通过设置合作情境,让被试选择是否合作完成任务,并进行0~100的合作意向评分,测量的指标主要是被试的主观意愿评分,探讨羞耻对人际性趋近的影响。本章研究一方面借鉴这种方法,探讨羞耻类型与强度对人际性趋近的影响,考察非知觉的趋近;另一方面采用知觉加工的方法,将趋近深入到知觉加工层面,通过不同形式的图片表现出趋近的内涵,将人际性趋近容纳进知觉性趋近,而不仅代表人际关系上的趋近,为羞耻与趋近的研究提供新的研究思路和方法。

由此,本章研究的研究问题是:(1)羞耻类型是否影响人际性趋近;(2)羞耻强度是否影响人际性趋近;(3)羞耻类型是否影响知觉层面的趋近。

第一节 羞耻类型影响人际趋近的研究

一、研究目的

羞耻与趋近的关系少有研究。已有研究发现,内源性羞耻与外源性羞耻对行为影响具有不同结果。内源性羞耻能够促进低羞耻情绪理解能力小学儿童的合作行为(丁芳,曹令敏,张琛琛,2013)。在特定的条件下,只有内源性羞耻才能促进亲自我个体人际合作行为(de Hooge, Breugelmans, Zeelenberg, 2008)。但有研究结果显示,羞耻类型确实会影响趋近,但内、外源性羞耻对个体的社会性趋近行为的作用不存在差异,也就是说内、外源性羞耻都可以产生更多的趋近行为(de Hooge et al., 2018)。梳理国内外研究,从逻辑上我们可以推测出个体在他人不知情的情况下,可能更易做出趋近行为,即外源性羞耻会更促进趋近。

因此,本节研究采用单因素组间设计,自变量是羞耻类型,包括中性、内源性羞耻和外源性羞耻,因变量是选择合作的人数、反应时和合作意愿自主评分。被试完成羞耻自我评分和趋近决策任务。本书假设羞耻会影响趋近,且羞耻类型会起作用,外源性羞耻会更加促进人际性趋近。

二、研究方法

(一)被试

随机抽取 226 名在校大学生参加实验。删除情绪诱发失败数据和反应时极端数据,共 196 名大学生的数据进入统计分析,其中男性 100 名,女性 96 名,年龄 18~28 岁,年龄 M=22.01 岁,SD=1.25 岁。

(二)实验材料

招募 70 名在校大学生进行实验材料的评定,男性 35 人,女性 35 人,年龄分布在 20~28 岁,年龄 M=22.34 岁,SD=1.52 岁。

1.中性材料编制与评定。根据杜灵燕(2012)的中性事件进行改编。70 名大学生对中性材料进行羞耻和内疚情绪评分。要求被试想象自己就是情境中的主人公,对中性材料进行 10 级评分(0~9 分),数字越大,强度越大。将羞耻和内疚评分进行配对样本 t 检验,结合羞耻评分的均值大小,选择中性材料均值最小的 1 个材料,主题为建筑物描述(具体内容见附录 10),评分为 1.47(见表 11-1)。

表 11-1 羞耻和内疚情绪自我评分结果

情绪材料	羞耻		内疚		t
	M	SD	M	SD	
羞耻 3—演讲失败	5.96	2.33	4.73	2.78	3.78***
羞耻 10—当众扔垃圾	7.33	1.94	6.21	2.78	3.62***
中性 1—建筑物描述	1.47	2.49	1.03	1.92	2.50*

注:* $p<0.05$,** $p<0.01$,*** $p<0.001$。本章下同。

2.羞耻材料编制与评定。根据羞耻类型和典型羞耻事件进行改编(高学德,周爱保,2009),得到故事情境共 17 个。70 名大学生对羞耻材料进行羞耻和内疚情绪评分。要求被试想象自己就是情境中的主人公,对羞耻材料进行

10级评分(0~9分),数字越大,强度越大。对羞耻和内疚评分采用配对样本 t 检验,结合羞耻评分的均值大小、羞耻与内疚的差值分数,最终筛选出 2 个羞耻材料,主题为演讲失败和当众扔垃圾(具体内容见附录 10),羞耻评分分别为 5.96 和 7.33。将筛选出的羞耻材料分别与中性材料的羞耻自主评分进行配对样本 t 检验,差异显著(见表 11-2)。

表 11-2　中性和羞耻情绪材料自我评分结果

情绪材料	M	SD	t
羞耻 3－演讲失败	5.96	2.33	11.03***
羞耻 10－当众扔垃圾	7.33	1.94	15.98***
中性 1－建筑物描述	1.47	2.49	

注:t 表示羞耻材料分别与中性材料进行配对样本 t 检验结果。

(三) 实验程序

实验包括情绪诱发和趋近决策任务。正式实验前的练习阶段让被试熟悉实验流程。

1.情绪诱发。被试随机分配到中性情绪组、内源性羞耻组和外源性羞耻组。中性情绪组阅读中性材料,内源性羞耻组和外源性羞耻组阅读羞耻情绪材料,阅读后采用 10 级评分(0~9 分),即时自我评定羞耻情绪强度,数字越大,体验到的羞耻情绪越强烈,0 代表无羞耻情绪。

2.趋近决策任务(de Hooge et al., 2018)。要求被试选择单独完成或合作完成一项任务。内源性羞耻的条件下,告知被试有人知道其所经历的羞耻事件,外源性羞耻组相反。按键"F"表示选择"合作完成",按键"J"表示"单独完成",同时记录反应时,按键方式在被试间平衡。接着呈现"合作意愿程度",被试进行 0~100% 的自我评分,表示被试的合作意愿。如果被试选择"合作完成",分配任务呈现,被试进行三选一,决定由谁分配一笔钱。屏幕呈现三个选项分别是"主要由他决定选 1""共同商量决定选 2""主要由我决定选 3",记录被试选择结果。被试如果选择"单独完成",进行数方块的任务,通过数字键回答图片中的方块数量,结果不计入分析。整个实验流程大约 3 分钟(见图 11-1)。

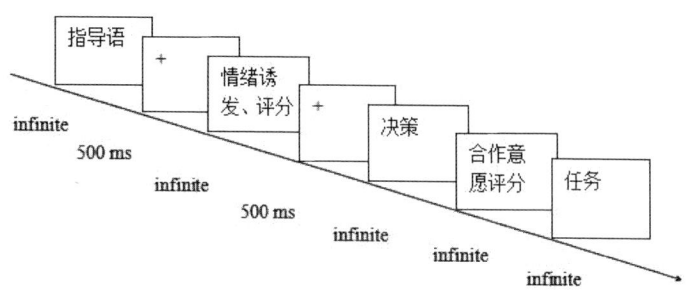

图 11-1 实验流程图

三、研究结果

(一) 羞耻自我评定分析

对于中性情绪组的数据,删除被试羞耻自我评分高于 2 分(不含 2 分),以及反应时 3 个标准差外的极端数据,共删除 21 名被试。对于羞耻情绪组,删除被试羞耻自我评分低于 4 分(不含 4 分),以及反应时 3 个标准差外的极端数据,共删除 9 人数据。剩余 196 人的数据进入统计分析,其中女生 96 人,男生 100 人。

羞耻自我评分的单因素方差分析结果显示(见表 11-3),不同羞耻类型之间的羞耻自我评分存在显著差异,$F(2,193)=778.80$,$p<0.001$,$\eta^2=0.890$。多重比较发现,中性情绪显著低于内源性羞耻和外源性羞耻,$ps<0.001$;内源性羞耻和外源性羞耻之间没有显著差异,$p>0.05$,表明本实验中自变量设置符合目的。

表 11-3 羞耻自我评定结果

羞耻类型	M	SD	F
中性情绪	0.44	0.70	
内源性羞耻	7.13	1.39	778.80***
外源性羞耻	7.36	1.11	

(二) 趋近选择分析

对不同趋近选择结果的人数进行独立性卡方检验,结果显示,羞耻类型与趋近选择结果不能相互独立,$\chi^2(2)=7.03$,$p=0.030$,表明不同羞耻类型下的选择结果存在显著差异。分别对三种情绪条件下,选择"合作完成"与"单独完成"的被试人数进行卡方检验,分析显示(见表 11-4):外源性羞耻组被试选择"合作完成"的人数显著高于"单独完成",$\chi^2(1)=5.41, p=0.020$;内源性羞耻组被试选择"合作完成"与"单独完成"的人数不存在显著差异,$\chi^2(1)=1.92, p=0.166$;中性情绪组同样也不存在显著差异,$\chi^2(1)=0.02, p=0.90$。

表 11-4 不同羞耻类型下被试的趋近选择

羞耻类型	M	SD	合作完成	单独完成
中性	1.51	0.50	49.15%(29)	50.85%(30)
内源性羞耻	1.59	0.50	41.27%(26)	58.73%(37)
外源性羞耻	1.36	0.49	63.51%(47)	36.49%(27)

注:表中括号内为人数。

被试选择"合作完成"后,完成"金钱分配"任务。对不同情绪下选择"1 由他决定""2 共同商量决定""3 由我决定"的人数进行独立性卡方检验,结果显示,羞耻类型与选择人数能相互独立,$\chi^2(2)=4.44, p=0.350$,表明不同羞耻类型下的选择结果不存在显著差异。分别对三种情绪条件下,分配任务的选择被试人数进行卡方检验,分析显示(见表 11-5):内源性羞耻组被试选择"共同商量"的人数显著高于其他两个选项,$\chi^2(1)=22.15, p<0.001$;外源性羞耻组被试选择"共同商量"的人数显著高于其他两个选项,$\chi^2(1)=66.43, p<0.001$;中性情绪组被试全部选择"共同商量"。

表 11-5 不同羞耻类型下被试的分配选择

羞耻类型	由他决定	共同商量	由我决定
中性	0%(0)	100%(29)	0%(0)
内源性羞耻	3.85%(1)	96.15%(25)	0%(0)
外源性羞耻	6.38%(3)	89.36%(42)	4.26%(2)

(三)趋近决策时间分析

趋近决策时间的单因素方差分析显示(见表 11-6),不同羞耻类型的趋近决策时间存在显著差异,$F(2,193)=5.29, p=0.006, \eta^2=0.052$。多重比较显示,外源性羞耻组、内源性羞耻组的决策速度比中性组慢,$ps<0.05$;内、外源性羞耻组被试的决策时间不存在差异,$p>0.05$。

表 11-6　不同羞耻类型下被试的趋近决策时间

羞耻类型	M(ms)	SD(ms)	F
中性	1320.02	821.87	
内源性羞耻	1818.11	891.30	5.29**
外源性羞耻	1723.36	961.70	

(四)趋近意愿分析

趋近意愿的单因素方差分析显示(见表 11-7),不同羞耻类型的趋近意愿存在显著差异,$F(2,193)=4.98,p=0.008,\eta^2=0.049$。多重比较发现,外源性羞耻组被试的趋近意愿程度显著高于中性情绪组和内源性羞耻组,$ps<0.01$。内源性羞耻组和中性情绪组被试的趋近意愿不存在显著差异,$p>0.05$。

表 11-7　不同羞耻类型下被试的趋近意愿

羞耻类型	M	SD	F
中性	50.69	29.13	
内源性羞耻	50.32	31.13	4.98**
外源性羞耻	63.77	25.64	

1.选择合作的趋近意愿分析

选择合作的趋近意愿的单因素方差分析显示(见表 11-8),不同羞耻类型的选择合作的被试趋近意愿程度不存在显著差异,$F(2,99)=1.97,p>0.05$。

表 11-8　不同羞耻类型下被试选择合作的趋近意愿

羞耻类型	M	SD	F
中性	63.10	21.03	
内源性羞耻	69.23	23.10	1.97
外源性羞耻	72.87	16.89	

2.选择单独的趋近意愿分析

选择单独的趋近意愿的单因素方差分析显示(见表 11-9),不同羞耻类型的选择单独的被试趋近意愿程度不存在显著差异,$F(2,91)=1.17,p>0.05$。

表 11-9　不同条件下被试选择单独的趋近意愿

羞耻类型	M	SD	F
中性	38.70	28.53	
内源性羞耻	37.03	29.31	1.17
外源性羞耻	47.93	30.52	

(五) 趋近决策的性别差异

个别研究显示，女性比男性对负性情绪表达行为的抑制控制能力更强（袁加锦等，2010）。以性别为自变量，以被试的趋近决策时间及趋近意愿分别作为因变量，进行独立样本 t 检验，结果表明（见表 11-10），男性和女性的趋近决策时间和趋近意愿均无显著差异，$ps>0.05$。

表 11-10　趋近的性别差异检验结果

趋近	性别	M	SD	t
决策时间(ms)	男	1624.92	923.54	0.12
	女	1640.20	917.87	
趋近意愿	男	56.57	28.47	−0.52
	女	54.41	29.91	

四、分析与讨论

本节实验目的是探究羞耻类型与人际性趋近的关系。实验结果发现：外源性羞耻组被试更多选择合作；内、外源性羞耻组被试比中性组花费更长的时间做出是否合作的决策；内、外源性羞耻组和控制组被试完成分钱任务，都更多选择共同商量。这一结果同本节的假设相符，即外源性羞耻条件下，个体更倾向于做出趋近行为。

外源性羞耻会促进趋近。在外源性羞耻情绪下，由于他人对羞耻事件不知情，减少威胁和自我暴露，自我防御机制的启动也相应减少，因为激发羞耻的是自我暴露、他人的拒绝或对自我暴露和他人拒绝的预期（Lewis，1971）。实验结果和 de Hooge 等人（2018）的研究结果存在不一致，其研究发现，经历羞耻的个体会更倾向于做出社会性趋近行为，但与内源性羞耻和外源性羞耻无关。分析原因，可能是羞耻情绪的诱发存在不同，其研究采用智力测试引发羞耻情绪,这种羞耻可能更多的是智力上的羞耻,且相应内、外源性的控制对个体做出人际性趋近的影响不大。而本节研究中使用的羞耻故事情境引发的羞耻是行为和能力羞耻,相应内、外源性的控制对个体的行为和能力羞耻都产生影响,使个体在虚拟的社会交往中做出不同的决策,故而产生这种差异。

趋近决策时间的分析结果表明,内、外源性羞耻会减缓做出趋近决策的速度。负性情绪会影响决策速度,使个体的注意范围变窄,固着于这种情绪带来的恐惧、焦虑等,花费很长的时间反复思考可能引起的后果(钱铭怡,刘嘉,张哲宇,2003)。

本实验结果证实羞耻会促进趋近。同时解释 Fessler 和 Haley(2003)提出的"遵规守纪"的羞耻,个体为了维护自己在他人眼里的"良好合作伙伴"的形象与声望,会要求自己做出符合社会或团体的行为。虽然羞耻是一种负性情绪,会带来一定的损伤,但个体为了保护自己,可能需要接近他人和社会群体来寻求安慰(de Hooge et al.,2018);同时受到群体或社会规则的制约,而不是简单的采取回避、退缩等行为。在采取行动之前,个体会尽可能认真谨慎地考虑,以获得群体或社会的认可,从而做出迎合社会或群体的行为,即向他人趋近,来寻求一种正向的帮助,获得人际安全感(Barrett,1995;Fessler,1999)。本节实验中后续分配任务的结果,也支持这一观点,羞耻情绪会增进人际趋近。

五、结论

羞耻类型影响人际性趋近,只有外源性羞耻能够促进趋近选择。内源性羞耻和外源性羞耻均会减缓趋近选择的决策速度。

第二节　羞耻类型影响趋近知觉的研究

一、研究目的

实验 11.1 结果发现,与内源性羞耻和中性情绪相比,外源性羞耻会促进个体更多的趋近选择。参考张艳慧(2018)的图片认知加工实验,本实验采用图片刺激,探讨羞耻类型对趋近知觉的影响,验证实验 11.1 羞耻类型对人际性趋近的结果。为了完成该目的,本实验采用两因素混合设计。自变量 1 是羞耻类型,包括中性、内源性羞耻和外源性羞耻。自变量 2 是图片类型,分为趋近、静止、远离图片。因变量是个体对图片趋近性判断的反应时。基于前一节实验结果,本实验预期,外源性羞耻对趋近性图片存在注意偏向。

二、研究方法

(一) 被试

随机选取在校大学生 180 人,删除情绪诱发失败的数据和图片判断正确率低于 90% 的数据,共 158 名大学生的数据进入统计分析,其中男性 81 人,女性 77 人,年龄在 18~24 岁,年龄 $M=20.32$ 岁,$SD=1.43$ 岁。

(二) 实验材料

本实验采用情景模拟法来诱发被试的情绪,材料选用大学生常见情境。中性材料同实验 11.1,主题为建筑物描述,羞耻评分为 1.47。羞耻材料选取实验 11.1 中的一个材料,主题为当众扔垃圾,羞耻评分为 7.33。

编制与评定图片材料。根据趋近、远离和静止的定义,各绘制 25 张黑白图片,其中人物、动物、物体的比例一致。通过问卷法评定图片材料(见附录 11)。招募 80 名大学生进行图片信息的评定,男性 40 人,女性 40 人,年龄分布在 18~23 岁,年龄 $M=20.38$ 岁,$SD=1.34$ 岁。要求被试根据自己的判断,对图片进行 7 级评分(1~7 分),分数越小,表示越趋近,分数越大,表示越远离,中间数字,表示静止。结合评分的均值大小和正确率,筛选出被显著判断为趋近、静止、远离的图片各 20 张作为实验材料。对三种类型图片的评分进行重复测量方差分析,结果显示不同类型的图片之间评分差异显著,$F(2,57)=932.02, p<0.001$(见表 11-11)。

表 11-11　图片材料的评定结果

图片类型	M	SD	F
趋近	1.61	0.34	932.02***
静止	4.00	0.25	
远离	6.41	0.44	

（三）实验程序

实验分为练习实验部分和正式实验部分。练习实验让被试熟悉实验流程，采用3张图片熟悉图片判断任务。

1.情绪诱发。被试阅读羞耻故事情境，想象自己是故事中的主人公，并给定相应的指导语。内源性羞耻条件下，告知被试他人知道他所经历的羞耻事件；外源性羞耻条件下，告知被试他人不知道此次事件。阅读结束之后被试对该材料诱发的羞耻情绪进行0～9级评分，接着进行60张图片的判断。

2.图片类型判断任务。在完成情绪诱发后，判断图片。60张图片材料随机呈现，尺寸374×332像素基本保持一致，每个block中的图片均呈现在电脑屏幕中央。首先呈现500 ms的红色"+"，提醒被试即将进入图片判断阶段，然后呈现500 ms的空屏，再随机呈现一张图片，要求被试判断图片是否表示趋近，并按键反应，一半的被试被要求使用"F"作为"是"的按键反应，"J"作为"否"的按键反应，按键方式在被试间平衡。被试反应后，呈现500 ms空屏。每个block之间有1200～1500 ms的空屏间隔。被试需完成60个block任务。整个实验流程大约6分钟（见图11-2）。

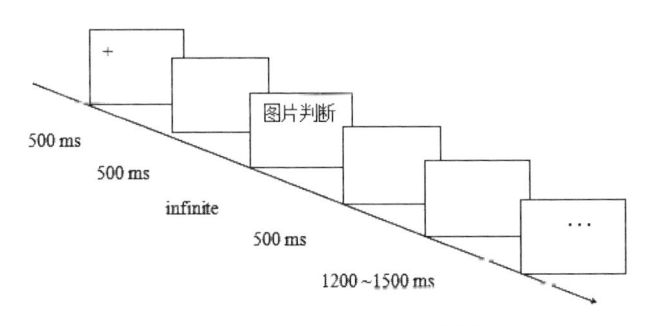

图 11-2　图片判断实验流程图

三、研究结果

（一）羞耻自我评定分析

对于中性情绪组，删除被试羞耻自我评分高于2分（不含2分），图片判断正确率低于90%，以及反应时3个标准差外的数据，共删除11名被试。对于羞耻情绪组，删除被试羞耻自我评分低于4分（不含4分），图片判断正确率低于90%，以及反应时3个标准差外的数据，共删除11名被试。剩余158人的数据进入统计分析。

羞耻自我评分的单因素方差分析结果显示(见表11-12)，不同情绪类型之间存在显著差异，$F(2,155)=728.62$，$p<0.001$，$\eta^2=0.904$。多重比较发现，中性情绪、内源性羞耻和外源性羞耻之间两两差异均显著，$ps<0.001$。

表 11-12 羞耻自我评定结果

羞耻类型	M	SD	F
中性情绪	0.00	0.00	
内源性羞耻	7.71	1.16	728.62***
外源性羞耻	6.19	1.44	

(二)趋近知觉加工反应时分析

以羞耻类型和图片类型为自变量，反应时为因变量，进行两因素重复测量方差分析。结果显示：羞耻类型的主效应显著，$F(2,155)=54.68$，$p<0.001$，$\eta^2=0.414$；多重比较显示，外源性羞耻、内源性羞耻组被试的决策速度比中性情绪组更快，$ps<0.001$。图片类型的主效应不显著，$F(2,310)=0.71$，$p>0.05$。两者之间的交互效应达到显著性水平，$F(4,310)=149.21$，$p<0.001$，$\eta^2=0.658$。决策时间具体情况见表11-13。

表 11-13 不同羞耻类型下被试的决策时间

图片类型	羞耻类型	决策时间(ms)	
		M	SD
趋近	外源性羞耻	1324.76	521.21
	中性	3400.52	937.79
	内源性羞耻	2817.31	521.88
远离	外源性羞耻	2460.67	526.69
	中性	3117.40	836.45
	内源性羞耻	2095.02	559.22
静止	外源性羞耻	2413.59	471.63
	中性	3140.95	760.34
	内源性羞耻	2078.89	528.30

对于趋近型图片，单因素方差分析结果显示(图11-3)：不同羞耻类型的被试的反应时存在显著差异，$F(2,156)=128.85$，$p<0.001$，$\eta^2=0.624$；多重

比较结果显示,三者羞耻类型的反应时两两差异显著,$ps<0.001$,外源性羞耻组反应最快,内源性羞耻组次之,中性情绪组最慢。

对于远离型图片,单因素方差分析结果显示(图 11-3):不同羞耻类型的被试的反应时存在显著差异,$F(2,156)=32.99$,$p<0.001$,$\eta^2=0.299$;多重比较结果显示,三者羞耻类型的反应时两两差异显著,$ps<0.05$,内源性羞耻组反应最快,外源性羞耻组次之,中性情绪组最慢。

对于静止型图片,单因素方差分析结果显示(图 11-3):不同羞耻类型的被试的反应时存在显著差异,$F(2,155)=43.08$,$p<0.001$,$\eta^2=0.357$;多重比较结果显示,三者羞耻类型的反应时两两差异显著,$ps<0.05$,内源性羞耻组反应最快,外源性羞耻组次之,中性情绪组最慢。

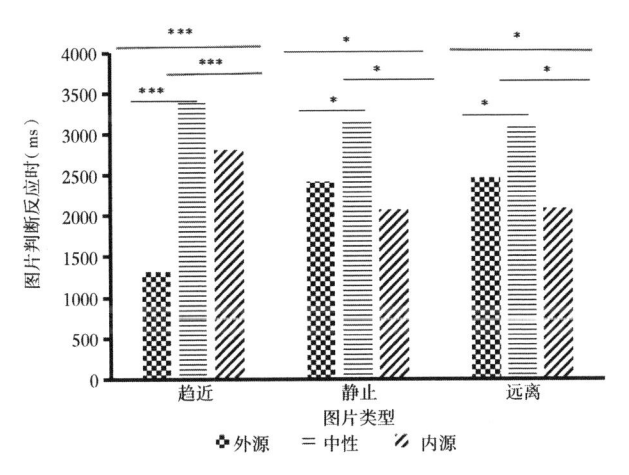

图 11-3 不同羞耻类型图片判断结果

注:* $p<0.05$,*** $p<0.001$。

四、分析与讨论

本实验目的是从知觉加工层面探究羞耻类型与趋近的关系。实验结果发现,外源性羞耻组被试对趋近图片的加工速度更快,内源性羞耻组被试对远离图片和静止图片的加工速度更快。这一结果同假设相符,并验证实验 11.1,只有外源性羞耻组被试对趋近图片产生注意偏向。

外源性羞耻会影响个体对趋近的知觉,使个体在判断时对趋近型信息更加敏感。个体在面对羞耻事件时,为了适应生存,会先对负性情绪事件优先加工。人脑对负性情绪事件十分敏感,并且此类事件能更快更自动地吸引注意资源,这种敏感性使负性情绪事件在加工上优于中性及正性事件(Garon, Smith, Bryson, 2014)。所以中性组对趋近型图片的判断更慢。相比于内源性羞耻,外源性羞耻减少了自我暴露,个体获得了内心安全感,为了迎合他人的期许与认同,对趋近型图片更加敏感,愿意做出更快更好的选择,对非趋近型图片的加工变慢。在内源性羞耻情绪下,由于他人对羞耻事件知情,增加了个体的自我暴露,个体倾向于做出回避、远离、退缩等行为,因而对远离型图片的加工速度更快。

本实验结果证明了实验 11.1 中外源性羞耻与趋近的关系。在实验 11.1 中,外源性羞耻促进了趋近的选择,本实验通过知觉加工也证明了外源性羞耻与趋近存在一致性,即只有外源性羞耻会触发个体对趋近的注意,且个体能更快更好地做出趋近判断。

五、结论

羞耻影响趋近知觉加工。外源性羞耻促进个体对趋近图片的注意偏向。

第三节　羞耻强度影响人际趋近的研究

一、研究目的

羞耻是一种聚焦于自我的社会情绪(Tangney, Stuewig, Martinez, 2014),具有适应性功能,与个体自我与社会性发展密切相关。当个体在社会活动或社会竞争中失败、无能,或违反社会规则,或隐私曝光时,容易引发自身羞耻情绪。羞耻体验促使个体及时地自我改变、调整,促进或阻碍社会交往和人际关系的发展(高学德,2013)。社会生物进化理论强调了羞耻的社会性,认为羞耻会驱使个体遵从社会规范,展现出亲社会行为(Shepherd, Spears, Manstead, 2013;陈英和,白柳,李龙凤,2015;高隽,钱铭怡,2009)。承诺装置理论将羞耻视为一种承诺装置,发挥补偿性功能,促使个体做出亲社会行为(Frank, 1988;杜灵燕,2012)。功能主义也认为,羞耻的修复性动机可以实现自我验证,采用亲社会行为、人际趋近行为来保持与塑造自己在他人面前的良好自我印象(de Hooge, Zeelenberg, Breugelmans, 2007),或抵御来自他人的轻视(Sznycer et al., 2016)。

人际趋近较好体现个体的社会性,通常设置合作任务进行研究。体验羞耻的个体为了获得群体或社会的认可,会做出迎合社会或群体的行为,展现更多人际趋近行为(Gausel et al., 2012; de Hooge et al., 2018)。虽然罗盘扩展模型在理论上认为趋近是羞耻典型反应之一,但是羞耻并不必然能够促进个体人际趋近。在日常情境或者动态社会两难情境的合作任务中,羞耻个体并没有做出人际趋近的行为(de Hooge, Zeelenberg, Breugelmans, 2007; de Hooge, Breugelmans, Zeelenberg, 2008)。可见,可能存在其他因素影响羞耻对人际趋近的作用,如以往研究中并没有较好进行控制的羞耻情绪强度。

基本情绪的效价强度影响研究,发现个体对负性情绪刺激强度具有敏感性(Leppänen et al., 2007),情绪强度对个体的行为具有十分深刻的影响,呈现效价强度效应。不同情绪强度对个体的词汇加工、决策行为的影响均有显著差异;中等强度、高强度负性情绪会减弱个体对刺激的反应(朱丽萍,袁加锦,李红,2011)。在低强度负性情绪下,初中生更倾向于对情绪事件的意义重新进行解释,在高强度负性情绪下,初中生更倾向于采用消极回避的调节方式调节情绪(范才伟,2015)。甚至同为负性情绪的恐惧与厌恶,神经加工研究发现也会具有不同的效价强度效应(Lu et al., 2016)。羞耻感研究发现,高羞耻易感性被试对羞耻事件更敏感,强烈负性情绪使他们的注意范围变窄,更可能使用回避等应付方法;相反,低羞耻易感性个体在面对相同事件时,能够更全面、更开放地考虑解决问题的方法,更可能采取寻求社会支持等积极的应对办法(钱铭怡,刘嘉,张哲宇,2003)。最新研究发现,羞耻情绪强度会分化羞耻对亲社会行为的影响,中等强度羞耻情绪才能促进小学儿童的亲社会行为(Wang, Pan, Zhang, 2020)。而电子商业领域里,高羞耻感电商反而会抑制商人的亲社会行为(Hoffman, Morgan, 2015)。可见,羞耻强度可能会影响人际趋近。

本节参考相关文献设置趋近决策任务(de Hooge et al., 2018),采用单因素被试间设计,考察不同羞耻强度对人际趋近的影响。

二、研究方法

(一)被试

随机抽取228名在校大学生参加实验。数据筛查后,共186名被试的数据进入统计分析。高强度羞耻组、中强度羞耻组、低强度羞耻组分别为65、59、62人。其中男性95名,女性91名,年龄M=21.10岁,SD=1.65岁。另外,有70名在校大学生参加实验材料的评定。

(二)实验材料

随机选择70名在校大学生进行实验材料的评定,男性35人,女性35人,年龄M=22.34岁,SD=1.52岁。根据羞耻类型和典型羞耻事件改编而成17个故事情境(Wang, Pan, Zhang, 2020;杜灵燕,2012)。要求被试想象自己是情境中的主人公,对羞耻材料的羞耻强度进行10级评分(0~9分),数字越大,强度越大。筛选出3个羞耻材料。低强度羞耻材料主题为不敢当众喊老师,M=3.81,SD=2.37;中强度羞耻材料主题为专业课成绩差,M=5.36,SD=2.25;高强度羞耻材料主题是当众乱扔垃圾,M=7.33,SD=1.94。对3个材料的羞耻评分进行重复测量方差分析,显示三者之间存在显著差异,$F(2, 207)=53.63, p<0.001, \eta^2=0.437$,表明本实验中材料设置符合目的。材料具体内容见附录12。

(三)实验程序

实验包括情绪诱发和趋近决策任务。正式实验前的练习阶段让被试熟悉实验流程。

1.情绪诱发。被试随机分配到高强度羞耻组、中强度羞耻组和低强度羞耻组。被试阅读羞耻情绪材料,参考相关文献中羞耻评定范式(Wang, Pan, Zhang, 2020),阅读后采用10级评分(0~9分)即时自我评定羞耻情绪,数字越大,说明体验到的羞耻情绪越强烈,0代表无羞耻。

2.趋近决策任务。改编有关文献的实验范式(de Hooge et al., 2018),通过设置特定情境,采用"合作完成/单独完成"决策任务,测查人际关系的趋近选择。

3.具体流程。情绪诱发和自评后,告知被试现有一项任务,需要被试选择单独完成或合作完成。按键"F"表示"合作完成",按键"J"表示"单独完成",

同时记录反应时,按键方式在被试间平衡。接着呈现"合作意愿程度",被试进行 0~100% 的自我评分,表示自身的合作意愿。如果被试选择"合作完成",分配任务呈现,被试进行三选一,决定由谁分配一笔钱。三个选项分别是"主要由他决定选 1""共同商量决定选 2""主要由我决定选 3",记录被试选择结果。如果被试选择"单独完成",进行数方块的任务,通过数字键回答图片中的方块数量,数方块任务的结果不计入分析(见图 11-4)。

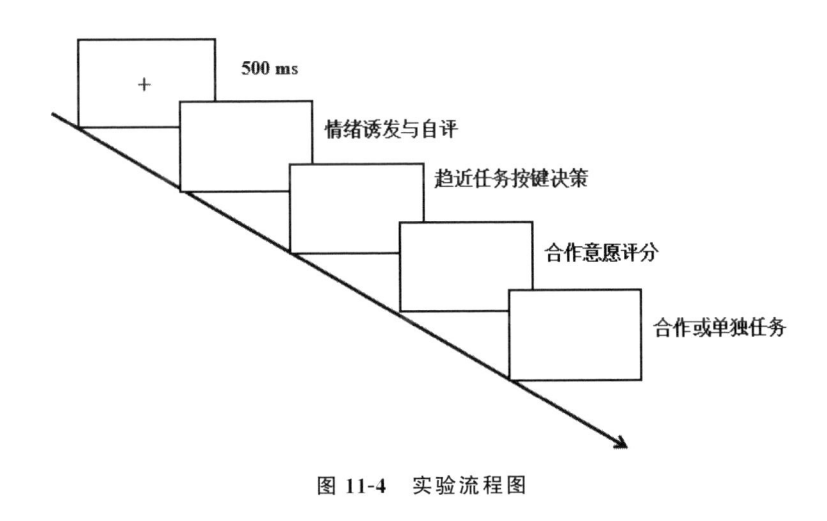

图 11-4 实验流程图

三、研究结果

(一)羞耻自我评定分析

根据 0~9 级评分,0 表示没有,1~3 分表示低强度羞耻,4~6 表示中强度羞耻,7~9 分表示高强度羞耻,结合材料制作中的评定分数,对数据进行筛查。对于高强度羞耻组,删除羞耻自我评分低于 7 分的 11 名被试。对于中强度羞耻组,删除羞耻自我评分低于 4 分或高于 6 分的 13 名被试。对于低强度羞耻组,删除羞耻自我评分高于 3 分或等于 0 分的 16 名被试。同时删除反应时 3 个标准差外的数据,剩余 186 人的数据进入统计分析。

数据筛查后羞耻自我评分的结果显示:高强度羞耻组,M=7.77,SD=0.75;中强度羞耻组,M=5.05,SD=0.80;低强度羞耻组,M=2.18,SD=0.82。单因素方差分析统计检验显示,不同羞耻强度之间存在显著差异,$F(2,183)=800.36, p<0.001, \eta^2=0.897$,且三种羞耻强度两两之间差异显著,$ps<0.001$。

(二)趋近选择分析

分别对三种强度条件下,选择"合作"与"单独"的人数进行卡方检验(见表11-14),高强度羞耻组被试选择"合作"与"单独"的人数不存在差异,$\chi^2(1)=1.25$,$p=0.26$;中强度羞耻组被试选择"合作"的人数显著高于"单独",$\chi^2(1)=8.97$,$p<0.01$;低强度羞耻组的选择结果同样也不存在差异,$\chi^2(1)=0.00$,$p=1.00$。

表11-14 不同羞耻强度下被试的趋近选择、分配结果

羞耻强度	趋近选择		分配结果		
	合作(%)	单独(%)	他决定(%)	共同商量(%)	由我决定(%)
高强度	56.92(37)	43.08(28)	2.70(1)	94.60(35)	2.70(1)
中强度	69.49(41)	30.51(18)	0.00(0)	97.56(40)	2.44(1)
低强度	50.00(31)	50.00(31)	3.23(1)	90.32(28)	6.45(2)

注:表中括号内为人数。

为了验证上述趋近选择结果,进一步对选择"合作"后的"金钱分配"任务结果进行分析。卡方检验结果显示(见表11-11),高强度羞耻组被试选择"共同商量"的人数显著高于其他两个选项,$\chi^2(2)=62.49$,$p<0.001$;中强度羞耻组被试选择"共同商量"的人数显著高于其他两个选项,$\chi^2(2)=37.10$,$p<0.001$;中性情绪组被试选择"共同商量"的人数显著高于其他两个选项,$\chi^2(2)=45.36$,$p<0.001$。可见,选择"合作"的被试在后续任务中确实展现出合作的态度。

(三)趋近决策时间分析

趋近决策时间的单因素方差分析显示,不同羞耻强度的趋近决策时间不存在显著差异,$F(2,183)=2.69$,$p=0.07$。高强度的趋近决策时间,$M=2894.25$ ms,$SD=1772.17$ ms;中强度的趋近决策时间,$M=2424.81$ ms,$SD=1610.55$ ms;低强度的趋近决策时间,$M=2318.85$ ms,$SD=943.65$ ms。

(四)趋近意愿分析

趋近意愿的单因素方差分析显示(见表11-15),不同羞耻强度的趋近意愿存在显著差异,$F(2,183)=4.67$,$p<0.05$,$\eta^2=0.049$。中强度羞耻组被试的趋近意愿程度显著高于低强度羞耻组,$p<0.05$。

表 11-15 不同羞耻强度下被试的趋近意愿

羞耻强度	趋近意愿			选择"合作"的趋近意愿			选择"单独"的趋近意愿		
	M	SD	F	M	SD	F	M	SD	F
高强度	66.78	27.55		74.27	22.15		56.89	31.10	
中强度	71.02	24.30	4.67*	76.95	17.70	3.54*	56.35	31.66	0.57
低强度	56.77	27.22		64.61	20.62		48.94	30.91	

为了验证上述趋近意愿结果,对选择"合作"和"单独"的被试的趋近意愿分别分析(见表11-12)。选择"合作"的趋近意愿的单因素方差分析显示,不同羞耻强度的选择"合作"的被试趋近意愿程度存在显著差异,$F(2,106)=3.28, p<0.05, \eta^2=0.058$,中强度羞耻组被试的合作意愿程度显著高于低强度羞耻组,$p<0.05$。选择"单独"的趋近意愿单因素方差分析显示,不同情绪强度的选择"单独"的被试趋近意愿程度不存在显著差异,$F(2,74)=0.73, p=0.48$。可见,被试趋近意愿与先前趋近决策具有高度一致性。

四、分析与讨论

本节研究考察羞耻情绪的强度对人际性趋近的影响。实验结果发现,中强度羞耻组被试作出更多趋近选择,具有且趋近意愿更强。该结果支持羞耻情绪对人际性趋近具有强度效应的观点。羞耻情绪的强度效应与基本情绪的效价强度效应一致(Leppänen et al.,2007;朱丽萍,袁加锦,李红,2011;Lu et al.,2016)。可见,中等强度的羞耻才能促进人际性趋近。

承诺装置理论和功能主义均认为羞耻对行为和态度具有促进作用(Frank,1988;de Hooge, Zeelenberg, Breugelmans,2007;de Hooge et al.,2018;Wang, Pan, Zhang,2020),发挥羞耻的补偿性,或者修复性动机。但是,上述理论存在一个预设,即个体感受或体验到羞耻情绪。情绪的内涵涵盖外在行为、主观感受以及生理唤醒。情绪对行为或态度的影响一般以情绪唤醒为基本条件,作为社会情绪的羞耻同样如此,这就与情绪强度直接关联。羞耻情绪唤醒后,羞耻的承诺装置性质成为现实,补偿性行为可能出现,或者修复性动机得到激发。当个体处于趋近相关任务时,修复性动机转化为人际性趋近的行为与意愿。实验结果也解释了 Fessler 和 Haley(2003)提出的"遵规守纪"的羞耻,为了维护自己在他人眼里的"良好合作伙伴"的形象与声望,个体会要求自己做出符合社会或团体的行为。在后续的分配任务中,个体也做出了更多的积极趋近行为,增进了人际趋近。

但是动机与效果并不是线性关系,即羞耻强度与人际性趋近并不呈线性关系。正如本研究结果中,只有中强度羞耻,而非高强度羞耻产生趋近的决策和意愿。根据情绪唤醒理论(Izard,1993;Satpute,Lindquist,2021),低强度情绪的唤醒不足,个体不能产生补偿动机与修复性动机,没有表现出显著的趋近倾向;而高强度情绪的唤醒会抑制行为,产生回避。当施加的羞耻情绪刺激适当时,会使个体的趋近倾向增加,自我防备心理降低,相比于高强度和低强度羞耻情绪,个体更倾向于做出积极的趋近决策。从调节策略类型的不同也可以发现,高强度羞耻的被试更多地采取拒绝、回避的方式,而中羞耻感的被试对于羞耻的调节则更具有开放性,选择积极的方式来应对负面情绪(范才伟,2015)。本节研究将趋近意愿细化后分析发现,只有中强度羞耻状态下,高趋近选择的行为与高趋近意愿具有一致性。此外,不同羞耻强度下的趋近决策时间没有差异,说明个体趋近选择的结果并没有以牺牲时间为代价。

五、结论

羞耻对人际性趋近的影响存在强度效应,中强度羞耻促进趋近的行为选择和意愿。

第十二章　羞耻罗盘扩展模型的初步建构

本章结合前文调查和系列实验结果,回应研究问题:(1)青少年羞耻调节策略的基本特征与发展特征是什么?(2)特定策略(重新计划与自我责备)调节自我羞耻与转移性羞耻的调节效果如何?(3)羞耻如何影响积极行为(亲社会性与人际趋近)与消极行为(攻击自我与攻击他人)?(4)自我羞耻与转移性羞耻的调节规律有何异同?

第一节　青少年羞耻的调节

一、青少年羞耻情绪调节的基本特征

通过开放问卷和量表测量,发现青少年羞耻情绪具有一些基本特征。无论自我羞耻还是转移性羞耻,一般均与青少年、其母亲各自的典型生活事件密切关联,羞耻的发生根植于个体特定的生活事件和情境。其中,自我羞耻更多涉及青少年学校环境的学习、人际交往,以及青春期生理事件,因此青少年自我羞耻会因年级、学业水平、性别而不同。由于青少年自我概念(李晓文,2010)、自我归因、学习环境的变化,自我羞耻情绪强度随着年级升高而降低,七年级羞耻强度最高;由于对羞耻情境事件后果的自我归因取向的不同(樊召锋,俞国良,2008),低学业水平青少年的自我羞耻情绪最弱;由于情绪加工和移情的性别差异(陈武英等,2014),女生的自我羞耻强度显著高于男生。而转移性羞耻更多体现成人生活痕迹,涉及与母亲相关的社会与家庭环境的人际交往、家庭关系、亲子交往等方面。当羞耻事件牵涉母亲时,会诱发转移性羞

耻,转移性羞耻强度与青少年的年级、亲子关系密切程度有关。这与有关研究结果相互印证:无论是中国大学生还是美国大学生,被试与问卷中故事主角的关系越近,个体被诱发的羞耻情绪(即转移性羞耻)越强;而与其他重要他人比较,当羞耻故事中的主角是母亲时,个体的羞耻情绪强度是最强的(Tang et al.,2008)。青少年的整个中学阶段,十一、十二年级的转移性羞耻强度最低,并且亲子关系越密切,转移性羞耻强度就会越弱,这是受青少年情感自主性的发展(斯滕伯格,2007)、依恋类型(Schimmenti,2012;Passanisi et al.,2015)影响。青少年情感自主性导致家庭关系转变,亲子关系尽管没有切断或破裂,却会调整,青少年成为与父母相分离的个体。另外,自我羞耻强度高于转移性羞耻,表明青少年对于自己行为直接引起的自我羞耻情绪体验依然更加强烈。

羞耻情境下的调节策略与性别、年级、学业水平有关。(1)性别差异。应对羞耻事件时,女生比男生更多采用重新关注计划、积极重新评价、积极重新关注、接受、反复回想、自我责备等策略,而男生更多责备他人。身处羞耻情境时调节策略运用上的性别差异与社会对人的性别角色定位有关,女性是关系定向型(周详,曾晖,2017),偏重于人际关系,处于受支配地位,男性相对强势,处于支配地位。所以女生采用的策略侧重于构建、维持和谐人际关系,略显保守性,而男生则寻求替罪羊,以便减弱自身的责任,略显攻击性。Scheff 等(1991)认为,羞耻-愤怒理论更适用于男性,羞耻体验促使男性更加愤怒、大胆(Vanderheiden,Mayer,2017a),并迁怒到他人,该观点与本研究中男生的结果一致。(2)年级特点。羞耻情境下策略的运用呈现两种典型特点,重新关注计划、积极重新关注、自我责备、反复回想、接受、积极重新评价、转换视角策略的采用随年级升高呈现倒 U 形,而责备他人策略呈现阶梯形,策略评分波峰或跨阶基本落在初中与高中的过渡阶段,可见主要环境以及相伴随的人际交往对象、学习生活的变化和羞耻的认知归因的特点(Lewis,2008)影响情绪的调节策略运用随时间发生变化。(3)学业关联。自我知觉为高学业水平,意味着具有较高的自信,学业水平越高越采用适应性策略。无论自我羞耻还是转移性羞耻,调节策略的采用与相应类型的羞耻情境的可控性有关(Lewis,2008)。当青少年在该羞耻情境中自我觉知具有强可控性,则会更多采用适应性策略,否则更多采用消极性策略进行自我调节和应对。学业水平自我觉知状况也是一种自我可控性的体现。

二、青少年羞耻情绪的调节效果

羞耻情绪的调节效果因羞耻类型、情境、性别而不同。

自我羞耻方面,青少年采用重新计划策略、自我责备策略,虽然可以增强相同羞耻情境下的自我羞耻情绪,并且达到中等水平的调节效果,但是不能影响青少年独特情境下的自我羞耻情绪,这与不同情境下青少年自我归因的结果不同有关。青少年在包括身体体味难闻、家庭关系不和、随地乱扔垃圾等相同羞耻情境下,采用关注前提和反应的策略,根据自我意识情绪的归因理论(Lewis,2003,2008),这会促使自身将羞耻情境发生事件的后果归因为自己的责任,如对自己的个人卫生、家庭行为、社会行为等,更多与自己有关,从而诱发更强的羞耻情绪。该结果与其他研究中发现的自责策略调节短期效应中对羞耻情绪体验强度没有影响的结果不一致(高隽,2016)。这可能与策略的侧重点不同有关,高隽(2016)的研究中,自责侧重于行为水平方面,偏理性,而本书中的自我责备策略侧重于被试的情感方面,偏感性。而青少年独特情境主要涉及吃饭发出声音、考试舞弊行为、学业成绩不佳等事件,更多与青少年学校学习和生活、与同学老师等人相关。对于刚刚进入初中新学习环境和校园的七年级学生而言,更多认为该情境的后果由教师、课程等有关,因此策略的调节并未发生作用。

转移性羞耻方面,女生采用的重新计划与自我责备调节策略可以增强与母亲相关的相同情境下的转移性羞耻强度,调节效果达到中等水平。转移性羞耻的特点与女性人际特点可以对此进行解释。转移性羞耻的发生涉及羞耻事件的当事人和情绪体验者,两者是不同的主体,转移性羞耻具有当事人与体验者之间的人际性特点。女性具有更强的关系定向特点(周详,曾晖,2017),转移性羞耻的人际性特点与女生的关系定向性更加契合。在身体体味难闻、家庭关系不和、随地乱扔垃圾等关乎身体、家庭、行为的羞耻情境下,由于这些情境与个体的外在形象密切相关,女生会更加关注自身的外在形象、人际关系、社会影响。女生也具有高移情特点(朱丹,李丹,2005;苏彦捷,黄翯青,2014),采用假想与自责策略时,女生因母女之间亲缘血缘因素更容易体验更强的羞耻情绪。亚裔和白人美国女性自我报告更高的转移性羞耻情绪(Szeto-Wong,1997),这也侧面说明女性与转移性羞耻情绪之间的特殊性。

三、青少年羞耻情绪调节后对行为倾向的影响

Nathanson(1992)的羞耻情绪调节的罗盘模型，将羞耻情绪与个体行为建立联系，从负性视角提出个体具有攻击他人、攻击自己、退缩、回避等四种典型反应，本书将其归纳为"四极单面"平面型模型。逐渐有研究者从积极视角，关注羞耻情绪的建设性功能(Tangney, Stuewig, Martinez, 2014; Ryan, 2017)。本书从羞耻情绪的破坏性和建设性两个视角重新理解该模型，提出模拟的罗盘扩展模型(见图 4-1)，扩展模型对应于原模型，具有"四极双面"立体型特点，即在原来的负面四个反应之外，扩展正面的亲社会性、自我接纳、主动、趋近四个反应。

羞耻情绪经过自我调节之后，对行为的影响包括积极行为和消极行为，如亲社会行为和攻击性；该行为倾向也可以表现为外显和内隐性，如亲社会性与攻击性的外显行为倾向和内隐倾向性。由于羞耻情境行为主体的不同，当行为主体分别为青少年自己及其母亲时，青少年的情绪体验分别为自我羞耻情绪和转移性羞耻情绪。因此，研究问题包括，自我羞耻与转移性羞耻情绪经青少年自我调节后，对行为倾向的影响是否一致？该影响对外显与内隐的行为倾向性作用是否一致？对于相反性质的亲社会行为和攻击性，该影响对其作用是否一致？

首先，自我羞耻情绪调节后的影响分析。本书发现，对积极行为的影响方面，重新计划策略与自我责备策略对青少年自我羞耻情绪的调节不会影响其随后的外显亲社会行为，也不影响亲社会行为的内隐倾向性；自我羞耻情绪经调节后，对青少年外显与内隐亲社会行为的作用一致，均不影响亲社会行为。而对消极行为的影响方面，采用自我责备策略调节自我羞耻后，与对亲社会性的影响不同，青少年在独特与总体情境下的外显攻击性提高，独特情境下攻击性的内隐倾向性减弱，自我评价为更不具有攻击性；自我责备策略调节自我羞耻情绪后，对外显和内隐的攻击性存在影响，且方向不同。因此，青少年采用相同的调节策略调节自我羞耻情绪时，对积极行为（亲社会行为）和消极行为（攻击性）的作用虽然不同，却不是相反。

本书中设置的羞耻情境是青少年生活中常见生活事件与场景，采用的羞耻情绪诱发材料所诱发的羞耻情绪强度处于中等水平。虽然羞耻情绪能够影响道歉、助人行为等亲社会行为(Shepherd, Spears, Manstead, 2013)，增强

人际合作(de Hooge，Breugelmans，Zeelenberg，2008)、捐款数量或亲社会行为(杜灵燕，2012；姚薇，王柳生，李皓，2019)，但是个体自我调节的介入，羞耻情绪与亲社会行为发生联系取决于个体是否出现高补偿动机(Frank，1988)。当青少年采用前提关注调节或者反应关注调节的具体策略进行自我情绪调节、干预自己体验到的羞耻情绪时，这些重新计划与自我责备策略与亲社会性之间没有必然的内在联系，对中等水平羞耻情绪的策略干预作用不足以让青少年为自己在羞耻事件中后果承担责任而引发补偿动机，以便增强外显或内隐的亲社会行为。与亲社会行为不同，愤怒和攻击性被视为羞耻的应对策略，是进化适应性的表现和个体的自我防御机制(Elison，Garofalo，Velotti，2014；Sznycer et al.，2016)，也是罗盘模型提及的羞耻情绪典型反应之一(Nathanson，1992；Schalkwijk et al.，2016)。而且，自我责备是羞耻与攻击性之间的一个中介变量(张帆，张道芬，黄喜珊，2013)。当羞耻情绪诱发青少年的攻击性，同时叠加自我责备策略产生后果的自我归因作用，从而增强外显攻击性，该作用的表现也揭示羞耻的进化适应功能。但是，在内隐攻击性任务中，青少年在考试舞弊事件中进行自我责备后，原有的羞耻情绪导致的攻击性得到缓解，内隐加工中青少年自我评价为更不具有攻击性。

其次，转移性羞耻情绪调节后的影响分析。经过调节后的青少年转移性羞耻情绪随性别、羞耻情境而不同程度地影响其随后的外显亲社会行为。转移性羞耻情绪经调节后对外显亲社会行为的增强效应比较突出地体现在女生身上。总体情境与成人独特情境下的个性转移性羞耻、相同情境下的行为转移性羞耻经过调节后，会增强女生的外显亲社会行为，即，当母亲生性比较懦弱、母亲公众随地乱扔垃圾时，女生经策略调节后表现出更高的亲社会行为倾向；同时，总体情境的个性与家庭转移性羞耻、独特情境的个性转移性羞耻、相同情境的家庭与行为转移性羞耻方面，女生的外显亲社会行为高于男生。而内隐加工任务上，亲社会行为的内隐倾向性不会随转移性羞耻情绪是否调节而发生变化。可见，对外显与内隐亲社会行为的影响存在不同。该结果与转移性羞耻情绪的内涵特点、亲社会行为的特点、女性的情绪加工特点有关。由于羞耻情境下当事人与情绪体验者分离，在转移性羞耻的羞耻情境下，行为主体是青少年的母亲，体验主体才是青少年自己，转移性羞耻情绪具有人际性特点；而亲社会行为本身就是个体对他人的关注，具有强烈的人际性，两者之间具有一致性。另外，女性的基本情绪加工具有优势(袁加锦等，2010)，具有关系型定位(周详，曾晖，2017)，同时女生具有高移情特点(苏彦捷，黄翯青，

2014),更能够体验到母亲在羞耻情境下的感受,更能感悟母亲的体验;而青少年自我情感的卷入影响着助人行为与动机(朱丹,李丹,2005)。在策略的自我调节作用下,转移性羞耻情绪激发女生更强的补偿动机,使女生呈现更强外显亲社会性。然而,该自我调节的主动性策略,不足以触及相对更加稳定的内隐性亲社会的心理结构,这是由于他人(本书中为母亲)的行为及其责任无法产生青少年自己的补偿动机,进而无法影响内隐的亲社会性。

本书发现,与亲社会性的加工不同,转移性羞耻经重新计划、自我责备策略调节后,可以增强青少年总体情境下外显攻击性;转移性羞耻经自我责备策略调节后,增强攻击性的内隐倾向性,青少年将自我评价为更具有攻击性;采用自我责备策略调节转移性羞耻情绪后,对外显和内隐的攻击性的影响一致。攻击性是羞耻情绪的反应之一,体现了羞耻情绪的防御性和适应性特征(Elison, Garofalo, Velotti, 2014; Schalkwijk et al., 2016; Sznycer et al., 2016),这种攻击性的先天性特征使得经羞耻情绪调节后的外显和内隐反应趋向一致。个体策略的自我调节叠加到羞耻与攻击性的关系上,增强个体的攻击性反应。

可见,转移性羞耻经调节后对外显亲社会行为和外显攻击性的作用方向基本一致,只是后者的影响范围涉及所有的羞耻情境,前者局限于女生与母亲相关的个性羞耻情境、乱扔垃圾的行为羞耻情境。而对内隐亲社会性和内隐攻击性的作用的结果不同,对于前者,策略调节没有产生作用,对于后者,策略调节后青少年自评更加具有攻击性。内隐加工任务结果的差异,揭示出羞耻情绪的本质特性。本质上,作为自我意识情绪的羞耻情绪具有进化适应功能,是个体社会化进程中的表现。与亲社会行为比较,攻击性是羞耻更为典型的反应表现,本质上属于个体的自我防御,而且羞耻的自我防御机制具有跨文化的一致性(Sznycer et al., 2016)。个体应对羞耻事件时采用的自我策略的调节,也是一种主动的自我防御,从而导致外显和内隐攻击性更强。

因此,从自我羞耻情绪调节看,罗盘扩展模型里"一极两面"中的亲社会性并没有得到全部支持,而攻击性是成立的。从转移性羞耻情绪调节看,扩展模型里"一极两面"中的亲社会性与攻击性均得到支持,但与青少年的性别、外显或内隐社会性有关。

四、自我羞耻与转移性羞耻调节的比较

策略自我调节效果方面,自我羞耻与转移性羞耻之间的比较显示,经过自我责备策略调节后,自我羞耻情绪强度比转移性羞耻强度更高、调节效应也更大,主要反映在女生行为羞耻,如公共场合随地乱扔垃圾,男生家庭羞耻,又如家庭关系不和。女生对公共场所的随地乱扔垃圾、男生因家庭关系不和,与因母亲行为比较,当由自己行为进行自我责备、对自我行为的后果进行谴责时,能够增强自身的羞耻情绪体验。干预直接体验比间接体验更加有效(库伯,2008)。无论是男生还是女生,由于青少年对自身行为和体验的直接易控性,以及对母亲行为所诱发的自己情感的相对低控性,自我责备策略下自我羞耻情绪的调节效应大于转移性羞耻的调节效应。

自我羞耻与转移性羞耻调节后影响的比较。经自我责备策略调节后,转移性羞耻比自我羞耻更加能增强青少年的外显亲社会行为,与之相反,两者对青少年的外显攻击性的影响没有差异。转移性羞耻由于羞耻事件当事人与情绪体验者的分离性(Tang et al.,2008),具有更强的人际性特点,这与外显亲社会行为的有助于他人的内涵更加契合。亲社会行为具有补偿性动机,青少年经自我责备策略后,有更强的动机去挽回与母亲相关羞耻事件的后果,外显表现出高亲社会行为。而攻击性方面,无论是与母亲还是自己相关的羞耻事件,由于自己与母亲在自我结构里的关联更加密切,对具有进化功能的羞耻进行调节后,表现出的攻击性水平相当。

但在内隐加工任务方面,亲社会的内隐倾向性不随自我或转移性羞耻情绪而发生变化;然而,经过自我调节后,青少年在自我羞耻情境下比转移性羞耻情境下会将自我评价为更具有攻击性。作为羞耻情境下具有补偿性的亲社会行为,缺乏进化适应的功能性,在内隐性认知任务加工中,因自我羞耻与转移性羞耻中相同的情绪体验主体而保持稳定。但是对于攻击性,行为主体为自己时进行的调节,其作用具有直接性,诱发典型的羞耻情绪反应攻击性。与自我羞耻情绪下内隐攻击性反应不同,由于转移性羞耻事件中,青少年对事件当事人的干预具有间接性,自我责备策略对攻击性不能发挥缓解作用,因此青少年自我调节转移性羞耻后内隐攻击性的表现与调节自我羞耻情绪后的内隐攻击性表现不同。

第二节　羞耻对社会性的影响

一、羞耻影响亲社会行为的类型效应与强度效应

从类型上,羞耻可以区分为内源性羞耻和外源性羞耻。当外群体成员求助时,内源性羞耻个体具有更强的助人意愿,而且内源性羞耻可以消除内群体偏好效应,展现出内源性羞耻的修复性动机对亲社会行为的影响(李赛琦,王柳生,2020)。在此基础上,本书进一步发现,求助者是恩人以及外源性羞耻条件都与更强的帮助意愿相关。与求助者是陌生人相比较,求助者为恩人时,个体的帮助意愿更强。外源性羞耻对亲社会行为的增强效果仅在求助者是陌生人时出现,当求助者是陌生人时,外源性羞耻组的陌生人比中性情绪组和内源性羞耻组的陌生人更愿意进行日常助人,更愿意捐款。在日常助人情境和捐款情境中,内源性羞耻对向陌生人表现出亲社会行为倾向的模式相类似。这种差异与羞耻的动机功能有关。当羞耻经历在人际互动中暴露给伙伴时,它会触发更强烈的修复动机与补偿动机,促使个体采取互补策略,如亲社会行为,以确认积极的自我形象。可见,内源性羞耻与外源性羞耻对亲社会行为的影响不同,呈现出羞耻影响的类型效应。

强度效应则是指羞耻的强度会影响亲社会行为的程度。一般来说,羞耻的强度越高,对亲社会行为的影响也越大。本书发现羞耻影响亲社会行为的结果并不完全一致,即在某强度状态下个体的补偿动机最强,因而更有利于亲社会行为;而当强度过高或者没有时,亲社会行为倾向则会受到抑制。即不同强度羞耻情绪状态下,个体对情绪的加工过程也会有所不同,所需要耗费的时间也会有差异,在中强度的羞耻情绪状态下,亲社会行为决策时间最短,即中强度的羞耻情绪状态下情绪加工效率也最高。

二、羞耻影响攻击性的类型效应与强度效应

羞耻对攻击倾向性的影响存在类型效应,内源性羞耻增强个体的攻击自我与攻击他人,外源性羞耻只能增强个体的攻击自我。在语义加工方面:(1)

内源性羞耻存在攻击他人与攻击自我语义加工偏向。对于攻击他人,体现在语义加工的准确性和加工速度上,对于攻击自我,体现在语义加工速度上。(2)外源性羞耻存在攻击他人与攻击自我语义加工偏向,体现在语义加工的准确性上。(3)与外源性羞耻相比,内源性羞耻存在攻击他人语义加工偏向。羞耻与愤怒关系密切,情绪上的愤怒可能转化为行为上的攻击。无论是行为倾向性还是语义加工方面,内源性羞耻与外源性羞耻在攻击自我、攻击他人上存在分离分化,该研究发现拓展和深化了原有的羞耻与攻击行为的关系,也提示了羞耻情绪功能上的分化性。

羞耻对攻击性的影响存在强度效应。中强度羞耻增强攻击他人、攻击自我,高强度羞耻只增强攻击自我。个体在体验消极情绪时,可以采用不同的情绪调节策略。从信息加工的角度来看,相比于低强度消极情绪下的个体,高强度消极情绪的个体要占用更多的认知资源。攻击方向上,高、中强度羞耻导致攻击自我,而非攻击他人。这与羞耻的特点密切相关,羞耻作为一种自我意识情绪,是自我挫败、自我价值遭到贬值时产生的,因此羞耻对于自我的损伤是极大的,当羞耻处于较高强度时,会影响个体的自我评价,使个体固着于羞耻事件糟糕结果的情况下,个体会更多地反复回忆令自己感到羞耻的事件,过度思虑导致长久而又持续的自责,即攻击自我的倾向。这种倾向也可以隐藏自己的情绪,减少外界对自己的关注,以此调整情绪。

三、羞耻影响趋近的类型效应与强度效应

羞耻类型影响人际性趋近,外源性羞耻组被试更多选择合作,内、外源性羞耻组被试比中性组花费更长的时间做出是否合作的决策。只有外源性羞耻能够促进趋近选择。研究中使用的羞耻故事情境引发的羞耻是行为和能力羞耻,内、外源性的控制对个体的行为和能力羞耻都产生了影响,使个体在虚拟的社会交往中做出了不同的决策,故而产生了这种差异。外源性羞耻会影响对趋近的知觉,使个体在判断时对趋近型信息更加敏感。外源性羞耻促进个体对趋近图片的注意偏向。外源性羞耻组被试对趋近图片的加工速度更快,内源性羞耻组被试对远离和静止图片的加工速度更快。相比于内源性羞耻,外源性羞耻减少了自我暴露,个体获得了内心安全感,为了迎合他人的期许与认同,对趋近型图片更加敏感,愿意做出更快、更好的选择,对非趋近型图片的加工变慢。在内源性羞耻情绪下,由于他人对羞耻事件知情,增加了个体的自

我暴露,个体倾向于做出回避、远离、退缩等行为,因而对远离型图片的加工速度更快。负性情绪影响决策速度,使个体的注意范围变窄,固着于这种情绪带来的恐惧、焦虑等,花费很长的时间反复思考可能引起的后果(钱铭怡,刘嘉,张哲宇,2003)。

羞耻对人际性趋近的影响存在强度效应,中强度羞耻促进趋近的行为选择和意愿。动机与效果并不是线性关系,即羞耻强度与人际性趋近并不呈线性关系,只有中强度羞耻产生趋近的决策和意愿,而非高强度羞耻。根据情绪唤醒理论(Izard,1993;Satpute,Lindquist,2019),低强度情绪的唤醒不足,个体不能产生补偿动机与修复性动机,没有表现出显著的趋近倾向;而高强度情绪的唤醒会抑制行为,产生回避。当施加的羞耻情绪刺激适当时,会使个体的趋近倾向增加,自我防备心理降低,相比于较高强度和低强度羞耻情绪,个体更倾向于做出积极的趋近决策。从调节策略类型的不同也可以发现,高羞耻感的被试更多地采取拒绝、回避的方式,而中羞耻感的被试对于羞耻的调节则更具有开放性,会选择积极的方式来应对负面情绪(范才伟,2015)。本书将趋近意愿细化后分析发现,只有中强度羞耻状态下,高趋近选择的行为与高趋近意愿具有一致性。此外,不同羞耻强度下的趋近决策时间没有差异,说明个体趋近选择的结果并没有以牺牲时间为代价。

第三节　罗盘扩展模型的初步建构

立足于羞耻情绪的功能两面性,可以发展 Nathanson(1992)的罗盘模型,兼顾羞耻情绪的破坏性和建设性。具体来说,体现破坏性功能的四极为原模型中的攻击他人、攻击自我、回避、退缩,分别对应于体现建设性功能四极的亲社会行为、自我接纳、趋近、依恋。其中,亲社会行为指个体在社会交往中有意识地做出有益于他人的行为(张梦圆,杨莹,寇彧,2015)。自我接纳指能够客观的看待自己,接纳自己的身体、情绪、情感以及经历,接纳自己的外在行为和内在品质,能正视和欣然接受自己现在的一切。趋近原指对外在目标的接近,与回避构成动机的最基本形式,心理学研究中主要指个体与环境的相互作用方式,个体通过调集机体能量来接近、掌控个体所偏爱的刺激(刘惠军,高磊,2012)。依恋是个体与生俱来的向重要他人寻求亲近和保护的倾向(张鹏等,

2018),最终获得个体内在的心理安全。与原罗盘模型四个反应的破坏性功能不同,新四极构建出羞耻个体与自我、他人之间良性、建设性关系,并且继续保持原有模型内化、外化两个特性基础,亲社会行为与趋近具有外向性,而自我接纳与依恋具有内向性。原罗盘模型的"四极单面"平面型发展为扩展模型的"四极双面"立体型(见图4-1)。扩展模型可以在理论和实证研究上对羞耻的影响进行直接比较,实现羞耻情绪研究的系统化,突破了原有模型的单一性、负面性的局限,凸显出模型的正面积极导向性。就现有的实证研究,羞耻建设性功能的实证证据主要来源于羞耻与亲社会行为的关系研究,破坏性功能的研究证据主要来源于羞耻的攻击性方面。

一、羞耻的建设性功能

羞耻的建设性功能指羞耻促使个体做出有利于自身或他人的行为,功能上发挥积极作用。与他人互动中,体验羞耻的个体易于做出亲社会行为和趋近,呈现出安全型等高质量的依恋,对自己也具有高自我接纳。《礼记·中庸》中"知耻近乎勇"提示羞耻情绪具有积极意义,认为羞耻能够有效地促进个体的行为、道德与精神的成长(Byan,2017)。功能主义视角下,羞耻具有修复性动机,体验羞耻的个体为了实现自我验证(de Hooge, Zeelenberg, Breugelmans, 2007),采用亲社会行为等积极行为来保证良好的自我形象。承诺装置理论认为羞耻具备承诺性质(Frank,1988),成为一种承诺装置。当个体因自己的不当行为产生羞耻,为避免羞耻情绪带来的痛苦体验,个体会通过审视现实自我与理想自我之间的差距,产生助人动机并做出对他人、社会有益的补偿行为。进化取向则认为,羞耻是种族进化过程中形成的、阻止他人轻视的自我防御机制(Sznycer et al.,2016),亲社会行为是达成自我防御的外在方式。本书对羞耻影响亲社会行为、人际趋近等实验研究,更为系统和细致,支持羞耻的建设性功能。

有以下两方面的亲社会行为研究证据支持羞耻的建设性功能:(1)直接促进效应。羞耻能够促进个体做出道歉、帮助他人等行为(Shepherd, Spears, Manstead,2013; Tangney, Stuewig, Martinez,2014)。3~4岁学前幼儿羞耻的心理弹性可以预测幼儿自发的助人行为(Ross,2017),羞耻情绪诱发的大学生的亲社会倾向评分更高(姚薇,王柳生,李皓,2019)。不同类型羞耻的建设性功能不尽一致。研究发现,只有内源性羞耻才能够促进亲自我个体人际之间的合作行为(de Hooge，Breugelmans，Zeelenberg，2008)，只有内源性羞耻的归因与5～6岁儿童理解他人的二级信念呈正相关(Misailidi，2018)，内源性羞耻对小学儿童合作行为的促进作用只发生在低羞耻情绪理解能力条件下(丁芳,曹令敏,张琛琛,2013)。(2)间接抑制效应。羞耻情绪抑制监狱释放人员的再次犯法行为(Tangney，Stuewig，Martinez，2014)，即责备外化(即因自己的过错而责备别人)部分中介羞耻情绪与再次犯法行为的发生。当他人在场时,羞耻促使10～13岁青少年更加遵循道德标准,抑制反社会行为(Olthof，2012)。

对人际趋近、依恋、自我接纳等影响的研究相对薄弱。体验羞耻的被试更愿意与他人相处,具有更强的趋近意愿(de Hooge et al.，2018)。安全型依恋人群具有更低水平的羞耻感,而低质依恋会导致青少年时期和成年早期的高羞耻感(Passanisi et al.，2015)。儿童和青少年期形成的与依恋对象相关的羞耻创伤记忆会调节内外源羞耻对抑郁的影响(Matos，Pinto-Gouveia，Costa,2013)。与自我接纳在内涵上有重叠的自我关爱,可以预测个体应激后更少的羞耻(Ewert，Gaube，Geisler，2018)，成为羞耻感与社会焦虑应对中认知重评的有效替代策略(Cándea，Szentágotai-Tătar，2018)。

可见,理论和实证证据支持羞耻对内、对外均具有促进作用,呈现出建设性功能。

二、羞耻的破坏性功能

羞耻破坏性功能指作为负性情绪的羞耻,导致个体做出不利于自己或他人良好发展的行为:一旦进行人际互动,容易攻击他人或回避,甚至攻击自我或退缩。生活中"恼羞成怒"现象描述了羞耻与愤怒之间存在的联系。正如Taylor(1985)所持"羞耻是个体自我保护的情感"观点,羞耻具有保护性动机(de Hooge，Zeelenberg，Breugelmans，2011)，通过对内对外的负性行为实现自我保护。根据Elison等(2014)提出的"社会疼痛与威胁"模型,羞耻被视为社会疼痛,羞耻与攻击性的关系类似于生理疼痛与攻击性之间的关系。模型路径为:从被轻视到情绪痛苦(即羞耻),再到身体痛苦,最后到愤怒和攻击事件。已有研究也发现社会排斥引起身体疼痛(Eisenberger，2011)，身体疼痛可能引起愤怒与攻击(Berkowitz，2012)。另外,羞耻－愤怒理论也认为,当个体感受到令自己痛苦的羞耻时,会伴有异常激烈而敌对的愤怒情绪,该体验可能会导致攻击性等各种防御性行为（Harper，Arias，2004）。Scheff（2013）将羞耻－愤怒理论发展为羞耻－愤怒螺旋理论，解释羞耻与愤怒之间相互作用、循环发展的关系。个体觉察自身羞耻，或他人觉察到自身羞耻时，将会诱发自己更强的羞耻情绪，即"羞耻－害怕/愤怒－羞耻"的循环，创伤后应激障碍、社交恐惧症等某些临床心理疾病正反映出该循环的影响（戴赟，王觅，钱铭怡，2012）。

很多证据支持羞耻与青少年违法（Gold，Sullivan，Lewis，2011）、攻击行为（Stuewig，Tangney，2007；Stuewig et al.，2015）、敌意等有正向密切联系（Elison，Garofalo，Velotti，2014；Heaven，Ciarrochi，Leeson，2009；Velotti，Elison，Garofalo，2014；Velotti et al.，2016）。8年纵向研究发现，早期具有羞耻倾向的个体在后期会出现更多药物滥用、被拘留、关押以及自杀等破坏性行为（Tangney，1992）。1年追踪研究也发现（Heaven，Ciarrochi，Leeson，2009），羞耻和敌意显示出一年期间的高稳定性，九年级学生的高羞耻可以较好地预测其十年级时敌意的增加。违法青少年具有高惩罚取向评分，同时更少体验到羞耻（Schalkwijk et al.，2014）。特质羞耻与压力的联系导致出现更多的身体、心理攻击性行为（Schoenleber et al.，2015）。

羞耻与攻击性的关系，可能受地位、性别、策略或文化背景等因素影响。羞耻经历与社会地位能够共同有效预测攻击性行为，中等社会地位在羞耻经历和攻击性之间具有保护性功能（Åslund et al.，2009a）。Scheff和Retzinger（1991）报告的性侵犯与羞耻关系的研究发现了羞耻的性别差异，女性体验的是羞耻－羞耻反馈环路，而男性经历的是羞耻－愤怒反馈环路。羞耻－羞耻环路指个体体验到羞耻后，导致羞耻感增强，容易出现退缩或者抑郁，影响身心健康。而羞耻－愤怒环路指个体对自己的羞耻感到愤怒，又因沉浸在愤怒情绪中而感到羞耻。后一环路中，一种情绪产生另一种情绪，以便增强前一种情绪，并且经常做出反社会行为，最终达到情绪顶峰。责备外化策略成为羞耻与攻击性之间的中介变量（Stuewig et al.，2010）。荷兰青少年经历羞耻事件后，高自我依恋型男生比低自我依恋型表现出更强烈的愤怒（Thomaes et al.，2011），研究者认为，这是因为在西方文化性别的刻板印象里，男性表达愤怒比女性更能被接受和得到认可。面临社会排斥时，个体的羞耻会抑制自己对他人的愤怒，如当自身羞耻经历为他人所知，羞耻就会减少对他人的愤怒（Zhu et al.，2019）。

羞耻的破坏性功能伴随着羞耻的负性情绪本质而较早得到深入关注，大量证据主要来源于羞耻的攻击性研究,而羞耻的退缩与回避研究相对不足。本书进一步考察攻击自我、攻击他人两个维度,对羞耻的破坏性功能进行了扩展深化。

第四节 研究价值与创新

一、研究价值

就理论价值而言,羞耻情绪调节研究及其发现拓展了研究领域,系统化研究框架,完善了研究模型。本书对正常青少年群体自我羞耻和转移性羞耻情绪的调节特征、效果、影响进行研究,重视羞耻调节的后续影响的两面性,关注羞耻情绪调节后对亲社会行为、攻击性的影响,考察羞耻情绪功能的破坏性与建设性。研究文献显示,已有羞耻研究主要立足于羞耻的负面功能视角(Tangney,Stuewig,Martinez,2014;高隽,钱铭怡,2009),聚焦于自我羞耻情绪(高学德,2013)。本书同时考察转移性羞耻情绪,并且从实验设计上实现将自我羞耻情绪与转移性羞耻情绪进行直接比较。将自我羞耻研究推进到转移性羞耻情绪,不仅扩展了研究领域,还将羞耻研究系统化。原有罗盘模型里的"四极单面"比较典型地代表了羞耻情绪研究的破坏性视角(Nathanson,1992;Schalkwijk et al.,2016),本书不仅考察了负面的攻击性,而且还考察正面的亲社会行为、人际趋近,区分攻击自我与攻击他人,研究发现从而扩展和完善羞耻情绪调节的罗盘模型,将"平面"型罗盘模型发展为"立体"型的扩展模型。

就应用价值而言,羞耻情绪及其调节研究发现可以提升青少年自我意识情绪自我调节与发展的现实可行性。作为自我意识情绪的羞耻情绪,涉及自我或他人的评价,在此过程中个体会体验到沮丧、无能、自卑等痛苦、不舒服的情绪。与基本情绪相比较,羞耻等自我意识情绪具有更多的社会性,具有调节个体行为、促进个体社会化的作用,并且不同程度地具有道德功能。该羞耻情绪特性决定着羞耻情绪具有更多的"自我"、个体"隐私"性质,主观上限制着个体将该羞耻情绪进行自我暴露,而是将其隐藏。因此,青少年对羞耻情绪的自我调节具有更强的现实意义、更高的可行性。本书研究发现的自我羞耻与转移性羞耻情绪调节策略的基本特征与发展特征，以及特定策略调节对个体社会性影响的研究结果，一方面，有利于学校、家庭与社会教育机构科学指导青少年自我意识情绪发展，另一方面，通过青少年的自我调节可以促进青少年的自我发展与成长。此外，转移性羞耻重视亲子之间的关系，由于东西方文化特点、国内多元文化的时代发展折射到学校和家庭内人际关系，转移性羞耻研究凸显了羞耻情绪及其调节的文化特征与影响，对新时代背景下青少年道德情感与自我发展的指导将更具有针对性。

二、研究创新

本书系统地考察了青少年自我羞耻情绪与转移性羞耻情绪自我调节的特征、效果与影响，逐层递进，拓展了研究主题，丰富了研究成果，深化了研究结论，完善了已有研究模型，呈现了研究内容、研究主题、研究视角、研究方法上的创新。具体而言，包括以下几点：

第一，系统关注到转移性羞耻情绪，并与自我羞耻情绪进行直接比较。现有羞耻研究集中围绕着羞耻情境中行为主体与羞耻情绪的体验主体一致的情况（自我羞耻情绪），忽视了行为主体与体验主体分离（不一致）的情况，即缺少转移性羞耻情绪的研究。由于中国文化下"我"与"母亲"具有更为特殊的人际关系，因此与母亲相关的转移性羞耻的研究具有些许文化色彩。本书从调节策略的运用、特定策略的调节效果、对亲社会行为与攻击性等方面，都进行了自我羞耻与转移性羞耻的比较，因而，转移性羞耻及其比较的研究具有原创性。本书研究结果表明，转移性羞耻与自我羞耻，在调节基本情况、调节效果等方面，因不同的加工方式、调节策略、具体行为而不同，提示转移性羞耻的加工和调节可能存在独特的机制。因此，转移性羞耻情绪的研究具有独特意义。

第二，立足于羞耻情绪功能两面性视角，完善和发展罗盘模型，验证所构建的局部罗盘扩展模型。羞耻情绪一直以来作为负性情绪的研究取向而得到研究，其对个体的破坏性受到关注。少量研究者提出了羞耻功能具有的建构性功能的观点。本书系统研究了自我调节后的羞耻情绪对消极与积极行为的作用，对亲社会行为、人际趋近和攻击性（攻击自我、攻击他人）的影响，比较深入地分析羞耻情绪自我调节后的功能作用。本书研究结果显示，虽然亲社会行为与攻击性具有相反的性质，但是羞耻情绪自我调节后对亲社会行为和攻击性的影响，并不是简单的相反，会因内隐外显加工任务而不同。研究发现完善了"四极单面"平面型罗盘模型,扩展了模型中正面的亲社会性、人际趋近与负面的攻击性部分。攻击自我与攻击他人的分化,推动羞耻影响研究的理论深化和实践运用。

第三,推进与深化羞耻情绪与行为之间关系的研究。由于羞耻情绪的负性情绪研究视角,有研究发现羞耻情绪与攻击性之间的正向关系(Stuewig et al., 2015)。由于羞耻情绪建构功能逐渐受到关注,有研究发现羞耻可以促进人际合作行为的发生(de Hooge, Breugelmans, Zeelnberg, 2008)。这些少量研究初步探索了羞耻与行为(或倾向性)的关系。羞耻情绪与行为(倾向)关系的影响因素需要进一步分析。本书考察了青少年个体自我调节是否影响羞耻与行为之间的关系,深化了已有的两者关系研究。研究发现,个体自我调节对羞耻与行为关系的作用,因羞耻情绪类型而不同。因此,青少年自我调节的作用和价值更具有现实意义。

第四,采用多种加工任务考察自我调节羞耻情绪的影响。由于心理现象的复杂性,对于亲社会行为和攻击性等社会性的研究和测量,可能存在个体的自我掩盖,内隐加工测量方法将更能客观地揭示内在的社会性加工规律。本书既考察了羞耻情绪自我调节后对外显亲社会行为与外显攻击性的影响,也采用内隐加工任务,考察了对内隐亲社会行为与内隐攻击性的影响,与外显加工任务相互对照,更为全面地揭示自我调节羞耻情绪的影响。研究结果显示,该影响确实在外显任务加工和内隐任务加工中不同。对因变量采用外显和内隐测量方式的此种设置有利于深入全面地挖掘情绪个体自我调节对羞耻和行为之间关系的影响。

第五,一般与特定策略相结合。为了比较全面地得到青少年羞耻情绪调节的基本情况,采用开放问卷收集青少年的常用具体策略,采用量表测量具体的调节策略,由此可以获得羞耻情绪的调节策略使用的概貌。为了深入分析羞耻情绪调节的效果和影响,选定前提关注调节(重新计划策略)和反应关注调节(自我责备策略)进行特定策略的自我调节。研究结果显示,羞耻情绪的调节随情境、性别、年级、学业水平等而不同。

三、研究展望

本书的主要不足之处如下:第一,实验范式方面的限制。本书着眼于羞耻情绪的调节,对于调节效果和对行为倾向的影响,基于青少年被试的行为反应和主观评定的测量。羞耻作为一种情绪,除了外在的行为和主观体验之外,生理和神经系统的加工也是非常重要的检验指标。由于涉及未成年人的研究对象的研究伦理等较为复杂的事项,本书在青少年被试进行羞耻情绪的调节实验时,没有采用多导生理记录仪等同时监测青少年的生理心理指标,以便提供生理证据佐证被试的主观体验和行为反应。

第二,特定调节策略的区分度有待进一步提高。基于开放问卷和量表测量的基础上,本书选取前提关注调节(重新计划策略)、反应关注调节(自我责备策略)作为随后行为实验研究的特定调节策略。从策略的原有内涵看,这两类策略分别反映了情绪调节加工的不同类型,处于情绪调节过程的不同位置。从研究结果来看,两种策略的调节效果和影响基本相似。对此,可能两策略确实在调节机制上是一致的,也可能本书的设计不足以将其截然分离。

为了羞耻情绪的调节研究,可以从以下几点开展后续研究:

第一,特定类型调节策略的影响考察。情绪的常用调节策略具体有很多种,而且,除了适应性与消极性策略的分类标准外,也有增强、减弱等分类。这些策略的调节效果与机制,值得在羞耻情绪的调节中进行深入探究与比较,使研究结果更具应用性。

第二,对实际行为的影响的研究。本书考察了羞耻情绪经特定策略调节之后对亲社会行为和攻击性的影响,未来研究可以进一步考察实际的亲社会行为和攻击行为。毕竟内在行为倾向与实际的外在行为不一定完全对应。

第三,羞耻影响拐点的研判。罗盘扩展模型的"四极双面",体现了羞耻功能的建设性与破坏性,共同揭示羞耻的修复与保护动机。羞耻何时产生建设性影响,何时引发破坏性作用,即羞耻影响的拐点在何处,未来需要借助测量模型、实验干预等完成。至少羞耻影响的拐点可能与羞耻的结构、强度有关。羞耻结构方面,基于不同分类标准,羞耻可以分为内源性羞耻与外源性羞耻(de Hooge, Breugelmans, Zeelenberg, 2008)、自我羞耻与转移性羞耻(Tang et al., 2008)。相对而言,对内源性羞耻、外部羞耻、转移性羞耻的研究更少。已有研究显示,内外源性羞耻的功能不一致(de Hooge, Breugelmans, Zeelenberg, 2008; Misailidi, 2018),内外部羞耻的影响存在差异(Misailidi, 2018),转移性羞耻与文化联系更密切(Tang et al., 2008)。羞耻的生物一致性与文化特异性的争议(Sznycer et al., 2016; Robertson et al., 2018),导致羞耻影响拐点的研判更加复杂。羞耻强度方面,最近研究发现,只有高强度的羞耻才能影响大学生对网络色情信息的再认加工(王颖,王柳生,2019)。儿童亲社会行为研究中也发现羞耻的强度效应(Wang，Pan，Zhang，2020)。可见，羞耻结构与强度的影响确实分别会产生分化，但是加工机制仍需要深化研究。

第四，羞耻模型的整体功效性。羞耻模型的整体功效性，指羞耻影响效果的连续性。无论是关注破坏性功能的罗盘模型，还是兼顾建设性功能的罗盘扩展模型，所依赖的证据均来自羞耻对行为(社会性)的直接影响，可称之为短时效应研究。基于性侵犯的羞耻与愤怒/攻击性关系的性别差异研究发现(Scheff，Retzinger，1991，女性呈现羞耻－羞耻反馈环路，男性呈现羞耻－愤怒反馈环路。后一种环路中，羞耻导致愤怒，愤怒反过来增强羞耻，循环往复，最终到达情绪顶峰。两环路的行为后果有所不同，前一个环路导致行为的抑制，后一个环路导致行为的改变。该羞耻作用路径体现了羞耻影响的持续性、非线性，暂且称之为长时效应研究。羞耻影响的短时效应研究得到较多关注，而长时效应研究，因研究设计的复杂性、生态性而关注不足，却具有更高的研究价值。而且个体并不是按照"全或无"的方式应对羞耻，那么模型中各种行为之间可能的交互作用，会引发模型各极之间存在过渡带的复杂问题。

参考文献

英文文献

ANDERSON C A, ANDERSON K B, DORR N et al, 2000. Temperature and aggression[J]. Advances in Experimental Social Psychology, (32):63-133.

ARON A, ARON E N, SMOLLAN D, 1992. Inclusion of other in the self scale and the structure of interpersonal closeness[J]. Journal of Personality and Social Psychology, 63(4):596-612.

ARON A, ARON E N, TUDOR M et al, 1991. Close relationships as including other in the self[J]. Journal of Personality and Social Psychology, 60(2):241-253.

ARON A, FRALEY B, 1999. Relationship closeness as including other in the self: cognitive underpinnings and measures[J]. Social Cognition, 17(2):140-160.

ÅSLUND C, LEPPERT J, STARRIN B et al, 2009a. Subjective social status and shaming experiences in relation to adolescent depression[J]. Archives of Pediatrics & Adolescent Medicine, 163(1): 55-60.

ÅSLUND C, STARRIN B, LEPPERT J et al, 2009b. Social status and shaming experiences related to adolescent overt aggression at school[J]. Aggressive Behavior, 35(1): 1-13.

BARRETT K C, 1995. A functionalist approach to shame and guilt[M]// TANGNEY J P, FISCHER K W. Self-conscious emotions: the psychology of shame, guilt, embarrassment, and pride. New York: Guilford Press, 25-63.

BATEMAN A, FONAGY P, 2004. Psychotherapy for borderline personality disorder: mentalization-based treatment[M]. Oxford: Oxford University Press.

BENNETT D S, SULLIVAN M W, LEWIS M, 2005. Young children's adjustment as a function of maltreatment, shame, and anger[J]. Child Maltreatment, 10(4):311-323.

BEN-ZE'EV A, 2000. The subtlety of emotions[M]. Cambridge: MIT Press.

BERKOWITZ L, 2012. A different view of anger: The cognitive neo-association conception of the relation of anger to aggression[J]. Aggressive Behavior, 38(4): 322-333.

BRACHT J, REGNER T, 2013. Moral emotions and partnership[J]. Journal of Economic Psychology, 39:313-326.

BRYAN C J, RAY-SANNERUD B, MORROW C E et al, 2013. Shame, pride, and suicidal ideation in a military clinical sample[J]. Journal of Affective Disorders, 147(1-3):212-216.

BUDDEN A, 2009. The role of shame in posttraumatic stress disorder: a proposal for a socio-emotional model for DSM-V[J]. Social Science & Medicine, 69(7):1032-1039.

BUSS A H, PERRY M, 1992. The aggression questionnaire[J]. Journal of Personality and Social Psychology, 63(3): 452-459.

BUTLER J, 1990. Gender trouble: feminism and the subversion of identity [M]. New York: Routledge.

BYAN T, 2017. The positive function of shame: moral and spiritual perspectives[M]//VANDERHEIDEN E, MAYER C H. The value of shame: exploring a health resource in cultural contexts. Cham, Switzerland: Springer International Publishing, 87-105.

CAMPBELL J S, 2016. Development of the military compass of shame scale [J]. Military Behavioral Health, 4(2):159-167.

CÂNDEA D M, SZENTAGOTAI-TĂTAR A, 2018. Shame-proneness,

guilt-proneness and anxiety symptoms: a meta-analysis[J]. Journal of Anxiety Disorders, 58: 78-106.

CARLO G, 2014. The development and correlates of prosocial moral behaviors [M]//KILLEN M, SMETANA J G. Handbook of moral development. London: Routledge, 208-234.

CHAO Y H, YANG C C, CHIOU W B, 2012. Food as ego-protective remedy for people experiencing shame: experimental evidence for a new perspective on weight-related shame[J]. Appetite, 59(2):570-575.

CHIAO J Y, HARADA T, KOMEDA H et al, 2009. Neural basis of individualistic and collectivistic views of self[J]. Human Brain Mapping, 30(9):2813-2820.

CHIAO J Y, HARADA T, KOMEDA H et al, 2010. Dynamic cultural influences on neural representations of the self[J]. Journal of Cognitive Neuroscience, 22(1):1-11.

COLE P M, BRUSCHI C J, TAMANG B L, 2002. Cultural differences in children's emotional reactions to difficult situations[J]. Child Development, 73(3): 983-996.

CROZIER W R, 2014. Differentiating shame from embarrassment[J]. Emotion Review, 6(3): 269-276.

DE HOOGE I E, BREUGELMANS S M, WAGEMANS F M A et al, 2018. The social side of shame: approach versus withdrawal[J]. Cognition and Emotion, 32(8): 1671-1677.

DE HOOGE I E, BREUGELMANS S M, ZEELENBERG M, 2008. Not so ugly after all: when shame acts as a commitment device[J]. Journal of Personality and Social Psychology, 95(4): 933-943.

DE HOOGE I E, ZEELENBERG M, BREUGELMANS S M, 2011. A functionalist account of shame-induced behaviour[J]. Cognition and Emotion, 25(5): 939-946.

DE HOOGE I E, ZEELENBERG M, BREUGELMANS S M, 2007. Moral sentiments and cooperation: differential influences of shame and guilt [J]. Cognition Emotion, 21(5): 1025-1042.

DELMAS G E, LEW S E, ZANUTTO B S, 2019. High mutual cooperation rates in rats learning reciprocal altruism: the role of pay of matrix[J]. PLoS ONE, 4(1): e0204837.

DENG X, SANG B, LUAN Z, 2013. Up- and down-regulation of daily emotion: an experience sampling study of Chinese adolescents' regulatory tendency and effects[J]. Psychological Reports, 113(2): 552-565.

DEWALL C N, BAUMEISTER R F, 2006. Alone but feeling no pain: effects of social exclusion on physical pain tolerance and pain threshold, affective forecasting, and interpersonal empathy[J]. Journal of Personality and Social Psychology, 91(1): 1-15.

DICKERSON S S, GRUENEWALD T L, KEMENY M E, 2009. Psychobiological responses to social self threat: functional or detrimental[J]. Self and Identity, 8(2-3): 270-285.

DICKERSON S S, KEMENY M E, AZIZ N et al, 2004. Immunological effects of induced shame and guilt[J]. Psychosomatic Medicine, 66(1): 124-131.

DRUMMOND J D K, HAMMOND S I, SATLOF-BEDRICK E et al, 2017. Helping the one you hurt: toddlers' rudimentary guilt, shame, and prosocial behavior after harming another[J]. Child Development, 88(4): 1382-1397.

EISENBERGER N I, 2011. Why rejection hurts: what social neuroscience has revealed about the brain's response to social rejection[M]//DECETY J C J. The handbook of social neuroscience. New York: Oxford University Press, 586-598.

EISENBERGER N I, LIEBERMAN M D, WILLIAMS K D, 2003. Does rejection hurt? An fMRI study of social exclusion[J]. Science, 302(5643): 290-292.

ELISON J, GAROFALO C, VELOTTI P, 2014. Shame and aggression: theoretical considerations[J]. Aggression and Violent Behavior, 19(4): 447-453.

ELISON J, LENNON R, PULOS S, 2006a. Investigating the compass of shame: the development of the Compass of Shame Scale[J]. Social Behavior and Personality, 34(3): 221-238.

ELISON J, PULOS S, LENNON R, 2006b. Shame-focused coping: an empirical study of the compass of shame[J]. Social Behavior and Personality, 34(2): 161-168.

EWERT C, GAUBE B, GEISLER F C M, 2018. Dispositional self-compassion impacts immediate and delayed reactions to social evaluation[J]. Personality and Individual Differences, 125: 91-96.

FERGUSON T J, STEGGE H, 1995. Emotional states and traits in children: the case of guilt and shame[M]//TANGNEY J P, FISCHER K W. Self-conscious emotions: the psychology of shame, guilt, embarrassment, and pride. New York: Guilford Press, 174-197.

FESSLER D M T, 2017. From appeasement to conformity: evolutionary and cultural perspectives on shame, competition, and cooperation[M]//TRACY J, ROBINS R, TANGNEY J. The self-conscious emotions: theory and research. New York: Guilford Press, 174-193.

FESSLER D M T, 1999. Toward an understanding of the universality of second order emotions[M]//HINTON A. Beyond nature or nurture: biocultural approaches to the emotions. New York: Cambridge University Press, 75-116.

FESSLER D M T, HALEY K J, 2003. The strategy of affect: Emotions in human cooperation[M]//HAMMERSTEIN P. Genetic and cultural evolution of cooperation. Cambridge: MIT Press, 7-36.

FONAGY P, 2003. The developmental roots of violence in the failure of mentalization[M]//PFAFFLIN F, ADSHEAD G. A matter of security: the application of attachment theory to forensic psychiatry and psychotherapy. London: Jessica Kingsley, 13-56.

FRANK H, HARVEY O J, VERDUN K, 2000. American responses to five categoried of shame in Chinese culture: a preliminary cross-cultural construct validation[J]. Personality and Individual Differences, 28: 887-896.

FRANK R H, 1988. Passions within reason: the strategic role of the emotions[M]. New York: W W Norton & Company.

FRIJDA N H, 2010. Impulsive action and motivation[J]. Biological Psychology, 84(3): 570-579.

GARNEFSKI N, KRAAIJ V, SPINHOVEN P, 2001. Negative life events, cognitive emotion regulation and emotional problems[J]. Personality and Individual Differences, 30(8): 1311-1327.

GARNEFSKI N, KRAAIJ V, SPINHOVEN P, 2002. Manual for the use of the cognitive emotion regulation questionnaire [M]. Leiderdorp, The Netherlands: DATEC.

GAUSEL N, LEACH C W, VIGNOLES V L et al, 2012. Defend or repair? Explaining responses to in-group moral failure by disentangling feelings of shame, inferiority and rejection[J]. Journal of Personality and Social Psychology, 102: 941-960.

GARON N, SMITH I M, BRYSON S E, 2014. A novel executive function battery for preschoolers: sensitivity to age differences[J]. Child Neuropsychology, 20(6): 713-736.

GILBERT P, 1997. The evolution of social attractiveness and its role in shame, humiliation, guilt and therapy[J]. British Journal of Medical Psychology, 70(2): 113-147.

GOLD J, SULLIVAN M W, LEWIS M, 2011. The relation between abuse and violent delinquency: the conversion of shame to blame in juvenile offenders[J]. Child Abuse & Neglect, 35(7): 459-467.

GRATZ K L, ROEMER L, 2004. Multidimensional assessment of emotion regulation and dysregulation: development, factor structure, and initial validation of the difficulties in emotion regulation scale[J]. Journal of Psychopathology and Behavioral Assessment, 26(1): 41-54.

GREENWALD A G, NOSEK B, BANAJI M, 2003. Understanding and using the implicit association test I: an improved scoring algorithm[J]. Journal of Personality and Social Psychology, 85(2): 197-216.

GROSS J J, 1998. Antecedent-and response-focused emotion: divergent consequences for experience, expression, and physiology[J]. Journal of Personality and Social Psychology, 74(1): 224-237.

GROSS J J, 2002. Emotion regulation: affective, cognitive, and social consequences[J]. Psychophysiology, 39(3): 281-291.

GROSS J J, 2015. Emotion regulation: current status and future prospects

[J]. Psychological Inquiry, 26(1): 1-26.

GROSS J J, BARRETT L F, 2011. Emotion generation and emotion regulation: one or two depends on your point of view[J]. Emotion Review, 3(1): 8-16.

GUPTA S, ZACHARY ROSENTHAL M, MANCINI A D et al, 2008. E-motion regulation skills mediate the effects of shame on eating disorder symptoms in women[J]. Eating Disorders, 16(5): 405-417.

HAN S, HUMPHREYS G, 2016. Self-construal: a cultural framework for brain function[J]. Current Opinion in Psychology, 8: 10-14.

HAIDT J, 2003. The moral emotions[M]//DAVIDSON R J, SCHERER K R, Goldsmith H H. Handbook of affective sciences. Oxford: Oxford University Press, 852-870.

HARPER F W K, ARIAS I, 2004. The role of shame in predicting adult anger and depressive symptoms among victims of child psychological maltreatment[J]. Journal of Family Violence, 19(6): 359-367.

HARPER F W K, AUSTIN A G, CERCONE J J et al, 2016. The role of shame, anger, and affect regulation in men's perpetration of psychological abuse in dating relationships[J]. Journal of Interpersonal Violence, 20(12): 1648-1662.

HEAVEN P C L, CIARROCHI J, LEESON P, 2009. The longitudinal links between shame and increasing hostility during adolescence[J]. Personality and Individual Differences, 47(8): 841-844.

HENNIG-FAST K, MICHL P, MÜLLER J et al, 2015. Obsessive-compulsive disorder-A question of conscience? An fMRI study of behavioural and neurofunctional correlates of shame and guilt[J]. Journal of Psychiatric Research, 68: 354-362.

HOFFMAN M, MORGAN J, 2015. Who's naughty? Who's nice? Experiments on whether pro-social workers are selected out of cutthroat business environments[J]. Journal of Economic Behavior & Organization, 109: 173-187.

HUNDT N E, HOLOHAN D R, 2012. The role of shame in distinguishing perpetrators of intimate partner violence in U.S. veterans[J]. Journal of

Traumatic Stress, 25(2): 191-197.

IZARD C E, 1993. Four systems for emotion activation: cognitive and non-cognitive processes[J]. Psychological Review, 100(1): 68-90.

JAMES W, 1890. The principles of psychology[M]. New York: Holt.

JERMANN F, VAN DER LINDEN M, D'ACREMONT M et al, 2006. Cognitive emotion regulation questionnaire (CERQ) [J]. European Journal of Psychological Assessment, 22(2): 126-131.

JOHNSON J, JONES C, LIN A et al, 2014. Shame amplifies the association between stressful life events and paranoia amongst young adults using mental health services: implications for understanding risk and psychological resilience[J]. Psychiatry Research, 220(1-2): 217-225.

KAHNEMAN D, 1973. Attention and effort[M]. New York: Prentice-Hall.

KELLEY H H, 1967. Attribution theory in social psychology[J]. Nebraska Symposium on Motivation, 15: 192-238.

KOPP C B, NEUFELD S J, 2003. Emotional development during infancy [M]//Davidson R J, SCHERER K R, GOLDSMITH H H. Handbook of affective sciences. New York: Oxford University Press, 347-374.

KUTHER T L, HIGGINS-D'ALESSANDRO A, 2000. Bridging the gap between moral reasoning and adolescent engagement in risky behavior [J]. Journal of Adolescence, 23(4): 409-422.

LANTEIGNE D M, FLYNN J J, EASTABROOK J M et al, 2014. Discordant patterns among emotional experience, arousal, and expression in adolescence: relations with emotion regulation and internalizing problems [J]. Canadian Journal of Behavioural Science/Revue canadienne des sciences du comportement, 46(1): 29-39.

LARSEN R J, 2000. Toward a science of mood regulation[J]. Psychological Inquiry, 11(3): 129-141.

LAZARUS R S, FOLKMAN S, 1984. Stress, appraisal, and coping[M]. New York: Springer Publishing Company.

LEARY M R, BAUMEISTER R F, 2000. The nature and function of self-esteem: sociometer theory[J]. Advances in experimental social psychology, 32: 1-62.

LEPPÄNEN J M, KAUPPINEN P, PELTOLA M J et al, 2007. Differential electrocortical responses to increasing intensities of fearful and happy emotional expressions[J]. Brain Research, 1166:103-119.

LEIMGRUBER K L, 2018. The developmental emergence of direct reciprocity and its influence on prosocial behavior[J]. Current Opinion Psychology, 20: 122-126.

LEUNG A K Y, COHEN D, 2011. Within-and between-culture variation: individual differences and the cultural logics of honor, face, and dignity cultures[J]. Journal of Personality and Social Psychology, 100(3): 507-526.

LEVENTON J S, BAUER P J, 2016. Emotion regulation during the encoding of emotional stimuli: effects on subsequent memory[J]. Journal of Experimental Child Psychology, 142: 312-333.

LEWIS H B, 1971. Shame and guilt in neurosis[M]. New York: International Universities Press.

LEWIS M, 1992. Shame: the exposed of self[M]. New York: Free Press.

LEWIS M, 2003. The role of the self in shame[J]. Social Research, 70: 1181-1204.

LEWIS M, 2008. Self-conscious emotions: embarrassment, pride, shame, and guilt[M]//LEWIS M, HAVILAND-JONES J M, BARRETT L F. Handbook of emotions. New York: Guilford Press: 742-756.

LEWIS M, ALESSANDRI S M, SULLIVAN M W, 1992. Differences in shame and pride as a function of children's gender and task difficulty [J]. Child Development, 63(3): 630-638.

LU Y, LUO Y, LEI Y et al, 2016. Decomposing valence intensity effects in disgusting and fearful stimuli: an event-related potential study[J]. Social Neuroscience, 11: 618-626.

MARKUS H R, KITAYAMA S, 2010. Cultures and selves: a cycle of mutual constitution[J]. Perspectives on Psychological Science, 5(4): 420-430.

MARSCHALL D, SANFTNER J, TANGNEY J P, 1994. The state shame and guilt scale[M]. Fairfax, VA: George Mason University.

MATOS M, FERREIRA C, DUARTE C et al, 2015. Eating disorders: when social rank perceptions are shaped by early shame experiences[J]. Psychology and Psychotherapy: Theory, Research and Practice, 88(1): 38-53.

MATOS M, PINTO-GOUVEIA J, COSTA V, 2013. Understanding the importance of attachment in shame traumatic memory relation to depression: the impact of emotion regulation processes[J]. Clinical Psychology & Psychotherapy, 20(2): 149-165.

MIKOLAJCZAK M, NELIS D, HANSENNE M et al, 2008. If you can regulate sadness, you can probably regulate shame: associations between trait emotional intelligence, emotion regulation and coping efficiency across discrete emotions[J]. Personality and Individual Differences, 44(6): 1356-1368.

MISAILIDI P, 2018. Individual differences in children's understanding of guilt: links with theory of mind[J]. Journal of Genetic Psychology, 179(4): 219-229.

MURIS P, MEESTERS C, 2013. Small or big in the eyes of the other: on the developmental psychopathology of self-conscious emotions as shame, guilt, and pride[J]. Clinical Child and Family Psychology Review, 17(1): 19-40.

NATHANSON D L, 1987. Shaming systems in couples, families, and institutions[M]//Nathanson D L. The many faces of shame. New York: The Guilford Press, 246-270.

NATHANSON D L, 1992. Shame and pride: affect, sex, and the birth of the self[M]. New York: W W Norton & Company.

NG S H, HAN S, MAO L et al, 2010. Dynamic bicultural brains: fMRI study of their flexible neural representation of self and significant others in response to culture primes[J]. Asian Journal of Social Psychology, 13(2): 83-91.

NOVIN S, RIEFFE C, 2015. Validation of the brief shame and guilt questionnaire for children[J]. Personality and Individual Differences, 85: 56-59.

OCHSNER K N, GROSS J J, 2007. The neural architecture of emotion regulation[M]//Gross J J. Handbook of emotion regulation. New York: Guilford Press, 87-100.

OCHSNER K N, RAY R D, COOPER J C et al, 2004. For better or for worse: neural systems supporting the cognitive down- and up-regulation of negative emotion[J]. NeuroImage, 23(2): 483-499.

OLTHOF T, 2012. Anticipated feelings of guilt and shame as predictors of early adolescents' antisocial and prosocial interpersonal behaviour[J]. European Journal of Developmental Psychology, 9(3): 371-388.

OPITZ P C, CAVANAGH S R, URRY H L, 2015. Uninstructed emotion regulation choice in four studies of cognitive reappraisal[J]. Personality and Individual Differences, 86: 455-464.

OWE E, VIGNOLES V L, BECKER M et al, 2013. Contextualism as an important facet of individualism-collectivism: personhood beliefs across 37 national groups[J]. Journal of Cross-Cultural Psychology, 44(1): 24-45.

PARROTT A C, 1999. Does cigarette smoking cause stress[J]. American Psychologist, 54(10): 817-820.

PASSANISI A, GERVASI A M, MADONIA C et al, 2015. Attachment, self-esteem and shame in emerging adulthood[J]. Procedia-Social and Behavioral Sciences, 191: 342-346.

PERRY N B, SWINGLER M M, CALKINS S D et al, 2016. Neurophysiological correlates of attention behavior in early infancy: implications for emotion regulation during early childhood[J]. Journal of Experimental Child Psychology, 142: 245-261.

PINTO-GOUVEIA J, MATOS M, 2011. Can shame memories become a key to identity? the centrality of shame memories predicts psychopathology[J]. Applied Cognitive Psychology, 25(2): 281-290.

PULCU E, LYTHE K, ELLIOTT R et al, 2014. Increased amygdala response to shame in remitted major depressive disorder[J]. PLoS ONE, 9(1): e86900.

RHODES N, PIVIK K, 2011. Age and gender differences in risky driving: the roles of positive affect and risk perception[J]. Accident Analysis and

Prevention, 43(3): 923-931.

ROBERTSON T E, SZNYCER D, DELTON A W et al, 2018. The true trigger of shame: social devaluation is sufficient, wrongdoing is unnecessary[J]. Evolution and Human Behavior, 39(5): 566-573.

ROBINS R W, NOFTLE E E, TRACY J L, 2007. Assessing self-conscious emotions: a review of self-report and nonverbal measures[M]//TRACY J L, ROBINS R W, TANGNEY J P. The Self-conscious emotions: theory and research. New York: Guilford Press: 443-467.

RØRTVEIT K, ÅSTRÖM S, SEVERINSSON E, 2010. The meaning of guilt and shame: a qualitative study of mothers who suffer from eating difficulties[J]. International Journal of Mental Health Nursing, 19(4): 231-239.

ROSS J, 2017. You and me: Investigating the role of self-evaluative emotion in preschool prosociality[J]. Journal of Experimental Child Psychology, 155: 67-83.

ROSS S, HODGES E V E, 2014. Do guilt-and shame-proneness differentially predict prosocial, aggressive, and withdrawn behaviors during early adolescence[J]. Developmental Psychology, 50(3): 941-946.

ROTH L, KAFFENBERGER T, HERWIG U et al, 2014. Brain activation associated with pride and shame[J]. Neuropsychobiology, 69(2): 95-106.

RYAN T, 2017. The positive function of shame: moral and spiritual perspectives[M]//VANDERHEIDEN E, MAYER C H. The value of shame. Cham, Switzerland: Springer, 87-105.

SALICE A, Montes Sánchez A, 2016. Pride, shame, and group identification[J]. Frontier in Psychology, 7: 557.

SALOMONS T V, JOHNSON T, BACKONJA M M et al, 2004. Perceived controllability modulates the neural response to pain[J]. Journal of Neuroscience, 24(32): 7199-7203.

SALOVEY P, MAYER J D, GOLDMAN S L et al, 1995. Emotional attention, clarity, and repair: exploring emotional intelligence using the trait meta-mood scale[M]//PENNEBAKER J W. Emotion, disclosure, and health. Washington D C: American Psychological Association, 125-154.

SANG B, DENG X, LUAN Z, 2014. Which emotional regulatory strategy makes Chinese adolescents happier? a longitudinal study[J]. International Journal of Psychology, 49(6): 513-518.

SATPUTE A B, LINDQUIST K A, 2021. At the neural intersection between language and emotion[J]. Affective Science, 2(2): 207-220.

SCHOENLEBER M, SIPPEL L M, JAKUPCAK M et al, 2015. Role of trait shame in the association between posttraumatic stress and aggression among men with a history of interpersonal trauma[J]. Psychological Trauma: Theory, Research, Practice and Policy, 7(1): 43-49.

SATPUTE A B, LINDQUIST K A, 2019. The default mode network's role in discrete emotion[J]. Trends in Cognitive Sciences, 23(10): 851-864.

SCHALKWIJK F, STAMS G J, DEKKER J et al, 2016. Measuring shame regulation: validation of the Compass of Shame Scale[J]. Social Behavior and Personality, 44(11): 1775-1791.

SCHALKWIJK F, STAMS G J, STEGGE H et al, 2014. The conscience as a regulatory function: empathy, shame, pride, guilt, and moral orientation in delinquent adolescents[J]. International Journal of Offender Therapy and Comparative Criminology, 60(6): 675-693.

SCHEFF T, 2012. A social/emotional theory of "mental illness"[J]. International Journal of Social Psychiatry, 59(1): 87-92.

SCHEFF T, 2014. The ubiquity of hidden shame in modernity[J]. Cultural Sociology, 8(2): 129-141.

SCHEFF T J, RETZINGER S M, 1991. Emotions and violence: shame and rage in destructive conflicts[M]. Lexington: Lexington Books/D C Heath and Com.

SCHIMMENTI A, 2012. Unveiling the hidden self: Developmental trauma and pathological shame[J]. Psychodynamic Practice, 18(2): 195-211.

SCHOENLEBER M, SIPPEL L M, JAKUPCAK M et al, 2015. Role of trait shame in the association between posttraumatic stress and aggression among men with a history of interpersonal trauma[J]. Psychological Trauma: Theory, Research, Practice, and Policy, 7(1): 43-49.

SCHORE A N, 1996. The experience-dependent maturation of a regulatory system in the orbital prefrontal cortex and the origin of developmental psychopathology[J]. Development and Psychopathology, 8(1): 59-87.

SHEPHERD L, SPEARS R, MANSTEAD A S R, 2013. "This will bring shame on our nation": The role of anticipated group-based emotions on collective action[J]. Journal of Experimental Social Psychology, 49(1): 42-57.

SHWEDER R A, 2003. Toward a deep cultural psychology of shame[J]. Social Research, 70(4): 1109-1130.

SINHA M, 2017. Shame and psychotherapy: theory, method and practice [M]//VANDERHEIDEN E, MAYER C H. The value of shame. Cham, Switzerland: Springer International Publishing, 251-275.

SMITH P B, EASTERBROOK M J, BLOUNT J et al, 2017. Culture as perceived context: an exploration of the distinction between dignity, face and honor cultures[J]. Acta de Investigación Psicológica, 7: 2568-2576.

SOMMERVILLE J A, ENRIGHT E A, HORTON R O et al, 2018. Infants' prosocial behavior is governed by cost-benefit analyses[J]. Cognition, 177: 12-20.

STIPEK D, 1998. Differences between Americans and Chinese in the circumstances evoking pride, shame, and guilt[J]. Journal of Cross-Cultural Psychology, 29(5): 616-629.

STUEWIG J, TANGNEY J P, 2007. Shame and guilt in antisocial and risky behaviors[M]//TRACY J L, ROBINS R W, TANGNEY J P. The self-conscious emotions: theory and research. New York: Guilford Press, 371-388.

STUEWIG J, TANGNEY J P, HEIGEL C et al, 2010. Shaming, blaming, and maiming: functional links among the moral emotions, externalization of blame, and aggression[J]. Journal of Research in Personality, 44(1): 91-102.

STUEWIG J, TANGNEY J P, KENDALL S et al, 2015. Children's proneness to shame and guilt predict risky and illegal behaviors in young adulthood[J]. Child Psychiatry & Human Development, 46(2): 217-227.

SZETO-WONG C, 1997. Relation of race, gender, and acculturation to proneness to guilt, shame, and transferred shame among Asian and Caucasian-Americans[J]. Dissertation Abstracts International Section B: The Sciences and Engineering, 58(6-B): 3328.

SZNYCER D, TOOBY J, COSMIDES L et al, 2016. Shame closely tracks the threat of devaluation by others, even across cultures[J]. Proceedings of the National Academy of Sciences of the United States of America, 113(10): 2625-2630.

TANG M, GAO J, QIAN M et al, 2008. Transferred shame in the cultures of interdependent-self and independent self[J]. Journal of Cognition and Culture, 8(1): 163-178.

TANGNEY J P, 1992. Situational detenninants of shame and guilt in young adulthood[J]. Personality and Social Psychology Bulletin, 18(2): 199-206.

TANGNEY J P, 1995. Recent advances in the empirical study of shame and guilt[J]. American Behavioral Scientist, 38(8): 1132-1145.

TANGNEY J P, STUEWIG J, MARTINEZ A G, 2014. Two faces of shame: the roles of shame and guilt in predicting recidivism[J]. Psychological Science, 25(3): 799-805.

TANGNEY J P, STUEWIG J, MASHEK D J, 2007. Moral emotions and moral behavior[J]. Annual Review of Psychology, 58(1): 345-372.

TANGNEY J P, STUEWIG J, MASHEK D et al, 2011. Assessing jail inmates' proneness to shame and guilt: feeling bad about the behavior or the self[J]. Criminal Justice and Behavior, 38(7): 710-734.

TANGNEY J P, WAGNER P E, FLETCHER C et al, 1989. The test of self-conscious affect[M]. Fairfax, VA: George Mason University.

TANGNEY J P, WAGNER P E, HILL-BARLOW D et al, 1996. Relation of shame and guilt to constructive versus destructive responses to anger across the lifespan[J]. Journal of Personality and Social Psychology, 70(4): 797-809.

TAYLOR G, 1985. Pride, shame and guilt[M]. New York: Oxford University Press.

THOMAES S, STEGGE H, OLTHOF T et al, 2011. Turning shame inside-out: "humiliated fury" in young adolescents[J]. Emotion, 11(4): 786-793.

THOMSON G, EBISCH-BURTON K, FLACKING R, 2015. Shame if you do-shame if you don't: women's experiences of infant feeding[J]. Maternal & Child Nutrition, 11(1): 33-46.

TRACY J L, ROBINS R W, 2004. Putting the self into self-conscious emotions: a theoretical model. Psychological Inquiry, 15(2): 103-125.

TOMKINS S S, 1963. Affect, imagery, consciousness, Vol. 2, the negative affects[M]. New York: Springer.

VAN VLIET K J, 2008. Shame and resilience in adulthood: a grounded theory study[J]. Journal of Counseling Psychology, 55(2): 233-245.

VAN VLIET K J, 2009. The role of attributions in the process of overcoming shame: a qualitative analysis[J]. Psychology and Psychotherapy: Theory, Research and Practice, 82(2): 137-152.

VANDERHEIDEN E, MAYER C H, 2017. The value of shame: exploring a health resource in cultural contexts[M]. Cham, Switzerland: Springer International Publishing.

VELOTTI P, ELISON J, GAROFALO C, 2014. Shame and aggression: different trajectories and implications[J]. Aggression and Violent Behavior, 19(4): 454-461.

VELOTTI P, GAROFALO C, BOTTAZZI F et al, 2016. Faces of shame: implications for self-esteem, emotion regulation, aggression, and well-being[J]. Journal of Psychology, 151(2): 171-184.

WANG G, MAO L, MA Y et al, 2012. Neural representations of close others in collectivistic brains[J]. Social Cognitive and Affective Neuroscience, 7(2): 222-229.

WANG L, PAN H, ZHANG H, 2020. The effect of emotional intensity of shame on children's prosocial behavior[J]. European Journal Development Psychology, 17(2): 263-274.

WARBURTON W A, BUSHMAN B J, 2019. The competitive reaction time task: the development and scientific utility of a flexible laboratory aggression paradigm[J]. Aggressive Behavior, 45(4): 389-396.

WASSERMAN S, DE MAMANI A W, SURO G, 2012. Shame and guilt/self-blame as predictors of expressed emotion in family members of patients with schizophrenia[J]. Psychiatry Research, 196(1): 27-31.

WATKINS P C, SCHEER J, OVNICEK M et al, 2006. The debt of gratitude: dissociating gratitude and indebtedness[J]. Cognition and Emotion, 20(2): 217-241.

WEBSDALE N, 2010. Familicidal hearts: the emotional style of 211 killers[M]. Oxford: Oxford University Press.

WEINER B, 1982. An attribution theory of motivation and emotion[M]// KROHNE H W, LAUX L. Series in clinical and community psychology: achievement, stress, and anxiety. Washington, DC: Springer-Verlag, 223-245.

WEINGARDEN H, RENSHAW K D, TANGNEY J P et al, 2016. Development and validation of the body-focused shame and guilt scale[J]. Journal of Obsessive-Compulsive and Related Disorders, 8: 9-20.

WEISFELD G E, DILLON L M, 2012. Applying the dominance hierarchy model to pride and shame, and related behaviors[J]. Journal of Evolutionary Psychology, 10(1): 15-41.

WOIEN S L, ERNST H A H, PATOCK-PECKHAM J A et al, 2003. Validation of the TOSCA to measure shame and guilt[J]. Personality and Individual Differences, 35(2): 313-326.

YANG S, ROSENBLATT P C, 2001. Shame in Korean families[J]. Journal of Comparative Family Studies, 32(3): 361-375.

ZHONG J, WANG A, QIAN M et al, 2008. Shame, personality, and social anxiety symptoms in Chinese and American nonclinical samples: a cross-cultural study[J]. Depression and Anxiety, 25(5): 449-460.

ZHU R, XU Z, TANG H et al, 2019. The effect of shame on anger at others: awareness of the emotion-causing events matters[J]. Cognition and Emotion, 33(4): 696-708.

ZHU Y, HAN S, 2008. Cultural differences in the self: From philosophy to psychology and neuroscience[J]. Social and Personality Psychology Compass, 2: 1799-1811.

ZHU Y, ZHANG L, FAN J et al, 2007. Neural basis of cultural influence on self-representation[J]. NeuroImage, 34(3): 1310-1316.

中文文献

本尼迪克特 R,2012.菊与刀[M].吕万河,等译.北京:商务印书馆.

陈浩,钟杰,刘一星 等,2011.米氏边缘性人格障碍检测表在国内精神科临床样本中的信效度分析[J].中国临床心理学杂志,19(5):595-597.

陈武英,卢家楣,刘连启 等,2014.共情的性别差异[J].心理科学进展,22(9):1423-1434.

陈英和,白柳,李龙凤,2015.道德情绪的特点、发展及其对行为的影响[J].心理与行为研究,13(5):627-636.

程茜,2012.初中生群体羞愧情绪及行为倾向研究[D].北京:首都师范大学.

达尔文 C R,2009.人类和动物的表情[M].周邦立,译.北京:北京大学出版社.

戴春林,杨治良,吴明证,2005.内隐攻击性的实验研究[J].心理科学,28(1):96-98.

戴赟,王觅,钱铭怡,2012.羞耻与创伤后应激障碍的相关研究及理论[J].中国临床心理学杂志,20(2):190-193.

邓欣媚,2014.青少年情绪调节增强调节与减弱调节的发展及其神经机制[D].上海:华东师范大学.

丁芳,曹令敏,张琛琛,2013.小学儿童羞耻情绪对其合作行为的影响[J].青少年研究(1):19-24.

丁芳,范李敏,张琛琛,2013.小学儿童羞耻情绪理解能力的发展[J].心理科学,36(5):1163-1167.

丁芳,张露,谭彩霞,2015.亲社会性歌词歌曲对初中生内隐和外显亲社会行为的影响[J].临沂大学学报,37(2):57-63.

丁欣放,高隽,张祖贤 等,2012.中学生羞耻应对在羞耻与抑郁间的中介作用[J].中国心理卫生杂志,26(6):450-454.

杜灵燕,2012.内疚与羞耻对道德判断、道德行为影响的差异研究[D].北京:中国地质大学.

樊召锋,2007.中学生内疚与羞耻关系的实证研究[D].兰州:西北师范大学.

樊召锋,俞国良,2008.自尊、归因方式与内疚和羞耻的关系研究[J].心理学探新,28(4):57-61.

范才伟,2015.负性情绪强度对初中生情绪调节策略偏好的研究[D].成都:四川师范大学.

范文翼,杨丽珠,2015.尴尬与羞耻的差异比较述评[J].中国临床心理学杂志,23(2):298-301.

冯晓杭,2009.中美大学生自我意识情绪跨文化研究[D].长春:东北师范大学.

冯晓杭,张向葵,2007.自我意识情绪:人类高级情绪[J].心理科学进展,15(6):878-884.

高隽,2016.羞耻情绪的调节[M].北京:知识产权出版社.

高隽,钱铭怡,2009.羞耻情绪的两面性:功能与病理作用[J].中国心理卫生杂志,23(6):451-456.

高隽,钱铭怡,王文余,2011.羞耻和一般负性情绪的认知调节策略[J].中国临床心理学杂志,19(6):807-809.

高隽,赵晴雪,王觅 等,2012.自我认知评估对羞耻认知调节策略选择的影响[J].中国临床心理学杂志,20(4):469-473.

高学德,2006.反事实思维与内疚和羞耻关系的实证研究[D].兰州:西北师范大学.

高学德,2013.羞耻研究:概念、结构及其评定[J].心理科学进展,21(8):1450-1456.

高学德,周爱保,2009.内疚和羞耻的关系——来自反事实思维的验证[J].心理科学,32(1):126-129.

高学德,周爱保,宿光平,2008.反事实思维与内疚和羞耻的关系——以大学生和青少年罪犯为例[J].心理发展与教育,24(4):113-118.

格罗斯J,2011.情绪调节手册[M].桑标,马伟娜,邓欣媚,等译.上海:上海人民出版社.

韩世辉,张逸凡,2012.自我概念心理表征的文化神经科学研究[J].心理科学进展,20(5):633-640.

何宁,朱云莉,2016.自爱与他爱:自恋、共情与内隐利他的关系[J].心理学报,48(2):199-210.

蒋达,王歆睿,傅丽 等,2008.内隐利他行为的实验研究[J].心理科学,31(1):

79-82.

蒋奕雯,2006.3—8 年级学生"诚信"概念理解及其情境反应的发展研究[D].上海:华东师范大学.

竭婧,2008.幼儿羞耻感发展特点及其相关影响因素研究[D].大连:辽宁师范大学.

金彩芬,2007.人格变量对大学生内隐羞耻、外显羞耻影响的研究[D].西安:陕西师范大学.

金盛华,2010.社会心理学[M].北京:高等教育出版社.

寇彧,洪慧芳,谭晨 等,2007.青少年亲社会倾向量表的修订[J].心理发展与教育,23(1):112-117.

库伯 D A,2008.体验学习——让体验成为学习与发展的源泉[M].王灿明,朱水萍,等译.上海:华东师范大学出版社.

勒温 K,2003.拓扑心理学原理[M].高觉敷,译.北京:商务印书馆.

李阿特,汪凤炎,2013.大学生羞耻心的结构及问卷编制[J].心理与行为研究,11(2):170-175.

李波,2003.青少年社交焦虑的羞耻感模型及团体干预[D].北京:北京大学.

李波,钱铭怡,马长燕,2005.大学生羞耻感对社交焦虑影响的纵向研究[J].中国临床心理学杂志,13(2):156-158.

李翰飞,2013.青少年羞耻感倾向与核心自我评价的关系研究[D].重庆:西南大学.

李健芳,2008.大学生羞耻感与成人依恋的相关性研究[D].南京:南京师范大学.

李赛琦,王柳生,2020.内源性羞耻与群体身份对亲社会行为的影响[J].心理科学,43(4):957-962.

李小芳,卞晨阳,陈艳琳 等,2015.青少年移情发展特点及其与攻击行为的关系[J].中国心理卫生杂志,29(9):708-713.

李小花,张钦,2004.情感启动行为研究概述[J].心理科学进展,12(6):824-832.

李晓文,2010.青少年发展研究与学校文化生态建设[M].北京:教育科学出版社.

梁丹,2012.婴儿羞耻情绪的发生研究[D].大连:辽宁师范大学.

林崇德,杨治良,黄希庭,2003.心理学大辞典[M].上海:上海教育出版社.

刘长敏,2009.中学生社会自我、学业自我、羞耻感及其关系研究[D].曲阜:曲阜师范大学.

刘海燕,2005.青少年恐惧情绪再评价调节脑机制 fMRI 研究[D].北京:首都师范大学.

刘俊升,周颖,顾文瑜,2009.Buss-Perry 攻击性量表在青少年中的初步修订[J].中国临床心理学杂志,17(4):449-451.

刘启刚,周立秋,2001.情绪调节的理论模型[J].辽宁师范大学学报:社会科学版,34(2):43-47.

刘小先,2009.父母教养观念、亲子关系与儿童青少年自我意识的相关研究[D].上海:华东师范大学.

刘勇,孟庆新,赵建芳,2017.哈尔滨市中学生自尊羞耻与攻击行为的关系[J].中国学校卫生,38(5):700-703,707.

刘惠军,高磊,2012.趋近和回避动机的区分及其对心理病理学的影响[J].心理科学进展,20(11):1803-1811.

卢家楣,孙俊才,刘伟,2008.诱发负性情绪时人际情绪调节与个体情绪调节对前瞻记忆的影响[J].心理学报,40(12):1258-1265.

罗伏生,王小凤,张珊明 等,2010.青少年情绪调节认知策略的特征研究[J].中国临床心理学杂志,18(1):93-96.

马佳宝,2017.感恩对利他行为的影响[D].济南:山东师范大学.

马庆霞,2004.青少年恐惧情绪及调节发展的 fMRI 和 EEG 研究[D].北京:首都师范大学.

马伟娜,姚雨佳,桑标,2010.认知重评和表达抑制两种情绪调节策略及其神经基础[J].华东师范大学学报:教育科学版,28(4):50-55.

倪鑫庭,2012.中学生自我意识情绪特点及与自我接纳、心理幸福感的关系[D].长沙:湖南师范大学.

彭聃龄,2010.普通心理学[M].北京:北京师范大学出版社.

亓圣华,2006.中学生羞耻感与身体锻炼之间的关系研究[D].上海:华东师范大学.

亓圣华,张彤,李繁荣 等,2008.中学生羞耻感量表的编制[J].中国临床心理学杂志,16(6):599-601.

钱铭怡,ANDREWS B,朱荣春 等,2000.大学生羞耻量表的修订[J].中国心理卫生杂志,14(4):217-221.

钱铭怡,刘嘉,张哲宇,2003.羞耻易感性差异及对羞耻的应付[J].心理学报,35(3):387-392.

钱铭怡,刘兴华,朱荣春,2001.大学生羞耻感的现象学研究[J].中国心理卫生杂志,15(2):73-75.

钱铭怡,戚健俐,2002.大学生羞耻和内疚差异的对比研究[J].心理学报,34(6):626-633.

乔建中,饶虹,2000.国外儿童情绪调节研究的现状[J].心理发展与教育,16(2):49-52.

赛李阳,2016.青少年采用认知重评策略调节积极情绪的行为及神经机制[D].上海:华东师范大学.

斯托曼 K T,2006.情绪心理学:从日常生活到理论[M].王力,译.北京:中国轻工业出版社.

桑标,邓欣媚,2014.青少年与成人不同情绪刺激调节效应的差异[J].心理科学,37(3):601-609.

桑标,邓欣媚,2015.中国青少年情绪调节的发展特点[J].心理发展与教育,31(1):37-43.

施承孙,钱铭怡,1998.易羞耻者的归因方式和应对风格[J].中国心理卫生杂志,12(4):2-4.

斯滕伯格 L,2007.青春期[M].戴俊毅,译.第7版.上海:上海社会科学院出版社.

宋树梅,2013.硕士生羞耻心:问卷修订及外显与内隐的研究[D].南京:南京师范大学.

苏彦捷,黄翯青,2014.共情的性别差异及其可能的影响因素[J].西南大学学报:社会科学版,40(4):78-84.

汪凤炎,2006.论羞耻心的心理机制、特点与功能[J].江西教育科研,22(10):34-37.

汪凤炎,郑红,2010.荣耻心的心理学研究[M].北京:人民出版社.

汪凤炎,郑红,陈浩彬,2012.品德心理学[M].北京:开明出版社.

汪启荣,钱铭怡,2010.自我概念羞耻感对大学生抑郁的影响[J].中国学校卫生,31(8):928-929.

汪智艳,张黎黎,高隽 等,2009.中美大学生羞耻体验的异同[J].中国心理卫生杂志,23(2):127-132.

王佳鹏,2017.羞耻、自我与现代社会——从齐美尔到埃利亚斯、戈夫曼[J].社会学研究,32(4):143-166.

王鹏,刘海燕,方平,2011.青少年道德情绪判断与归因特点研究[J].心理学探新,31(2):182-185.

王爽,2009.青少年的内疚、羞耻、感恩及其发展研究[D].兰州:西北师范大学.

王一牛,周立明,罗跃嘉,2008.汉语情感词系统的初步编制及评定[J].中国心理卫生杂志,22(8):608-612.

王颖,王柳生,2019.大学生羞耻对网络偏差信息认知加工的影响研究[J].中国心理学前沿,1(2):151-160.

王瑜萍,朱熊兆,蚁金瑶 等,2012.认知情绪调节问卷中文版在中学生中的应用[J].神经疾病与精神卫生,12(2):117-120.

王雨吟,张健,易春丽,2008.儿童行为问题与父母羞耻、焦虑及家庭环境的关系[J].中国心理卫生杂志,22(9):692-693.

沃建中,刘彩梅,曹凌雁,2005.中学生情绪调节能力的发展特点[J].中国临床康复,28(5):240-242.

吴江,施琪嘉,2007.神经症病人羞耻感初步研究[J].中国心理卫生杂志,21(5):322-325.

希奥塔 M N,卡拉特 J W,2021.情绪心理学[M].原著第三版.周仁来,等译.北京:中国轻工业出版社.

肖凤秋,郑志伟,陈英和,2014.亲社会行为产生机制的理论演进[J].心理科学,37(5):1263-1270.

谢波,钱铭怡,2000.中国大学生羞耻和内疚之现象学差异[J].心理学报,32(1):105-109.

谢熹瑶,毕重增,罗跃嘉,2010.积极情景线索对内隐攻击性的影响[J].心理科学,33(1):44-47.

徐琴美,翟春艳,2004.羞愧研究综述[J].心理科学,27(1):179-181.

徐玉兰,2004.2—8年级学生自我一致性发展研究[D].上海:华东师范大学.

薛杨,2013.中学生学业羞愧问卷编制及调查研究[D].天津:天津师范大学.

燕良轼,王小凤,2006.论羞耻感教育[J].东北大学报:哲学社会科学版,55(3):129-134.

闫志英,2012.移情的调节因素及其时程特点[D].上海:上海师范大学.

杨洪超,王文志,吴建中 等,2010.城市社区癫痫患者羞耻感的定性研究[J].中国心理卫生杂志,24(4):284-288.

杨坤,刘勇,2017.中学生敌意愤怒在羞耻倾向和攻击行为间的中介作用[J].中国学校卫生,38(6):879-881.

杨丽珠,姜月,淘沙,2014.早期儿童自我意识情绪发生发展研究[M].北京:北京师范大学出版社.

杨玲,樊召锋,2008.中学生内疚与羞耻差异的对比研究[J].中国心理卫生杂志,22(7):485-489.

杨玲,王含涛,周艳艳,2014.中学生内疚和羞耻情境量表的编制及适用:基于多元文化背景下中学生道德情感研究[J].心理与行为研究,12(3):339-344.

杨英,2014.当代青少年羞耻观的特征及成因研究[D].上海:华东师范大学.

阳威,2012.情景线索对运动员内隐攻击性影响的比较研究[D].长沙:湖南师范大学.

姚薇,王柳生,李皓,2019.大学生羞耻情绪对亲社会行为的影响研究[J].心理技术与应用,7(1):34-38.

俞国良,赵军燕,2009.自我意识情绪:聚焦于自我的道德情绪研究[J].心理发展与教育,25(2):116-120.

袁加锦,汪宇,鞠恩霞 等,2010.情绪加工的性别差异及神经机制[J].心理科学进展,18(12):1899-1908.

张琛琛,2010.小学儿童羞耻情绪理解能力的发展及羞耻情绪对其合作行为的影响[D].苏州:苏州大学.

张帆,2013.内隐、外显羞耻感与家庭教养方式的关系研究[D].南京:南京师范大学.

张帆,张道芬,黄喜珊,2013.初中生羞耻感与攻击性的关系:羞耻应对的中介作用[C]//第十六届全国心理学学术会议,南京.

张鹏,张斌梅子,邹建科 等,2018.安全依恋启动影响社会行为:方法、效果与机制[J].心理科学,41(3):615-620.

张文海,2012.青少年情绪调节的 ERP 和 fMRI 研究[D].上海:上海师范大学.

张艳慧,2018.不同情绪条件刺激下体育专业学生对图片再认的 ERP 研究[D].济南:山东师范大学.

张梦圆,杨莹,寇彧,2015.青少年的亲社会行为及其发展[J].青年研究,39(4):10-18.

张智丰,高隽,钱铭怡 等,2009.Autobiographical memories of shame: a comparative study in the context of cultural differences of self[J].北京大学学报:自然科学版,45(5):897-905.

赵浩远,2016.情绪唤醒对项目与背景联结记忆的影响[D].济南:山东师范大学.

赵绍晨,宫火良,张俊华 等,2014.情绪调节对行为抑制的影响效果研究[J].心理研究,7(3):27-34.

赵思思,2012.初中生归因、内疚和羞耻情绪与学习动机的关系研究[D].上海:华东师范大学.

赵鑫,裴瑞雪,付丽 等,2014.高、低社交焦虑青少年情绪调节策略使用比较[J].中国临床心理学杂志,22(1):149-154.

钟杰,李波,钱铭怡,2003.大学生羞耻感、人格与心理健康的结构模型初步研究[J].中国心理卫生杂志,17(1):31-35.

周树芝,2015.羞耻条件下的内隐道德自我[D].重庆:西南大学.

周详,曾晖,2017.性别与社会性别角色对集体智慧的分布式贡献[J].南开学报:哲学社会科学版,(4):145-155.

周颖,2007.内隐攻击性的影响因素及其机制研究[D].上海:华东师范大学.

朱丹,李丹,2005.初中学生道德推理、移情反应、亲社会行为及其相互关系的比较研究[J].心理科学,28(5):1231-1234.

朱丽萍,袁加锦,李红,2011.情绪效价及强度对词汇加工的影响[J].心理科学,34(2):284-288.

朱熊兆,罗伏生,姚树桥 等,2007.认知情绪调节问卷中文版(CERQ-C)的信效度研究[J].中国临床心理学杂志,15(2):121-124.

附　录

附录1　青少年羞耻事件及调节策略的开放问卷

性别:(　)　年级:(　)　年龄:(　)　民族:(　)

成绩在班里的水平:上(　),中上(　),中(　),中下(　),下(　)

亲爱的同学,你好!感谢你认真参与本调查。这是一份开放式问题的匿名调查。请你根据自己的真实情况回答,答案没有正确与错误之分,调查结果也会得到严格保密。(共7题,正反两面,不要漏答)

1.详细叙述一件你自己曾经经历过的、最让你感到羞耻的事情,写出事件发生的详细过程、你当时的心理感受等等。请你尽可能地回忆事件,写得越详细、越具体越好,就像当初经历时那样。

2.请评价你自己在第1题事件中体验到的羞耻感强度,在下列相应数字上画圈。1表示完全不感到羞耻,7表示非常羞耻,2～6介于两者之间,数字越大,表示羞耻感越强。

　　　　　1　　　2　　　3　　　4　　　5　　　6　　　7

3.在经历上述第1题你所描述的事件后,当时的你可能想设法增强羞耻感,也可能想设法减弱羞耻感。请问,当时你是采用什么方法来调节自己的羞耻感的?写得越具体越好。

4.详细叙述一件曾经发生在你的父亲(或者母亲)身上,而且最让你感到羞耻的事情,写出事件发生的详细过程、你当时的心理感受等等。请你尽可能地回忆事件,描写出来,写得越详细、越具体越好,就像当初经历时那样(请写出是与父亲还是母亲有关)。

5.评价你自己在第4题事件中体验到的羞耻感强度,在下列相应数字上画圈。1表示完全不感到羞耻,7表示非常羞耻,2~6介于两者之间,数字越大,表示羞耻感越强。

     1 2 3 4 5 6 7

6.下列哪个图最能体现你与第4题事件中涉及的父亲(或者母亲)之间关系密切程度,画上"√"。两个圆圈重叠越多,表示关系越密切。

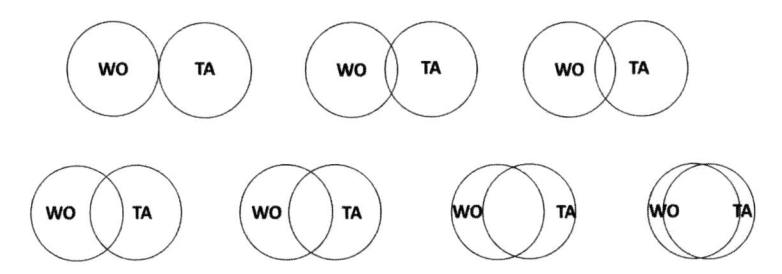

7.在经历上述第4题你所描述的事件后,当时的你可能想设法去增强羞耻感,也可能想设法减弱羞耻感。请问,当时你是采用什么方法来调节自己的羞耻感的？写得越具体越好。

附录 2　青少年羞耻事件故事情境（部分）

121. 为了鼓励我提高成绩，爸妈答应我，要是期中考试考好了，一定会满足我一个心愿。为了能够得到梦寐已久的礼物，这段时间，我一直勤奋学习，可是到了期中考试的考场上，也许是太紧张了，我忘记了一道公式，想到自己这段时间付出的努力和许下的心愿，我竟鬼使神差地从抽屉里翻开课本，偷看到公式，完成了那道题目。今天分数公布了，我果然得到了好成绩，爸妈非常高兴，直夸我真是进步了，并且如我所愿给我买了礼物。想想自己考试舞弊，我感到很羞耻。

1——完全没有，2——很弱，3——较弱，4——中等，5——较强，

6——很强，7——非常强烈。

221. 在一家饭店，熙熙攘攘的顾客坐满了整个大厅，放眼望去全都是人，我们好不容易在人山人海中找到一张饭桌。一家人坐下后过了好一会儿，喊了十几回，饭店服务员才火急火燎地跑过来倒茶水。此时，我发现妈妈脸上满是烦躁与不满，她开始大声训斥服务员，责备他们服务态度不好，让进门许久的我们备受冷落。说着说着，颇显窘态的服务员低声回了句嘴，哪知道被我妈听到，她就同服务员激烈争吵起来，各种污言秽语，双方僵持不下。店里的顾客们瞬间都围过来欣赏这"热闹非凡"的场面，还时不时小声议论着。看着我妈与人当众吵架，我感到很羞耻。

1——完全没有，2——很弱，3——较弱，4——中等，5——较强，

6——很强，7——非常强烈。

321. 炎炎夏日，满身大汗的我走进商场大厅，凉气扑面而来。"真是太爽了，再来根雪糕就完美了！"说着，我就去买了根雪糕，一拿到雪糕，我就迫不及待地拆开包装袋，只顾着享受香甜冰凉的雪糕，顺手就将包装袋扔在了光洁如镜的地板上。走了几步我才注意到周围几个人正直直地看着我们，正在这时，一个三四岁的小男孩走了过去，捡起我扔在地上的雪糕袋走向旁边的垃圾桶。回想刚才自己乱扔垃圾的行为，我感到很羞耻。

1——完全没有，2——很弱，3——较弱，4——中等，5——较强，

6——很强,7——非常强烈。

331.我身上一直有一股淡淡的狐臭味,平时我总会用勤洗澡勤换衣来掩盖住这令人厌恶的味道。可是一到夏季,酷热难耐,稍微运动一下,那股难闻的味道就弥散开去。这时,认识我的人就会皱着眉头偷偷地用手捂着鼻子,而不认识的人就直接脱口而出:"谁身上的味道这么难闻?"看到这种厌恶的表情,听到类似嫌弃的语气,想到自己身上难闻的气味,我感到很羞耻。

1——完全没有,2——很弱,3——较弱,4——中等,5——较强,

6——很强,7——非常强烈。

附录3 认知情绪调节策略问卷(部分)

每个人面对羞耻的经历,有自己的反应方式。下面的问题,希望表明当你经历羞耻的事情时,你最通常的想法。请仔细阅读下列陈述句,然后在你认为能表明你通常想法的数字上划圈。

1.从不   2.几乎不   3.有时   4.几乎总是   5.总是

内容	从不	几乎不	有时	几乎总是	总是
1.我感到我应该被责备	①	②	③	④	⑤
2.我感到我是一个对发生过的事负责任的人	①	②	③	④	⑤
3.我想在这种情况下的错误是我造成的	①	②	③	④	⑤
4.我想事情的基本的原因在于我自己	①	②	③	④	⑤
5.我想我必须接受已经发生的事	①	②	③	④	⑤
6.我想我必须接受这种状况	①	②	③	④	⑤
7.我想我不能为此改变任何事	①	②	③	④	⑤
8.我想我必须学会去接受它	①	②	③	④	⑤

附录 4　虚拟故事情境的素描图片
（部分）

考试舞弊行为

当众闯红绿灯

当众与人吵架

随地乱扔垃圾

附录5　亲社会行为量表(部分)

1.有人在场时,我会竭尽全力帮助别人。

2.当我能安慰一个情绪不好的人时,我感觉非常好。

3.当别人请我帮忙时,我很少拒绝。

7.当别人请我帮忙时,我会毫不犹豫地帮助他们。

11.别人求我帮助他们时,我会很快放下手头的事情去帮助他们。

13.我倾向于帮助别人,尤其是当对方情绪波动的时候。

19.当别人要求我帮助他们时,我从不拖延。

24.当别人提出要我帮忙时,我会尽我所能地帮助他们。

26.当别人心情很不好的时候,我常常帮助他们。

附录6　攻击性量表(部分)

A2 遇到挫折,我会把愤怒表现出来
A5 我的一些朋友认为我性格鲁莽
A6 我有时会莫名其妙地发火
A7 我难以控制自己发脾气
H2 我有时觉得命运对我不公平
H3 我觉得别人的运气总是很好
H4 我不知道为什么有时会对一些事情愤愤不平
H6 我对友善的陌生人存有戒心
H7 我觉得有人在背后笑话我

附录 7　实验 10 情绪实验材料

羞耻情绪诱发材料

要考试了,全校开始进入了紧张的考试复习阶段。漫长的自习课上,做完作业的我感觉有点累,恰好有一本小说在抽屉里,我想读一会儿放松一下自己。小说写得很有意思,我沉浸在小说的世界里,忘记自己还身处自习教室。这时老师走进教室发现我看小说,她一把拽出了那本小说,高高举起,当着全班同学,对我厉声说道:"课堂上还看小说,就这样,还想考重点?做梦!"全班同学都听到了老师说的话。

中性材料

电风扇的主要部件是交流电动机,其工作原理是通电线圈在磁场中受力而转动。电能转化为机械能,同时由于线圈电阻的存在,因此不可避免地有一部分电能要转化为热能。此外,直流电机、直流无刷电机等小功率电机在小型电扇中的应用也越来越广泛。在使用的时候,不要将旋钮停留在两个挡位之间;使用中出现异常噪声、震动时应该立即停用并维修;出现焦煳味应该马上分离电源、送修,避免出现更大的故障。

附录8 实验10实验词汇

攻击他人	侮辱	嘲笑	侵犯	轻蔑	屠杀	毁灭	破坏	背叛	绑架	暗杀
	报仇	玩弄	嘲弄	剥夺	激怒	威胁	打架	摧毁	排斥	责怪
	侵略	恐吓	报复	出卖	复仇	咒骂	伤害	损害	冲突	抢劫
攻击自我	自杀	自尽	自毁	自刎	自焚	自残	跳楼	酗酒	宿醉	自毙
	绝食	卧轨	殉情	作死	堕落	自闭	跳崖	自嘲	自伤	嗑药
	自戕	自责	自虐	短见	轻生	割腕	上吊	投河	吸毒	服毒
一般负性	去世	走私	埋葬	缺乏	伪装	后退	丢失	废弃	颠倒	颤抖
	扭曲	叹气	衰退	扣除	磕头	倒退	忧虑	萎缩	取消	逃避
	浪费	倒闭	着火	骚动	堵塞	心慌	封锁	撤退	隐瞒	逃走
中性词	蔓延	降落	检查	闭幕	盘旋	降临	触动	观测	平息	考察
	调节	履行	挖掘	散发	覆盖	寻觅	搜寻	填补	阐述	呼吁
	弥漫	渗透	沉浸	透露	侍候	观望	分配	维持	挛顿	提醒

附录9　实验 10.3 不同情绪强度实验材料

高羞耻组

一次期中考试，我感觉做得得心应手，考完自我感觉良好，交完卷后就一直得意扬扬地和舍友说着："什么期中考试呀！这题目也太容易、太简单了，一点挑战性都没有，你呢，考得如何？"同桌笑笑，没有讲话。我心想这次肯定能考到全班前五名了！等到今天拿到试卷、看到成绩后，我一下子傻了眼，我居然都没有及格，我一扭头发现，我竟然比我舍友考的还差很多。

中羞耻组

春节的气氛越来越浓了，家家户户都开始贴起了春联。我家也不例外，但我们向来不买外面印刷精美的对联，一般都是自己在家写春联。这一次，我认认真真地在红纸上用毛笔写下了一副对联，小心翼翼地把写好的春联贴在了门上。可路人从我家门口经过时，一看到门上贴的春联，就偷偷议论着："这毛笔字写得也太难看了，换我肯定不好意思挂出来。"

低羞耻组

周末我和妈妈一起去超市买东西，超市里的商品琳琅满目，可我们却总是找不到我们需要的商品，恰好看到旁边有个服务员，就连忙向他咨询。由于我妈的普通话不标准，带有乡音，说了好几遍服务员还是没有办法听懂我们需要什么，这时候，他的脸上显露出不耐烦的神情，甚至都想拒绝帮助我们。最后我实在忍不住，重新复述了下妈妈的话。

附录10　实验11.1 不同羞耻故事情境材料

羞耻情绪材料

和同学一起去电影院看电影，我们捧着零食边走边吃。我们排着队站在了检票口，我拿出面纸擦干净手准备拿出电影票，却顺手把擦完手的面纸直接扔在了地上，检票员弯下腰捡起纸巾扔在了旁边的垃圾箱里，并对我说："您好，请爱护公共卫生。"后面一大堆排队的人都看着我们，我涨红了脸，不知道该躲到哪里去。

国庆即将来临，全班推举我参加校级的演讲比赛。我苦练了半个月，终于，这一天来临了。学校大厅里拉着横幅，挂着彩带，全校师生汇聚在一起，整个大厅热闹非凡。"下一位，×××。"一听到自己的名字，我打了个哆嗦，走到大厅的演讲台，抬头一看，下面黑压压的一大片，全是人，紧张感立即袭裹全身。我硬着头皮吞吞吐吐地、像背课文一样干巴巴地把演讲稿背完，急促地走下台去，引来别班同学一片哄笑。想想自己这么差的演讲表现，我感到很羞耻。

中性材料

我们小区附近新建了一个学校。校园建筑面积为5146平方米，校园坐北向南，校门在南面。进入校门，东西面各一排，为教师办公室，共十三间。西一排为仪器室一间。西二排有营养餐室一间、微机室三间、会议室及图书室三间。东二排教师办公室一间、六年级教室三间、贮藏室三间。西三排分别为一、二、四年级教室共七间。东三排分别为五、三年级和学前班教室共七间。这六栋建筑每栋长21.3米，宽6.29米，建筑面积共804.1平方米。教室后面为操场，操场西面为厕所，厕所长19.8米，宽5米，建筑面积为99平方米。

附录 11　实验 11.2 图片趋近知觉评定材料

您好！这是一份需要您花 3~4 分钟的调查问卷，没有正确或错误的回答，请根据您的个人感受和判断如实回答。此问卷不记姓名，不会对您有不好的影响，调查结果仅供学术研究所用，绝对保密，谢谢参与！

请您判断以下图片属于趋近、静止、远离中的哪种情形，并在坐标轴的相应位置上画圈。

趋近：视觉上的靠近、人或物体之间的靠近。

远离：视觉上的远离、人或物体之间的远离。

静止：人或物体静止不动。

附录 12 实验 11.3 不同羞耻类型故事

低强度羞耻材料

自习课上,有道难题,我绞尽脑汁地算了一遍又一遍,总是解不出来。这时,正好任课老师到了教室,我估摸着老师快走到我课桌边时,小声喊道:"老师,这个题怎么做?"谁知他没有听到,我又喊了一遍:"老师,这个题目怎么做?"可老师还是没有听到,我只好再次喊道:"老师,老师!"可是,老师依然没有听到我的声音。我想再大声点喊,还是喊不出来。想想自己这么大了,还不敢大声喊老师,我感到羞耻。

中强度羞耻材料

专业课老师在班级群论坛里发布了一道与专业课有关的题目,需要我们课后完成并将答案提交到群里,这样可以让所有人一起评价和打分。看完题目之后,我发觉这道题正属于我擅长的领域,于是在认真整理出思路后,就在群论坛里发出了解答。我不禁开始想象同学们看到我又快又好的答案后,发自内心地交口称赞。但是天不如人愿,随着越来越多的解答被发表在论坛里,我发现我的答案与大多数同学的思路并不一样,老师给每个回答的同学批改了分数,大部分人都是 B 或 B+,少数人还获得了 A,而我的答案后面,则是一个大大的红色的 C。怔怔地看着同学们在群论坛上互相交流,我恨不得能把自己的答案和分数删除。

高强度羞耻材料

和同学一起去电影院看电影,我们捧着零食边走边吃。我们排着队站在了检票口,我拿出面纸擦干净手准备拿出电影票,却顺手把擦完手的面纸直接扔在了地上,检票员弯下腰捡起纸巾扔在了旁边的垃圾箱里,并对我说:"您好,请爱护公共卫生。"后面一大堆排队的人都看着我们,我涨红了脸,不知道该躲到哪里去。